吴小海　李桂芝　编著

班主任九项技能训练

首都师范大学出版社
CAPITAL NORMAL UNIVERSITY PRESS

图书在版编目（CIP）数据

班主任九项技能训练 / 吴小海，李桂芝编著．—北京：首都师范大学出版社，2007.12（2021.2 重印）

ISBN 978-7-81119-196-7

Ⅰ．班… Ⅱ．①吴… ②李… Ⅲ．班主任 - 工作 Ⅳ．G451

中国版本图书馆 CIP 数据核字（2007）第 183555 号

Banzhuren Jiu Xiang Jineng Xunlian

班主任九项技能训练

吴小海　李桂芝　编著

责任编辑　陈大铭
封面设计　苏　敏

出　　版　首都师范大学出版社
地　　址　北京西三环北路 105 号（100048）
电　　话　总 编 室：010-68418523
　　　　　新华书店：010-68418521
网　　址　www.cnupn.com.cn
邮　　箱　zunshiyuan@hotmail.com
印　　刷　三河市博文印刷有限公司
版　　次　2012 年 9 月第 3 版
印　　次　2021 年 2 月第 8 次印刷
开　　本　787mm × 1092mm　1/16
印　　张　14.75
字　　数　246 千字
定　　价　28.20 元

写在前边的话

在撰写此书之前，我们完成了一项教育科学研究重点课题，题为“高师学生班主任工作技能训练行动研究”。课题针对师范生在参加教育教学工作之前普遍缺乏的班主任工作理论和缺少的班主任工作技能开展研究。也就是说，我们的大多数中小学教师是在长期的工作中，经过了许多挫折，走了许多弯路，才掌握了一些班主任工作理论，积累了一些经验，取得了一些进步，逐渐成为一名合格的班主任。为使师范生在校期间就能掌握班主任工作的基本理论和基本技能，初步具备热爱学生、热爱班主任工作的心理品质，使他们一踏上工作岗位就能立即进入班主任角色，我们开展了课题研究，取得了一些突破性研究成果。其中一项重要内容是出版了《中小学班主任工作教程》和《中小学班主任工作技能》两本教材。有了这些积累，并在许多朋友和同行的鼓励下，我们才敢着手写这本书。

如果是在 20 几年前，想找一本关于班主任工作的书，是比较难的一件事，能够阅读到系统论述班主任工作理论与实践的著作就更难。在我国实施素质教育，进行教育教学改革以来，关于班主任工作的研究成果和论著如雨后春笋般层出不穷。现在老师们想看这类书，可以在十几本、几十本书中选择自己中意的。这些理论成果是班主任工作研究推陈出新的坚实基础；广大班主任在教育实践中总结出的新鲜经验、鲜活的案例、生动的教育故事，是班主任工作不断发展的源泉。

我们试图在班主任工作研究的某些方面有所突破，把这本书打造成广大班主任喜欢的培训教材；我们试图使这本书更贴近班主任的工作和生活实际，成为经常出现在老师案头、床前的书。能不能满足这个心愿不要紧，我们在这些方面作了尝试，作了努力，更主要的是想以此引出更多的玉。

在编写此书的过程中为了避免过多的理论综述，设计了一种框架或叫一种模式：首先推出一个理论问题，举出一个案例；然后分析这个案例，得出一个结论，说明一个问题。我们在理论与实践的结合上作了一些文章，便于老师们理解理论、运用理论解决实际问题。

在技能训练中，突出了班主任工作技能体系中最重要的部分，围绕这些部分进行训练。在技能训练中，首先描述一种技能，提供一些方法和一个范例，然后根据提供的情境和问题进行专项训练。

采用微格教学训练教师的班主任工作技能，在我国是一种新的尝试。它使技能训练在一个有控制的实践系统中，集中解决某一特定的教育行为，使外部活动符合技能规范要求，最终达到准确、自如运用技能的水平。

在本书的编写过程中，我们参考了许多关于班主任工作的著作，选用了许多老师的教育案例，在此一并表示感谢！

编者

2007 年 8 月

目录

第一章
班主任的基本素养

●第一节　今天我们这样做班主任

一、一次教育调查引出的话题

《中国教育报》记者李建平曾发表了"孩子心目中的好老师"的长篇通讯，详细报道了北京教育科学研究院，通过其主办的《班主任》杂志，在全国范围内开展的"学生心目中的好老师"征文征画活动。阅读这篇文章，引起了我们许多思考，考虑最多的、最集中的是，今天我们如何从我们服务的对象——学生的视野看教育、看班主任工作。

2003年，《班主任》杂志，在全国范围内组织的"学生心目中的好老师"征文征画活动，共收到了来自全国二十多个省、市、自治区的3000多名学生的作品。收到这些作品后，杂志社的编辑们受到强烈震撼，感慨之余，着手将这些作品装帧，在全国各大、中城市巡回展出，引起了强烈的反响。

1．学生喜欢这样的班主任

一个小学生说出了自己喜欢的班主任的理由：

(1) 我们班里设立了图书角，每个同学带2本课外书，我们的沈老师却带了6本，大家都爱看。

(2) 春游时我的食品丢了，沈老师送我一袋面包，两瓶酸奶，其实她自己带的也不多。

(3) 上次语文考试，我只得了85分，很伤心。沈老师借给我5分，让我下次考试还给她。

(4) 沈老师买了一个漂亮的转笔机摆在教室的书橱里，我们再也不用担心忘记了削铅笔。

(5) 上星期，我不小心打碎了沈老师的红墨水瓶，同学们都怪我，我哭

了，沈老师知道后，还安慰我。

(6) 沈老师每天和我们一起背古诗。古诗擂台赛上她得了第一名。

(7) 生水痘我一个人在家，很孤单。沈老师带了水果来看我，还给我补课。

(8) 大扫除时，沈老师不让我们擦天窗，怕我们摔着，自己擦了所有的天窗，累得满头是汗。

学生讲的沈老师是江苏省启东实验小学的班主任沈虹霞老师。在巡展中沈老师看了学生写的话，激动不已。她说：这是怎样的一份情愫啊！我再也抑制不住泪水潸然。早已淡忘的小事，孩子们却记得如此清晰，我该如何守住这份喜悦，这份缘自内心的真诚呢？

实际上学生对老师的印象是由具体事例构成的，是许许多多的细节构成了一位优秀班主任的光辉形象。

一位男生的好班主任的十条标准：

(1) 老师要公平不能偏向女生。

(2) 下课铃响后让我们出去玩。

(3) 班级活动应问问学生。

(4) 学生犯了错误请家长，学生做了好事也应请家长。

(5) 能跟学生聊天。

(6) 老师要知道学生喜欢什么，不喜欢什么。

(7) 老师应注意自己的外表。

(8) 老师应能控制自己的情绪。

(9) 学生参加比赛时老师应到场鼓励、加油。

(10) 课间应看看学生爱玩什么，最好参与。

对学生公平、充满爱心、能与他们共同活动是学生们梦寐以求的好老师。

有的学生讲述了他们的亲身经历，委婉地表达了对老师的不满：

“老师总拿好学生作参照。”

“老师总是当着同学们的面批评我。”

“有学生打瞌睡，老师用粉笔头打。”

有相似经历的老师看到这些，都很惭愧。学生都渴望老师维护他们的自尊，关心他们的情感需要，给他们自我表达的自由。

2. 老师们的感慨

看到了学生们的作品，老师们非常感慨。

有一位老师说："这些拙朴却又真实的图画和文字，带给我们强烈的冲击。"

一位优秀班主任说："我原来一直以为自己是一个优秀教师，但是，和学生们的要求一比，才发现自己还有很大的距离。"

北京宣武区的一位老师说："学生用自己的笔表达了他们期盼的好老师的心声，看到学生的作品后，感到对我们教育工作者是一次心灵的震撼，教师应当发自内心地喜爱每一个学生。"

安徽的一位老师的反思："学生一次没考好，我们另眼相待，几次考不好，我们就将他们定格为差生。学生的作品，让我们看到了自身的人文修养的缺失。学生不仅需要老师给他们以知识，还要给他们以人文关怀，需要平等、尊重、信任、理解，特别是需要情感上的包容和关怀。"

学生都有被老师接纳的内心需求，班主任更应考虑学生的内心感受，把学生的情感纳入教育的全过程。

二、今天我们这样做班主任

面对学生的要求和评价，我们今天怎样做一个合格的、优秀的班主任呢？教育调查以及教育案例引发了广大教师的反思，使老师们受到许多启迪。从学生的视角思考教育，我们就应该做到关爱生命、尊重生命、感动生命。班主任在学生面前，首先是一个有血有肉的丰满的形象。同时要自觉提高业务水平，注意提升自己的学识和教育艺术，如此，教育才有力量，才有魅力。许多班主任给我们做出了榜样。

1. 把班主任工作当作事业去做

教育是与人打交道的事业，人是物质的人，更是精神的人。精神的人离不开理想和梦想，而教育工作者应该是更有理想的人。教育的理想和梦想，才是一个教师真正的力量。有人把教师分为三个层次：第一层次是把教师工作当作饭碗，当教师是为了维持生活；第二层次是把教师工作当作一种职业，能努力按职业规范去做；第三层次是把教师工作当作事业去做，因此，执着、热爱、奉献。一个班主任教师如果从来没有认真地去思考过为什么要当教师，如果从来没有去体验过教育的千姿百态，如果从来没有真正地理解学生的千差万别，哪怕月薪一万元，也照样产生职业倦怠。只有把教育当作事业去做，才能超越现实和功利，成为把教育事业艺术化的人，才能在教育实践中体验到“人生为一件大事而来”的快乐与幸福。班主任是学校的特殊教师，最大的使命是制造翅膀，最大的成功是给学生插上飞翔的翅膀，让学生腾飞。

郑琦老师在回顾自己47年的教育生涯时说：“我是一名普通的乡村教师，一直在乡村从事语文、音乐教学和班主任工作，并兼任少先队辅导员。在47年的教学中，有过困惑，也有过坎坷，但收获最多的还是做一名教师的快乐。”

郑琦老师在47年中资助过许多交不上学费的孩子，甚至把他们叫到自己家里，管吃、管住、管教育，有的住一两个星期，有的住几年。郑琦老师经常到学生家家访，几乎每学期都要劝十来个孩子返校。

退休后郑老师本该回城里子女们的身边享福，但一想到要离开心爱的讲台和可爱的孩子们，就有一种说不出的留恋和失落。郑老师萌发了一个念头，在学校附近买房子建了学生活动中心。近五年来，郑老师关爱、帮助过的未成年人有260多人，到活动中心参加活动的学生有1万5千多人次。郑琦老师说：“我能为教育多做点事，能给孩子分点爱，这一直是我的心愿。”

郑琦老师就是这样，退休后仍然延续着一个教师的梦。这是把教育当作事业去做的典型。

2．具有强烈的生命意识

生命意识是班主任师德修养的重要方面，有三个内涵：

一是学生方面。班主任要尊重每个学生，让学生在生命发展过程中享有完整的、发展的、愉悦的、健康的生命过程。长期以来，我们的教育漠视学生，许多时候，学生喜欢什么样的老师，被我们严重地忽略了。学生是教育事业的服务对象，他们对学习和生活体验的满足程度，是判断教育成效的一项重要指标，更是评价班主任生命意识的根本尺度。

案例：学生是课堂的主人吗？

山东潍坊市是国家教育体制改革的试验区。潍坊市教育局局长李希贵作为访问学者去美国哥伦比亚大学教育学院，研究教育教学改革。李希贵局长满怀信心，并很自豪地把试验区老师的课例拿给美国同行看。心想：他们也会折服的。出乎意料，美国教育学者在看课堂实录光盘时，提出了很尖锐的问题：在课堂上，学生并不像是主人，摄像机在课堂上为什么只摄教师？只看见教师在那里指手画脚，教师与学生显然没有处在一个平等的地位。李希贵局长说：“噢，这是我们的疏漏。”美国专家说：“课例中教师的声音有字幕，而学生回答问题的时候，却没打上字幕，这还是疏漏吗？无意的疏漏为什么偏偏发生在学生身上。"

在课例中还有点评环节。美国专家说：很奇怪。教师的点评都集中在教师身上，他们对授课教师在课堂上的举手投足，一颦一笑关心备至，而对学生活动的关注却少之又少。"很好，坐下"，学生回答了问题还不知道坐下吗？为什么教师这样一点手指说一句"很好，坐下"呢？主人在课堂上还要这么小心翼翼吗？

体会：一个班主任人文品质的体现是尊重学生，这是一条重要理念。也许我们并不缺少理念，真正缺少的是躬行实践。

二是班主任自身。把关注他人生命与关注自我生命有机结合起来。关注自我的幸福体验，关注自我的生命质量，关注自我生命价值的实现，让自我也在施行教育过程中享有完整的、发展的、愉悦的、健康的生命过程。我们培养着生命，哺育着生命，在这个过程中，我们自己也在发展、进步、成长。

案例：与学生共同成长

李镇西老师说："我参加工作以来，大部分时间担任班主任工作。我每带一个班，便把每一个学生的心灵作为我思考、研究、倾听、感受、欣赏的对象。"他说："有一年，我主动要求学校，将全年级的考试成绩名次最靠后的几十名学生编成一个班，由我担任班主任，与科任老师一起进行转化'后进生'的教改实验。""那几年，除了吃饭睡觉，我把所有的时间都用于对学生的琢磨研究，感受他们的精神世界，甚至和他们一起在野外的草地上摸爬滚打。当这些孩子离开时，不但他们在各方面都有了明显的进步，我们关于转化'后进生'的课题得到上级主管部门的鉴定通过，而且我也迎来了收获的季节——享誉全国的《爱心与教育》、《走进心灵》等一系列著作出版。"

三是综合层面。注重互动，注重对话，注重生命轨迹的互交，使教师与教师、教师与学生、学生与学生在生命交往过程中互相交融、互相统一、互相印证。

案例：汤普森夫人是特迪的老师，汤普森夫人在小学五年级时接了特迪这个班，第一天就发现特迪上课不认真，精力不集中，衣冠不整，上课睡觉，后来又发现他成绩落后。经过理解、关注、尊重一系列教育情节之后，使特迪焕发了热情，成为一个自信、勤奋、上进的孩子。

从小学毕业后的十四年间，特迪一直认为汤普森夫人是他一生中最好的老师。特迪最后取得了博士学位。最精彩的一幕是特迪邀请汤普森夫人参加他婚礼的场面。汤普森夫人是以新郎母亲的身份被特迪邀请的。师生见面后，相拥而泣，学生特迪说："谢谢汤普森夫人对我的信任，非常感谢你让我感觉到自己很重要，让我相信自己能够创造奇迹。"汤普森夫人眼含热泪说："特迪，你错了，是你让我懂得了我可以创造奇迹。在认识你之前我根本不知道怎么去教育孩子。"

案例：2005年，美国年度教师奖获得者卡姆拉斯在授奖仪式上说："现在我最想要感谢的是我的学生，他们是我热爱教学的原因。"

师生之间就是这样相互印证、共同发展着。

3．拥有一颗宽容的心

班主任的爱应该是自然流露与迸发，是不求回报的付出，是数年如一日的滋养。教师的爱还意味着拥有一颗宽容的心，教育的很多奇迹都是由爱与宽容造就的。学生是处在发展中的未完善的人，我们不能用不符合学生实际的标准来衡量学生的行为和思想。对于学生的错误或不完善之处决不能求全责备，否则可能导致精神的萎缩。一颗无爱、无宽容的冷漠的心，必将绞杀学生的智慧和个性。

案例：**老教育家吕型伟的一则教育故事**

1955年的一天，我当时任校长，有个年轻人到办公室找我。我一看，原来是5年前的一个学生，我心里就咯噔一下：一定是他出事了！因为这个学生在校时非常调皮，老师们都拿他没办法，不止一次地建议我开除他。后来我一忍再忍，这样一直到他毕业，也没有开除他。但他毕业后，我一直担心他会干出什么坏事，没想到他突然来了。我冷冷地说："是你啊，什么事？"他说："校长，我知道自己在学校实在很差，现在我要到一个边远的地方工作了，走之前，一定要来看看您，就是想告诉您，您的学生现在已经改好了，您就放心吧！"我听后眼泪都流出来了，很感意外，同时也很感动。原来这个学生后来上了同济大学，已经毕业要响应号召支援边疆。这件事对我教育很大，从此，我树立了一个信念：人是可以教育好的，学校不能轻易地处分一个孩子，要宽容他们的错误，要给他们一些犯错误的机会。

启示：让我们共同记住印度诗人泰戈尔的一句诗，“不是槌的打击，乃是水的载歌载舞，使鹅卵石臻于完善”。

4．使学生为之倾倒的人格魅力

学生受教育的过程是一段人格完善的过程，在很大程度上取决于教师本身的人格力量所施加的影响。教师的人格力量源自于道德情操和学术水平的完美结合和统一。不仅学识渊博，循循善诱，更要通过言传身教，交给学生做人的道理。教育学生树立坚定的信念和远大的理想，教师自己首先要有正确的世界观、人生观。在学生眼里，老师是一切美好的化身和可资效仿的榜样。教师在读学生，学生也在读教师，读你的举止、言谈、爱好，并去效仿。

案例：您是我一生的榜样

在学生的心目中，孙维刚老师就是他们一生学习的榜样。1997 届毕业生王一同学，考上清华大学后对孙老师的一段回忆：能成为孙老师的学生，是我一生中最幸运的事情。孙老师不仅是我们的数学老师、班主任，更是我们思想和灵魂的导师。他是我一生学习的榜样。他首先教我们做人，再教我们做一个有用的人，做感情丰富的人，做因为自己来到这个世界上，能使别人更幸福的人。这是一个多么美好的境界，在我们幼小的心灵中孙老师埋下了多么善良的种子。

王一同学说：“大家热爱劳动，来自恩师每天早晨到教室打扫卫生；大家良好的修养，来自恩师每天上下班都和看门的老大爷亲切地打招呼；大家严格遵守纪律，来自恩师迟到了便自我检讨甚至到教室外罚站；大家艰苦朴素，来自恩师一年四季仅仅两套旧外衣。孙老师的人格永远感召着我，你将是我一生学习的榜样。”

5．做“新新人类”的“新新教师”

我们做班主任的肯定要累些，肯定要忙些，但乐在其中，其乐无穷。

教师要教学生，同时也要向学生学习，建立平等交流和自由精神对话的关系，要给予学生心灵的自由。

现在的学生，他们经常标榜自己是“新新人类”，我们很费劲学到的东西，学生们轻而易举。比如网络、电脑，我们要进培训班学习，孩子们却玩得娴熟，试问他们哪个是在计算机学校习得的。好像现代的东西，就是给他们准备的一样。

案例：今天我们老师真还得向他们学习

浙江省台州市的丁勤政老师感慨之余写了“我们要做新新教师”的文章。

丁老师说：要做一个深受学生欢迎的班主任并不是一件很容易的事。尤其是现代信息时代，电影、电视、报纸、杂志、广播、网络……学生几乎被包围在各种各样的媒体中。他们的生活很忙很精彩，溜冰、踢足球、看NBA、上网聊天、参加生日Party、唱流行歌曲，一起吃饭还要AA制……

相比之下，教师们接受信息的渠道要少得多。他们会给学生讲知识就是力量，他们会说牛顿和鲁迅，他们最爱对学生说的就是“想当年我们……”但是他们不懂QQ，有的不知道愚人节和情人节，有的不理解为什么李玟要叫KOKO李玟，还有他们说不出新出炉的网站的名字……一句话，他们成为学生眼中的“老八股”。

当这样的老师走进学生圈子中，就像一个土著走进外星人的沙龙——他们对这个圈子的话题几乎一无所知，根本无法插嘴，又怎么能对学生产生凝聚力和影响力？

师者：传道，授业，解惑也。“道”不一定是解题之道，“业”也不仅仅是作业，“惑”可以来自于所接触的任何一个领域。正因为如此，新世纪的老师难当，因为他们可以为学生之师的范围相对于学生日益扩大的信息来源来说，正在渐渐缩小！这就导致了师生之间共同语言的减少，心理距离的拉大。而一旦心理上产生隔膜，学生对老师就会敬而远之，老师对学生也会产生误解。所以要做新新人类欢迎的好老师，我们就要放下架子，虚心学习各种新生事物，对不懂的东西不要简单地否定，学习是一辈子的事，对于教师尤其如此。

就拿我自己来说，我来自农村，学生时代只知埋头读书，从来没有进过滑冰场，对于滑冰我的看法是：“那有什么好玩？一块光光的地面，几个人在上面来来去去，时不时有人碰在一起，摔得鼻青脸肿——简直是花钱买罪受！”后来有一次，我们班在校运会上拿了团体总分第一，我在班上说为了表示庆祝，我们去郊游吧，然而学生对郊游毫不“感冒”。你猜怎么着！他们早有预谋——要去包场滑旱冰！我几乎是被绑架着来到溜冰场的。没想到我在溜冰场上度过了十分开心的一小时。

同学们热心地教我动作的要领——事先我怎么也不会想到看似简单的溜

旱冰有这么多技巧：鞋子一定要选合脚的，鞋带一定要一节节系紧，双脚不要距离太大，重心要向前，走外八字向两侧用力……“要循序渐进，罗马不是一天建成的”，学生这样提出忠告——这可是我们平时对学生的教导呢。

我根本记不清摔了多少跤，可是在学习的过程中，我体会到了速度的快感，在“接龙”的时候我感到人与人的距离原来是可以这样近，摔倒时一双双伸过来的手让我感动万分……从此，我对溜旱冰的偏见消除了，学生们与我也更亲近了。

在我的教学生涯中，这样的例子还很多。有的学生热爱写作，我拿出自己的作品与他们交流，结果有的学生连日记也信任地拿来请我指点；有的学生爱上网吧，我也很快学会了各种上网的技巧，我的电子邮箱成了学生们的免费咨询信箱，有些羞于启齿的问题通过电子邮件，还可以使用假名；就像现在我出差在外，仍然可以去网吧与学生 OICQ；在课堂上，我不仅完成教学任务，偶尔还教学生们唱一些优秀的流行歌曲……

结果，我所教的班级，师生关系特别和谐。许多学生都成了我的忘年之交——他们毕业后还总和我保持联系，有了思想问题就打电话或上网同我长谈。一日为师，终生为友——这不是我说的，但我一直在这样做。

建议：跟着时代走，赶上学生的步伐，做他们的贴心人——这是班主任能够成为学生的偶像的原因。

案例：成都七中李萍老师每晚找一个学生谈话，与学生平等交流、沟通。一个学生跟随她三年，至少有六次谈话。私下的、私密的、私心的无所不谈。与学生建立了互信关系，李萍老师被学生接纳了，成为他们阵营的一员。同学们都在背后称李萍老师为萍姐。李萍说：“这其实是全班学生对我的共同称呼。知道学生的秘密后，心里喜滋滋的。孩子们真逗，喜欢你就非得把你拉到他们的那个阵营，连‘名号’都预先定了。”

现在的学生喜欢开朗、活泼、整洁、能与同学们打成一片的老师，如此学生才能与教师交真心朋友，愿意向老师倾诉一切。

6．养成善于反思的良好习惯

班主任工作具有复杂性，尽管一些班主任已经积累了丰富的经验，面对不断发展变化的学生，仍然会出现一些偏差和失误，需要反思。因此反思成为班主任不断发展

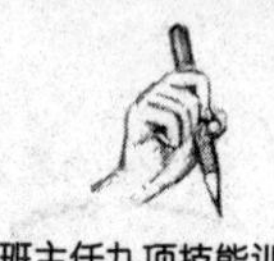

进步的重要策略和手段。李镇西老师在他的一次报告中讲了一例典型的关于反思的案例，对他的学生观产生了重要的影响。

李镇西是全国优秀班主任，特级教师。他经常反思自己的教育过程，提醒自己，要关注学生的心灵。

案例：这件事发生在李镇西老师参加工作的第四年——1986年。

那是一个冬天，李老师领着学生早读。这时班级一个叫安妮的女同学迟到了。李老师没让她进来，并让她在外边站一会儿。为什么要罚站呢？有两个原因：一是安妮连续迟到，且成绩总是班级倒数第一、第二名，李老师想给她一个小小的教训。二是班级迟到的现象有所增多，有必要通过安妮的迟到作相应的惩罚来提醒其他同学“遵守纪律”。安妮很听话，规规矩矩地站在门口。

李老师继续在里面看学生早读。大概过了五分钟，李老师心里隐隐不安，觉得这样做不太好，不是因为外面天冷同情她，而是怕领导因为此事对班级和李老师个人产生不好的印象，所以，李老师让安妮进来。安妮走到座位刚要坐下，李老师说：“我让你坐下了吗？”虽然李老师语气很平稳，但是却带有一丝嘲讽，“同学们，你们听到我叫她坐下了吗？”顿时，安妮很尴尬，不知道该怎么办。李老师指指后门。让她到后门接着站。20分钟的早读，她迟到了5分钟，站了15分钟。下一节课是李老师的语文课。下课后安妮向李老师请假，理由是头晕。李老师有点紧张，担心安妮头晕和罚站有直接关系。但是安妮告诉李老师，她平时就经常头晕，和罚站没关系。李老师准了她的假。

接下来的几天，班级的“迟到风”迅速得到遏制。李老师为此感到十分满意。

第二天，安妮没来上学。过了几天，她妈妈打来电话。首先向李老师道歉，说“给老师添麻烦了。最近安妮老迟到，老师罚她站，她回去很伤心的，教室外面站，教室里面站，但她没怪老师，只怪自己不争气，给班级丢脸了”，并告诉李老师，安妮因为身体原因要休学。当时李老师答应了，同时他为班级有一名倒数一、二的学生休学感到庆幸，因为没人拖班级后腿了。

第二学年，安妮回到了学校。但是她已经不是李老师班上的学生了。可她还是那样有礼貌，每次遇到李老师，都微笑着打招呼。李老师在心里想：师生关系其实是不平等的！我们对学生的尊重和学生对我们的尊重是完全不相称的。假如说我挨了校长的批评或者被别人骂了，我肯定恨他一辈子。但是学生挨了老师的批评，甚至是一些过分的处罚，他们也不会恨老师。安妮就是如此。

过了一段时间，李老师听说安妮死了。那一年她才 14 岁。因为她很小的时候就患上了白血病，李老师和同学们去送她，这件事对李老师触动很大。他在《走进心灵》一书中写道："透过眼泪，我看到任安妮那双永远 14 岁的眼睛里，写满了两个大字——'纯真'。她前面居然不知道而且永远都不可能知道，那年李老师曾经因为她休学而暗暗高兴过。止不住的泪水是奔涌而出，那是我第一次因为愧对学生而流泪，我是真诚的，我感到愧疚。任安妮得了白血病，而不知内情的我罚她站，仅仅是因为这样的一个原因，那么我的真诚就要打折扣了，那就意味着她没有得白血病就可以罚站。现在，我无法面对任安妮说声对不起，但我能告诫自己每天还要面对一批又一批的健康成长的学生，自己应该怎么把这份内疚化为对学生的善待呢？如果不是任安妮的突然离去，我是不会意识到我曾经伤害过她的，恐怕这件事情过去了也就过去了，我的良知沉睡了，而被唤醒的良知让我不仅仅思考我曾经对任安妮犯下的不可饶恕的过错，而且还想到怎么能让教育充满人性。后来我就永远不再以任何理由罚任何学生的站。我可以骄傲地说，1987 年的那个冬天，我记住了从遗体面前许下的诺言坚持到了今天。'罚站该不该'，我在这不做评判，但是我不愿意采用这种方法。当时制止迟到的那种举动，表面看起来收效很好的，但是付出的代价是对学生心灵的巨大伤害。"

反省：有时，我们为了获取一定的教育的效果，竟能不择手段！

教师的教育教学实践是否合乎教育理论，是否合乎教育规律，是否科学有效，既需要别人的评价，更需要不断的自我反思。所以，反思又是提高教师自身教育教学效能和素养的过程。班主任通过对自己教育实践的考察，立足于对自己的行为依据的回顾、诊断、自我监控和自我调适，以达到对不良行为、方法和策略的优化和改善，加深对教育活动规律的认识和理解，从而适应不断发展变化着的教育要求，提升教育能力和水平，最终实现教育性能的提高。

●第二节　班主任职业道德的核心——师爱

一、用爱心开启心灵之窗

师爱，是指教师对学生以及对自己所从事的教育事业的热爱。师爱是教师职业道德的核心，是班主任教育素养中起“决定作用的一种品质”，是班主任的灵魂，是检验班主任合格与否的试金石。

心理学研究表明，爱，是人类普遍具有的心理需要。爱，对青少年身心发展具有特别重要的作用。对于教师来说，一生中最重要的东西是什么？苏霍姆林斯基的回答是“热爱学生”。爱是人类情感中的最高形式，更应该是教育情感的最高形式。有爱的教育才是真正的教育。瑞士教育家裴斯泰洛齐说：“从早到晚我一直生活在他们中间……我的手牵着他们的手，我的眼睛注视着他们的眼睛，我随着他们流泪而流泪，我随着他们微笑而微笑……”美好的人生是为爱所唤起的，学生美好人生开始就这样掌握在我们教师手中。

师爱不是一种简单的心理成份，她是由教师的理智感、道德感、使命感凝聚而成的高尚的教育情操，是一种充满科学精神的、普遍的、持久的、伟大的爱，是每个学生都渴望得到的阳光雨露。教育家夏丏尊先生认为：“教育之没有情感，没有爱，就如同池塘里没有水一样；没有水就不能成为池塘，没有情感，没有爱，也就没有教育。”

班主任的爱应该是自然流露与迸发，是不求回报的付出，是数年如一日的滋养。这种爱还意味着拥有一颗宽容的心，教育的很多奇迹都是由爱与宽容造就的。有了班主任的爱，就可以激发学生的情感，丰富学生的情感，于是学生就有了喜怒哀乐，知道了感恩。学生是处在发展中的未完善的人，我们不能用不符合学生世界的标准来衡量学生的行为和思想。

班主任是一个班级的负责教师，担负着培养一代新人，塑造未来国民灵魂的责任。班主任工作的特殊性就在于，他所面对的是一群有血有肉、感情丰富的学生。只有热爱他们才能更好地教育他们，否则，这种教育就无法进行。有人说，如果你讨厌你的学生，那么你的工作还没有开始就已经结束了。

二、师爱的作用

1．师爱是班主任教育学生的感情基础

每个学生都希望得到别人的关心、信任、爱护和尊重，然而使他们更看重的、更在意的是老师的爱特别是班主任的爱。班主任对待学生的态度如何，可以直接影响他们的学习、生活，甚至影响到他们的心理健康。因为班主任的爱不仅仅是一种态度，更是一种积极的心理暗示，一种社会性评价。这种态度和评价在学生的心理上会产生不同寻常的心理分量，使他们感受到自己在班级和老师心目中的地位、分量以及人格价值。如果学生得到了班主任的这份爱，就是得到了肯定、赞许和奖励，他们就会产生一种积极的心理体验。这种心理体验让他们感到自我满足，让他们骄傲自豪，让他们心情愉悦，让他们干劲十足，让他们对未来充满希望。班主任的爱好比催化剂，能使有问题的学生改正缺点，使不爱学习的学生努力学习；班主任的爱好比是阳光，能使感情冷漠的学生得到温暖，学会关爱别人，热爱生活。

班主任对学生的爱，表面上是一种教师对学生的爱，是一种单向的情感流动，事实上这种爱是师生间的一种爱的传递。班主任关爱学生、尊重学生、信任学生，必然会得到学生对老师的尊重、信任、爱戴和支持，这是班主任教育学生的感情基础。人们常用“晓之以理，动之以情”的方法教育学生。“动之以情”是“晓之以理”的前提和基础，没有“动之以情”，“晓之以理”就不会收到预期效果。如果班主任不热爱学生，学生就不愿意亲近他。学生是从来不向自己不喜欢、不信任的班主任敞开心灵之窗的。倘若学生的心灵之窗不打开，“晓之以理”就是一句空话。苏霍姆林斯基说：“我敢拿脑袋担保：如果学生不愿意把自己的欢乐与痛苦告诉老师，不愿意与老师开诚相见，那么，谈论任何教育都总归是可笑的，任何教育都是不可能有的。受教育者向他爱戴的教育者敞开自己的心灵，是一个彼此使思想和感情高尚起来的过程。”所以，班主任要与学生心灵对话，必须打开他们的心灵之窗，而打开学生心灵之窗的最好钥匙就是爱。

2．师爱是班主任事业成功的根本保证

爱学生才会爱事业，爱事业才会全心全意干好事业。因此，热爱学生是检验班主任是否称职的试金石，是班主任工作取得成功的根本保证。

班主任所从事的是一项复杂、繁重的工作。由于热爱学生，他们不计较个人得失，在平凡、艰苦的岗位上，长年累月地为学生的发展奉献着自己。由于热爱学生，他们不断修炼自己，提高思想品德修养，加强专业知识学习，改进工作方法，探讨教

育艺术。是爱给了班主任工作的力量和方法，是爱给了班主任战胜各种困难的信心和勇气，是爱使班主任锲而不舍，苦苦追求。

如果一个班主任不爱他的学生，那他所谓的热爱教育事业就是一句空话。学校中那些不受学生欢迎的班主任，那些把班级管理得一塌糊涂的班主任，那些对学生成长不负责任的班主任，在很大程度上是因为他们不热爱学生，不热爱班主任工作。当然，不热爱学生的班主任既可悲又可怜，因为，没有爱的付出也就没有爱的回报，他的事业也不可能获得成功。

三、师爱的特点

1. 师爱是神圣而无私的爱

人类社会中有各种各样的爱，包括父爱母爱、恋爱友爱等等，但任何一种爱都无法与师爱相比，这是因为，师爱是人类复杂情感中最高尚情感的结晶。它既不是一种直觉的情绪反映，也不是一种出自个人的狭隘的感情，而是一种无私的合乎理智的具有伟大社会意义的情感。有人说，人世间最伟大的爱是母爱，而我认为，比母爱更伟大的、更神圣的爱是师爱。

说师爱比母爱更伟大，是因为教师的职业是伟大的。他们所从事的是一项“燃烧自己，照亮别人”的事业。为了学生的健康成长，他们宁愿做“路石”、做“人梯”，无私地奉献着自己。这种爱与母爱有着巨大的区别。每位母亲都疼爱自己的孩子，这种爱能给孩子一种安全感、幸福感，能为孩子健康成长奠定感情基础。但是爱不等于教育。高尔基说过：“爱孩子，这是母鸡也会的事，可是善于教育他们，这就是国家的一桩大事了。”师爱与母爱虽然共同作用于学生，但师爱是出于一种对事业的追求和教育目的的实现，是一种受社会委托，为把学生培养成栋梁之材，是目的性更强、更为广泛的爱。教师对学生无任何个人索求，完全是一种无私的奉献。与师爱相比，母爱则是一种建立在血缘关系基础之上的本能性行为，其中包含着一定的个人目的。

林崇德教授在《教育的智慧》一书中写道：“我认为，疼爱自己的孩子是本能，而热爱别人的孩子则是神圣。因为，不论是人类还是动物，都疼爱自己的孩子，母鸡为护小鸡而奋起，狗为护幼崽而狂吠，这些都是一种本能的反应；父爱和母爱虽然比动物对幼仔之爱要丰富和广阔得多，但就其本质来看，也是建立在血缘关系上的本能行为。然而对学生之爱却出自教师的职责，这种爱在性质上是一种只讲付出不计回报，无私的、广泛的且没有血缘关系的爱，在原则上是一种严慈相济的爱。这种爱是神圣的。这种爱是教师教育学生的感情基础。学生一旦体会到这种感情，就会‘亲其师’，从而‘信其道’，也正是在这个过程中，教育实现了其根本的功能。”由此可以看出，班主任对学生的爱，是一种崇高的爱，她比母爱更加伟大、更加神圣。

案例：爱心的启迪

某中学初三（2）班的明明，因为多次在社会上滋事打架被学校批评教育，效果甚微。有一次他又为“哥们儿”同别人斗殴，被派出所拘留。其父亲和继母在社会上都是有一定地位的人，早已对自己的家丑忍无可忍。对这次孩子的闹事更是气愤已极。于是把心一横，公开明确断绝父子关系。儿子听了这样的“决定”以后，没有流眼泪，没有乞求，脸色苍白，内心颤抖，一连三天没有说话。即使是对警察的审问他也一声不吭。种种迹象表明，他已经绝望了，已经豁出去了。

有一天黄昏，警察突然领进了一个两鬓花白的女同志。他定睛一看，是他的班主任刘老师。他冷漠地望了望刘老师的眼睛，霎那间，他的冰冷的心不由得动了一下，他感到老师的目光中没有幸灾乐祸，没有厌恶，也没有那种居高临下的谴责和“宽容”，所有的只是一种恰似母亲对儿子的疼爱，那种发自内心的真挚的疼爱。刘老师沉默地望着他，没有开口说话，两眼却早已湿润了。“明明，我是来接你回班的”，刘老师边说，边打开提包。“这是同学们凑钱为你买的一套衣服，换上吧，同学们还在外边等你……”这几句话是那样平常，似乎平常得没有一点思想的闪光。然而这句话的每个字都是从老师的心里流出来的，包含着一种特殊的深情。当老师把一套崭新的服装放在明明面前的时候，他再也控制不住自己了，心中涌起万顷波涛。他一下子跪在了地上，抱着老师的双腿失声痛哭起来。“老师，你是我的妈妈，我在这个世界上再也没有别的亲人了……，只有你，只有你了！”这是明明来到人间之后第一次发出的撕肝裂肺的哭声。

明明又回到了集体的怀抱。他的心灵经受了这巨大的震撼之后，变得判若两人。由于刘老师的说服，明明的家长也转变了态度。从此明明决心开始一个少年的新生活。

启示：班主任对学生的爱可以超越人的本能，可以不计回报，可以不加选择（无论什么样的学生），正所谓大爱无疆。只要班主任真心实意地爱学生，就没有教育不

好的学生。

2．师爱是广泛而持久的爱

对于大多数学生而言，他们都有一个共同的愿望，希望得到班主任的喜爱。以小学生为例，他们从小在父母的尽心呵护下长大，集全家宠爱于一身。当他们来到学校后，他们就把这种“爱的要求”转移到老师特别是班主任身上。老师一个微笑的点头，一次课堂提问，甚至伸手摸摸他的头，拍拍他的肩，在孩子内心深处都会产生一种愉悦的心理体验。如果班主任忽视了这一点，学生往往会以独特的方式表明自己的存在，以引起班主任对自己的注意。在失去爱的环境中长大的学生，往往会患上“精神营养不良症”，如：个性发展畸形，情感冷漠、自私自利等。少年犯罪心理学研究表明，大多数少年犯，最初都是由于在家庭、学校中得不到温暖，得不到大家的同情和关怀，于是到社会上去寻找这种爱，最后因无知失足走上了犯罪的道路。可见，班主任的爱，对于每一个学生的健康成长是何等的重要。它不仅关系到眼前教育教学质量的提高，而且会影响到学生的身心发展、个性形成、价值取向以及人生道路的选择，甚至他们的未来。

班主任对学生的爱是一种博爱、大爱。这种爱就像阳光一样没有任何选择，要均匀地洒在每个学生身上，温暖着每个学生的心田。长得好看的学生要爱，丑陋的学生也要爱；聪明、伶俐、学习好的学生要爱，呆笨、不用功、学习差的学生也要爱；听话、懂事、善良的学生要爱，调皮、淘气、捣蛋的学生也要爱；家长视为“掌上明珠”的学生要爱，被家长抛弃或失去希望的学生也要爱；父母有钱有势的孩子要爱，没钱没势的孩子更要爱。班主任情感的天平，一面是学生对老师的信任，另一面是学生未来的希望，如果出现倾斜，后果不堪设想。

案例：郑老师是我最亲的人

我是一名初中生。我的童年与其他小朋友不一样。

我的不幸是从7岁开始的，而我的幸运也是从7岁开始的。那一年，我妈妈嫌家里穷，抛下我和爸爸走了，再也没有回来。同龄的孩子都上学去了，而我只能跟着爸爸到地里打猪草。

一天中午，我跟爸爸正在打猪草。郑老师走了过来，他摸摸我的头，掏出手帕擦掉我脸上的汗，心疼地说：“多好的孩子！为什么不让他去上学呢？”爸爸叹了口气说：“家里穷，没钱呀！”郑老师拉着我的手，认真地对爸爸说：“这孩子就交给我吧！让他跟我去读书！”就这样，我坐在郑老师自行车后座上来到他家。一进门，郑老师对郑妈妈说："快，倒盆热水来，我给这个孩子洗个澡！"这是我第一次一个陌生人为我洗澡，好舒服啊！从此我有了全新的童年生活。

我终于上学了，可有些同学老是欺负我。一次，我正在操场上玩，几个同学围拢来，说我是没娘的野孩子，有的同学朝我身上扔石子，有的上来推推搡搡。我气极了，和他们打了起来。他们一拥而上，把我打倒在地。晚上回到家，郑老师看到我脸上的伤痕，问明了事由，把我搂在怀里，心疼地说："你周志富不是野孩子，我就是你的亲人，你就是我的孩子！"我心里一热，紧紧抱着郑老师哭了起来。后来，郑老师耐心地教育了那些同学，从那以后，他们不仅没再欺负我，还主动和我玩，使我真正感受到了新集体的温暖……

我读小学四年级的时候，郑老师退休了。我想郑老师也许不会再管我了，今后我可怎么办！可是没想到，郑老师和从前一样仍然让我住在他的家里，每天用自行车送我上学，给我钱让我在学校吃午饭，放学时又去接我回家……

我有亲生父母，却像一个孤儿，是郑老师给了我一个温暖的家。从初小到高小，从小学到中学，郑老师不知为我倾注了多少心血！今年我已经15岁了，是郑老师让我读书，教我做人，是郑老师让我尝到爱的滋味！

郑琦老师是全国优秀班主任，他对学生广博而持久的爱，让许多像周志富一样的孩子，找到了人间的温暖，尝到了爱的滋味，进而找到了人生的目标。

3．师爱是理智的、有目的的爱

没有理性的爱是一种溺爱或"自私"的爱，许多父母对子女的爱，就是如此。从一个幼小生命的孕育到孩子懂事上学，其中父母付出了极大的爱心。这种血缘之亲和养育之情，使得父母对孩子的教育，感性大于理性，更多地表现为溺爱。其结果不仅给学生自身成长带来问题，给学校教育带来困难，而且还会给家庭教育带来很多麻烦。而对于父母的这份爱，很多孩子并不在乎，他们觉得父母的爱很多很多，永远也不用担心它们会失去。

学生对班主任的爱有一个基本判断：班主任的爱不像母爱那样容易得到且极易失去。如果一旦得到了班主任的爱，自己的学习生活就会变得如此灿烂：班级中享有一定的地位，各种奖励与荣誉接踵而至，同学们对自己的喜欢和羡慕等等。这些都直接关系到人本质中渴望的尊重得以实现。这种爱的环境和教育契机在家庭里是得不到的。因此，班主任要准确把握学生的心理动态，把握爱的尺度，既不能让爱多得生宠，又不能让爱少得误人。

师爱是赋予了教育思想的爱，她没有血缘的联结，没有个人私利作祟，是一种理智的、有目的的爱。这种爱既表现出强烈的感情色彩，又表现出清晰的理智性和长远的目的性。这种爱的目的性，主要源于班主任对所从事的事业的深刻理解和高度责任感，源于他们对学生的正确认识、满腔热情和无限希望。正因为如此，班主任在爱学生的同时，更知道要严格要求他们。不是无原则地放任迁就，把爱与严格要求结合起来，把学生个人的发展与社会需要统一起来。既顾及学生眼前的得失与辛苦，又注重学生未来的前途与发展，使学生在班主任的严爱中健康成长。

4. 师爱是灵活且有原则的爱

在学校这个特殊的环境里，师爱需要有一份灵活的表达方式。在大多数家庭里，父母面对的是一个孩子，他们有许多时间等待孩子重复犯错，重复改正错误。在班级，班主任面对的是几十个孩子，繁重的教学任务和班主任工作，使他们不可能像家长那样永远地等待，那样只会降低班主任的工作效率。因此，班主任的爱必须表现出极大的灵活性，即对待不同的学生采用不同的表达方式。例如：对待学习或生活困难的学生，班主任的爱是一份特别的帮助；对待懦弱、缺乏自信的学生，班主任的爱是一份鼓励和支持；对待不守规矩的学生，班主任的爱是一份严格和约束；对待经常犯错误的学生，班主任的爱是一份制止和批评。这种灵活的爱，没有定势，她会随着需求的不同而变化其表现形式。

对待学生班主任还要科学施爱，艺术施爱，有原则地施爱。对犯错误学生的包庇、纵容，对优秀学生的特殊“关爱”与“呵护”，与学生吃吃喝喝、保持一团和气，都是无原则的爱。这种爱只能使学生是非不辨、方向不明，不利于学生健康成长。

四、师爱的具体表现

某直辖市教委曾在教师中作过一项调查。他们随机抽取100名教师，问：“你热爱学生吗？”有90%以上的教师回答“是”；然后向这100位教师所教的学生进行调查：“你体会到老师对你的爱了吗？”回答“体会到”的仅占10%。90%和10%之间存在多么大的反差。是那100位教师中有人说了谎吗？可以肯定的回答，不完全是。那又是为什么呢？是因为教师爱的表达方式出了问题。热爱学生并不是一件容易的事，让学生体会到教师的爱就更加困难。所以，班主任在爱学生的同时，还要以一种学生能够感受到的、乐于接受的方式去表达。

1．关心爱护学生

关心学生是指班主任把学生的事情放在心上，像父母一样无微不至地呵护他们，关心他们的学习，关心他们的思想、生活、身心健康以及他们的情感世界。对于学生来说，老师的关心，是他们学习和进步的动力，也是他们克服缺点，完善自我的力量源泉。实践证明：那些经常受到班主任关心和帮助的学生，他们对自己充满自信，学习努力、思想进步、关爱他人、成绩优良；那些不被重视，缺少关爱的学生，往往情感冷漠、精神颓废、不求进取、甚至自暴自弃。班主任对学生关心与否，直接影响学生的健康成长。

爱护学生就是爱护他们身上那些美好的东西，保护他们心灵中对美好事物向往的那种情感和追求。对于后进生来讲，爱护还包括注意发现和保护他们身上的闪光点。只要班主任关注学生并及时发现他们身上的闪光点，教育转化后进生便可收到事半功倍的效果。

案例：旧手镯与剩香水

她是汤普森夫人。在带5年级的一个班级时和大部分老师一样，她看着学生们，对他们说，她会爱他们每个人，一视同仁。但这是不可能的，因为在第一排的座位上，坐着一个精力不够集中的小男孩，他的名字是特迪·斯托达德。

汤普森夫人已经观察特迪一年了，发现他和其他小朋友相处得不好，而且总是衣冠不整，应该好好地洗个热水澡。

特迪变成一个不招人喜欢的家伙，现在汤普森夫人可以尽情地在特迪的作业本上用红笔画上个大大的“×”，再在上面写个醒目的“0”分了。

在汤普森夫人任教的学校里，老师必须翻阅每个学生的履历表，她把特迪的履历放在最后一个看。当翻开这份履历表的时候，着实吃了一惊。在评语一栏中，一年级的老师写道：“特迪是一个优秀的孩子，他的微笑无与伦比，他的作业工整，彬彬有礼……有他在身边令人愉快。”二年级的老师在上面写道：“特迪是一名出色的学生，与同学相处融洽，但母亲身患绝症令他非常担忧，他的家庭气氛一定不太好。”三年级的老师写道：“母亲去世对他的打击很大，他尽管努力学习，但父亲似乎对此不怎么感兴趣，如果不采

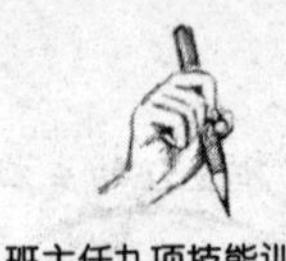

取措施，家中的气氛很快会对他造成影响。”四年级的老师写道：“特迪落后于其他同学，对学校没有多大兴趣，他没有多少朋友，有时在课堂上睡觉。”

现在汤普森夫人意识到问题出现在哪里了，她感到了深深的自责。当其他学生都送给她一份包装精美的圣诞礼物时，更难过了，因为特迪拿来的礼物是用一张泛黄的纸包裹着的。

汤普森夫人当着大家的面打开了礼物。有的孩子突然笑出了声，因为里面是一只旧手镯和一个小香水瓶——里面只装了四分之一的香水。她戴上了手镯，并称赞手镯漂亮，然后在手腕上喷了一点香水，她的行为使孩子们不再嘲笑礼物的简陋。这一天，特迪听完了整堂课。他对老师说：“汤普森夫人，今天您身上的气味和我妈妈的一样”。孩子走后，她哭了很久……

从此，她不再只教孩子们算算术和写字，她教育他们，并且特别关注特迪。她陪特迪一起学习，他的大脑复活了，在她的帮助下，他的反应也越来越快，到了期末，特迪已经成为班里最用功的学生之一。尽管汤普森夫人说会一视同仁地爱所有学生，但特迪是他最偏爱的学生。

一年以后，她在门框下面发现特迪留的一张纸条，说她是他遇到的最好的老师。六年以后的这一天，她又收到特迪的纸条，说他已经完成了预科，是班里的第三名，而她仍然是他遇到的最好的老师。

又四年以后，她收到特迪的信。说尽管有时会遇到一些难事，但他仍然坚持学业，并且很快就会毕业，并说汤普森夫人仍然是他遇到的最好的老师，是他最喜欢的人。

又过了四年，她再次收到特迪的信，说在完成学业以后他想出去旅行。信中说她仍然是他今生遇到的最好的老师，是他最喜欢的人。但现在他的名字变长了一点，他的署名是西奥多 ·F· 斯托达德博士。

故事到这里还没有结束，还有信要读。特迪说他认识了一个女孩，想和她结婚，他说他的父亲在两年前去世了。问汤普森夫人是否愿意在婚礼上担任通常应该由新郎母亲担任的角色，当然汤普森夫人欣然接受了。

参加婚礼的那天，她戴上了那只旧手镯，喷上了与特迪共度圣诞节时他送她的香水，那是特迪母亲用过的。他们热情地拥抱，斯托达德博士在她耳边说：“谢谢汤普森夫人对我的信任，非常感谢汤普森夫人让我觉得自己很重要，让我相信自己能够创造奇迹。”汤普森夫人眼含热泪，深吸了一口气，说："特迪，你错了，是你让我懂得了我可以创造奇迹，在认识你以前我根本不知道怎么去教育孩子。"

启示：班主任的爱是催化剂，它可以让学生感受人间的温暖，改变学生一生的命运！

2. 尊重和信任学生

尊重学生是班主任人文品质的具体体现。理由是：每一个生命都是一次空前绝后的奇迹。对于每一个个体来说，生命是不可复制的，因而每个生命都是伟大的，值得敬畏的。尊重每一个生命，平视每一个生命，不放弃每一个生命，哪怕是有缺陷的生命。让学生在生命发展过程中享受完整的、发展的、愉悦的、健康的生命历程，这是我们每个班主任的责任。

作为一个独立的生命体，人的发展需要和发展可能性是丰富多彩的，学生在校生活中不仅有掌握知识、技能的需要，作为一个完整的人，他们在掌握本领的过程中，还要不断丰富自己的情感、完善自己的人格、拓展自己的精神世界、提升自己的生命价值等一系列多方面的需要。教育就是要满足这些需要。我们的老师，特别是班主任更要从这样的需求和视角，看待我们的工作，看待我们的责任。

美国著名作家爱默生说过："教育成功的秘密在于尊重学生。"尊重包括对学生人格的尊重以及对学生自尊心的保护。人格，通俗一点说就是人的内心世界，人格的内容是多方面的，小而言之，每个学生都懂得欢乐、痛苦、羞耻、满足；大而言之，凡是涉及道德的、政治的、文化的因素，都含在人格内容这个概念之中。在一个班级，班主任和学生的确存在着事实上的领导与被领导、教育与受教育、管理与被管理的关系。但从本质上来说，无论是大人与小孩、长辈与晚辈、老师与学生、同学与同学，还是领导与部下，人与人之间在人格上都应该是平等的，彼此尊重，没有高低、贵贱之分。

学生渴望得到班主任的尊重，这几乎成了一种共同的心理需求。作为成长中的学生，就像一颗颗幼小的树苗，他们可能会因暴风雨的袭击长歪，可能因没人修枝剪杈难成栋梁，可能因客观环境的变化遭受病虫害侵袭，还可能因为缺乏营养和水分而枯萎。面对正在成长、需要教育和引导的学生，班主任应当尊重学生犯错误的权力，并给他们改正错误的机会。学生是在错误中接受教训而逐渐成长起来的。

学生的自尊心是他们心灵中最敏感的角落，是他们在学校中参加各项集体活动的重要内驱力和主要精神支柱。心理学研究认为，自尊心是人的一种自我意识的表现，是人们对自己在集体中的地位和作用的一种认识和评价。一个学生自尊心强，就表明

他认为自己并不比别人低，认为自己存在的价值、发挥的作用和其他人一样重要。如果班主任不尊重学生的人格，伤害了他们的自尊心，其结果必然导致学生对班主任的不尊重、不信任，失去教育学生的感情基础。同时也会使学生产生逆反心理和自卑心理等，使他们放弃自尊、自爱、自重和自我约束，甚至走向极端。

案例：一位学生写给老师的信

吴老师：

您好！

看了这封信，你一定很吃惊。我是你曾经教过的一个学生。现在我不想告诉你我是谁，但我却想坦白地对你说，这些年我一直非常恨你。因为我常常想起你呵斥我、辱骂我的那些话……你说我笨，脑子像猪脑不开窍。你还说我是最令人讨厌的人……

你知道吗，你说的这些话差一点毁掉我的虔诚和一生的快乐。幸亏我在上初一的时候碰上了一位好老师，他对我的看法和你对我的看法完全相反。他认为我很聪明，悟性也很强，只要肯用功，一定能考上大学。于是在他的热心鼓励下，我终于振作起来了，并开始刻苦用功。实践证明，他说对了——我的脑子不是猪脑，我不笨……因为我后来考上了大学。

试想，如果我上初中碰到的老师仍然像你一样，不是鼓励我，而是打击我，那可能我真的会越变越笨，并且我的今天可能会很惨的。

我今天写这封信的目的就是想让你知道——在校学生的心目中，老师就是他们的天，可能老师的一句话，往往就注定了他们一生的命运。我知道你现在还在教师的岗位上，我真的很担心你也用对待我的方式，对待别的学生。

老师你知道吗，在上小学的漫长岁月里，我人生最大的愿望就是你能够用很亲切的笑容看我一眼，并给我一点点鼓励。

如果您真的那样做了，可能我会高兴地给您鞠躬，为您擦皮鞋；

如果您真的那样做了，可能我的梦境都会变得很快乐；

如果您真的那样做了，可能我的学习成绩和其他方面都会好起来的……

可是我这样的痴想，直到小学毕业也没有实现。你一直在用轻蔑的、毫不在意的、甚至特别讨厌的目光看着我。一个学期接着一个学期，一天接着一天，我觉得小学的日子过得好慢，我内心充满了痛苦和压抑，我也想好好学习，可是我无法专心……看着你的目光，我常常感到自己真像一头笨猪。

因为心理情绪太糟了，我常常感到浑身一点儿力气都没有，脑子一点儿都不好使。那时候我的自信彻底崩溃了。我唯一能支撑自己的一个愿望和想法是——早点毕业离开你，小学快点毕业。

漫长的黑夜终于熬过去了。告别了小学，也告别了你丧气的脸。在初一的第一天，我就迎来了盼望已久的老师对我的笑脸。那一天我真的好开心，我的眼睛在笑，我的脸在笑，我的心在笑……奇怪，就是从那一天开始，我觉得自己变得聪明了，我觉得自己变得有灵气了，我觉得自己变得有自信了，我觉得自己变得更有力量了……的确，在新老师的笑脸中，我变了。

你知道吗，人人都需要被理解、被欣赏、被重视、被尊重、被爱……那些曾经像我一样在学习和各方面表现并不太好的学生，他们无法进步的主要原因可能就是因为不被理解、不被欣赏、不被重视、不被尊重、不被爱……说心里话，所谓不好的学生也都有很强的自尊心，只要老师给他们一个指点，给他们一点信任，给他们一点尊重，给他们一点理解，给他们一点帮助，也许他们就会变好的。

如今我已经大学毕业了，我也选择了教师这个职业，我已经在这个岗位工作快一年了。在教学实践中我深深意识到，很多孩子学习不好，其实也有我们老师的责任。假如我们能改变我们的教育方法，也许孩子就会对学习感兴趣，就会提高学习成绩。其实，每个孩子都爱学习，因为他们对世界充满了好奇。我们应该勇敢地承认我们的教学方法在很大程度上决定着孩子们的学习兴趣和学习成绩。假如我们的教学方法能够适应不同感官学习类型的学生，那么学生的很多问题就会迎刃而解了。

我也深深意识到，我们老师应该具有较高的人格层次和较高的思想境界，老师应该具有无私的品德，老师应该具有爱的胸怀，老师应该平等、公正、无私地对待每一位学生。只有这样才能表明我们对每一个生命的尊重和善待。

我也深深地意识到，我们教师的责任不只是照本宣科，而且重在培养学生的学习能力，并且把培养孩子的自信心、进取心放在首位。我们应该让每一位学生在任何时候都不失去自信心和进取心，让他们在任何时候都能体验到成长和成功的快乐。

老师，如果您看过这封信后能引起一些反思，并能够在未来教学中改变自己对落后学生的态度，那么我会深深地向您鞠躬，我敬重您，我也会原谅您的。因为人生都难免会有些失误，我们都是在不断改变自己的过程中成长的；但如果这封信只能引发你对我的不满和一些消极、负面的情绪，那么我劝你改行吧，免得有更多的学生受害。

真心希望您会成为值得我敬重的好老师！我会关注您。假如您真的变了，我一定会带着一束最漂亮的鲜花去看您，并化恨为爱，永远敬重您，永远做您的学生，也愿意做您的朋友；但假如您不想变，并且恨给你写了这封信的学生，那么，我再也不会打扰你了。

一个期待着您变化，但暂时不愿透露姓名的学生。

回信地址＿＿＿＿＿＿＿＿＿＿＿＿＿＿＿＿

2002年春天

启示：班主任对待学生的态度、印象和评价，会直接影响到学生的学习情绪和生活态度，影响他们的终生发展甚至生命历程。尊重学生即意味着接纳学生，接纳学生的个性，接纳学生的思想，接纳学生独特的创见，还要接纳学生的内心感受。尊重学生还意味着，要关注每一位学生，关注他们的情绪生活和情感体验；要关注他们的道德生活和人格养成。陶行知曾经告诫我们，“你的教鞭下有瓦特，你的冷眼里有牛顿，你的讥笑中有爱迪生。”轻易地伤害学生的自尊心，意味着扼杀人才；漫不经心的冷眼和讥笑，无异于夺走溺水者手中的救生圈。班主任必须时时提醒自己：尊重每一位学生做人的尊严和价值，尤其要尊重以下几种学生：学业成绩不良但性情活泼的学生；有过错甚至有严重缺点和缺陷的学生；和自己意见不一致的学生。只要我们尊重学生，就一定能赢得学生普遍而持久的信任与尊重。

信任学生就是相信每个学生都有他自己的天赋、才能、兴趣和力量；相信每个学生的心灵都愿意接受美好的东西，都愿意成为一个好人；相信每个学生都能在教师和集体的关怀教育下成为一个有用的人。作为班主任要毫无条件地百分之百地相信学生“行”，就像学走路、学说话时候一样，哪怕是一千次跌倒，父母也坚信他们会一千零一次站起来。只要班主任相信学生“行”，你的眼神里就会充满无穷的希望，学生也会从你的眼神里获得无穷的力量，相信自己“行”。这一点对于问题学生来说十分重要。由于他们缺点毛病多，往往被别人看不起，缺乏自信。如果我们摘掉有色眼镜，相信他们，给他们战胜困难的信心和勇气，采用正确的方法加以引导，他们一定能成为好学生。

案例：他当了体育委员

他曾经是我教过的众多学生中的一员。1990年秋的一天，当所有新生已经开始正式上课一个多月之后，一位个子高高，身体消瘦的大男孩，在父亲的陪同下来到了我的面前。他就是今年高考落榜的补录新生小欣（化名）。

小欣原是市重点中学的高材生。他聪明伶俐，勤奋好学；他有良好的家庭教育环境和教育基础。当他以优异的学习成绩考入市重点高中之后，他努力学习，积极进取，成了班级里的尖子生。曾代表学校参加全市、全区中学生数理化竞赛，并以优异的成绩为学校争得荣誉。然而，就在高考前夕，他结识了一些社会青年，整日和他们混在一起。逃课、喝酒、夜不归宿，严重影响了他的学习。最终高考落榜，补录进入我校学习。

过去远大理想和现实生活实际明显的反差，使得他虽然人来到了学校，心思却留在了校外。他经常和过去的“朋友”密切交往；偶尔逃课、不上自习或夜不归宿；不关心班级活动，也很不合群。他成了班级不太受同学欢迎的人。为此，我不止一次找他谈话，帮助他改正缺点毛病，小欣有了一些进步。

毕业前的那个寒假，班级体育委员突然因故去世了。为了不影响班级工作，我决定补选体委。在众多的学生中我认真斟酌，最后决定让小欣担当此项工作。理由有三个：第一，他原来的基础好，本质不坏；第二，他聪明、有智慧、有能力，只要努力就一定能做好；第三，让他当班干部，可以约束他的言行。因为班级干部是同学们的表率，时时处处都要走在别人的前面，当班级干部可以改掉他的不良行为习惯，有利于他的健康成长。于是，我找他谈话。当我提出让他担任体育委员时，他大惑不解，有些不相信自己的耳朵。经过“讨价还价”我们成交了。

从那以后，小欣就像变了一个人，严格要求自己，努力工作，并带领班级同学把班级体育工作做得有声有色。

若干年后，我们师生见面了。这时候的小欣已经成了一名乡党委书记。他告诉我：“老师，我非常感谢您。如果不是当年您对我的信任，给我一份工作，像我这样一个不思进取、连自己都瞧不起自己的学生，怎么会有今天的成就。”我告诉小欣：“老师只不过为你提供了一个机会，架起了一座桥

梁，通往成功的彼岸，还应归功于你个人的努力！”

启示：成长中的学生可能会做错事，可能会迷失方向，这时需要老师的引导。作为班主任，不能因为学生一时的过错，看不起他们、轻视他们，甚至放弃对他们的教育和帮助。只要我们相信他们行，给他们一个成功的支点，他们就有可能托起一个地球。

3．理解和同情学生

学生需要关爱，需要尊重，更渴望理解和同情。理解和同情是一种人生的感悟，是一种人间情怀。我们做班主任有时候会对个别学生不理解甚至不同情：为什么一道题讲了许多遍，别人懂了你却不懂？为什么老师天天提醒，你还迟到？为什么老师从内心关心你，你还要和老师顶牛？为什么你就铁豆腐下锅油盐不进？

生活在现代这样一个竞争激烈的社会，几乎所有的成员都有苦衷。

校长有苦衷。师资队伍要建设，教学质量要提高，教师待遇要跟上。难哪！

教师有苦衷。学生难教，工作难做，压力过大，负担过重。不容易！

在人人都有苦衷的情况下，学生的苦衷却往往被人们忽视。其实，现在的学生比所有的人都要苦、都要累。

在家里，家长把所有的希望压在孩子瘦小的肩膀上，这沉重的希望挤占了孩子几乎所有可以自由支配的时间和空间。在学校，要提高教学质量，所有教师都在努力。他们在瓜分着学生在校包括课间、午间、课活、放学以后的几乎所有能瓜分的时间。巨大的心理压力，过度的疲劳，使得学生有时候很迷茫，有时会倦怠，有时候他们会失去学习兴趣。可是到底有多少人能理解、同情他们呢？即使能理解和同情，又有多少人愿意去理解和同情呢？

作为班主任，我们要善于进行心理移位，要经常把自己放到学生的位置上去思考、去体验。理解和同情他们所处的家庭环境，理解和同情他们学习中遇到的困难，理解和同情他们成长中的烦恼，理解和同情他们因年幼不懂事犯错误以后的悔恨，等等。只要我们能理解和同情学生，我们对学生就会多一些宽容，少一些责备，多一些肯定，少一些批评，多一些关怀，少一些冷漠，师生情感的桥梁就会更加通畅和宽广。

案例：由恋情到友情

我班有一个女生在高一军训之后，就与一个战士有书信来往，我是早知道的了，也曾公开或私下说过应如何对待与解放军的感情问题，但她始终

“明修栈道，暗渡陈仓”。一天发现她书包里足足有三十多封信，我问她书包已经够重了，还把那么多信件背着干什么，放在家里不行吗。她说她妈妈常常偷偷翻她的东西，拆她的信件，所以只好这么背着。我说把信交给我代为保管怎么样？保证没有你的同意不偷看，或者现在你同意由我随意抽两封信来看，以后保证不看。她同意了，我随手抽出两封，阅后我说信里的思想感情是健康的并无卿卿我我见不得人的东西，无须大惊小怪。她高兴了，说，“本来嘛，我说了，我们是互相学习，互相帮助，并没有恋爱，但我妈就是不信，疑神疑鬼！”把那些信件交给我后，她还千叮咛万嘱咐不要把这件事告诉家长和同学，我一一答应了她。

以后她遵守诺言，每次都把信件交给我保存。我发现差不多每周都有一封，便问她多长时间通一封信，说是一个星期一封。我说怪不得你的作文水平提高得那么快，原来你的诀窍在这里。她不好意思地笑了。此后我便不断在班上朗读她的作文，表扬她的书法。她很高兴，学习语文的兴趣越来越浓，阅读课外书越来越多，还买了不少书给那位战士寄去，说是提高他的文化水平。她是一个复读生，学习基础不太好，加上一头扎进语文的学习和早恋中，其他科目都很受影响，成绩自然上不去。我便劝她少写一些信，少分一点心，集中精力抢救数理化，她也听从了，慢慢把信减少到每月一封。

由于师生间的真诚与信赖，她的心情舒畅了，精神面貌也一天比一天好起来，热爱集体了，关心同学了，学习自然也一天天上去了。

这年秋季的一天，她告诉我，他准备退伍回老家湖南，而且知道他在老家已经有了未婚妻，但他说要解除婚约与她结婚。她听到这个消息，感到又迷惑，又痛苦，不知所措。我一方面劝她对现实自己升学的理想要矢志不渝，一方面劝她千万不要破坏别人的幸福。她用理智战胜了感情，说服对方。经过多次谈话、做工作，她终于战胜了自我，并在第二年考上了大专。作为老师的我自然如释重负，长长地吁了一口气，欣慰地把所有信件还给它的主人。

启示：上述班主任从尊重学生个人隐私，尊重学生成长需求的角度出发，相信学生，给学生以充分的时间和空间，让学生自己教育自己，自己把握自己的命运，充分体现了班主任对学生人格的尊重以及对学生的极大信任。当然，正确的引导，适时的点拨，恰当的教育是班主任应该做到的。

4. 热情期望与严格要求学生

苏联教育家加里宁说过：教育是对受教育者心理上所施行的一种确定的、有目的的和系统的感化作用，以便在受教育者身上，养成教育者所希望的品质。有人说：教师的期望值有多高，学生的潜能就有多大，这是对罗森塔尔效应的一个佐证。

为什么会产生著名的罗森塔尔效应呢？是“期望”这一神奇的魔力在发挥作用。它告诉我们，真挚的爱和热情的期望可以使学生产生积极向上的力量，激发学生的潜能，发展学生的智力，最终实现我们所期望的目标。

爱学生还要严格要求学生。“没有规矩，不成方圆”，这是全社会的共识。但是严格不是严厉，不是苛刻，更不是横行霸道。

严格要求学生，首先要做到严而不厉、严中有爱，切忌不能只为管理而管理，或者出于某种个人目的来管理学生和班级。这样的管理不是对学生的真正关心和爱护，不能达到教育学生的目的。

案例：一个叫巴甫里克的学生，在刚入学的时候，是一个活泼的、好动的、好奇心强的孩子，而过了不久，他就变得沉默寡言，过分地守纪律、听话，胆子也小了。为什么会这样呢？原因是他的女老师经常愤怒和过分地严厉，并把他定为“思维迟钝的儿童”广为宣传，直到巴甫里克小学毕业时也没有什么好转。到了中学以后，一位善解人意的植物学老师才把巴甫里克的才能发挥出来，后来巴甫里克成为一位农艺师。我们不妨设想一下，如果小巴甫里克从一入学就遇到一位严中有爱，严而不厉，善解人意的老师，公平公正地对待他，也许他还有可能成为巴甫洛夫式的大科学家呢。

有这样一种班主任，他们常常以猫对老鼠或者警察对待小偷的姿态对待学生。在他们的“严格”管教下，一些有缺点毛病但充满灵气的孩子，变得“温顺安静”了，班级也由此变得风平浪静了。但是，却阻碍了学生智力的发展，遏制了学生创造力的产生。到头来，班级管理水平上去了，学生的个性丧失了，师生的情感没有了，班主任最终变成不受学生欢迎的孤家寡人。这不仅是班主任的悲哀，也是教育的悲哀和失败。

严格要求学生，还要做到严而有节、严而有度。严而无度不是真正意义上的严格要求，学生认识和行为上存在着这样或那样的缺点毛病，是他们成长过程中的必然现象。班主任不能用成年人的标准来判断学生的行为表现。同时还要尊重学生的个体差异，区别对待，准确把握。对学生提出要求时，不能过低，过低学生没有压力。也别难度过高，过高学生无法达到，他们会放弃。所以，对学生严格要求的“度”，应建立在学生的能力水平之上。

●第三节 班主任教育管理的心理前提——教育权威

在教育实践中，我们常常可以看到这样的情形：同是一个班级，有的老师当班主任，这个班级教师与学生、学生与学生之间关系紧张，风气不正，一片混乱；换了另一个班主任，班级就纪律严明，感情融洽，蓬勃向上。同样的教育要求，这个班主任提出，学生无动于衷，不以为然；而另一个班主任提出来，同学们就高度重视，积极响应。同样是批评学生，有的班主任即使有失分寸，或者是大动干戈，但同学们能够谅解；而换了另外一个班主任，虽然讲的都是“闪光的真理”，学生仍要无理顶撞。同样管理一个班级，有的班主任整天看着学生，跟着班级，班级还是大事小事接连不断；而另一些班主任即使远距离遥控，班级仍然井然有序。为什么会出现这样的情形？所有这些现象，都与班主任的教育权威有关。因为教育权威是班主任对学生进行教育管理的一个重要心理前提。

一、教育权威与作用

1．教育权威的概念

教育权威是在教育实践中，教育者对受教育者在心理和行为上产生的一种崇高的影响力。它是一种积极的影响力，可以使学生对教育权威产生一种尊敬、敬佩、信任和服从的心理，这些都是班主任工作的心理基础。

权威是教育或管理者必不可少的重要条件。大至国家主席小至厂长、校长、家长，都是靠权威进行统理。班主任管理一个班级，如果没有权威，就不能很好地发挥组织、教育、管理学生的功能；如果没有权威，就不能很好地发挥领导助手、沟通教育力量纽带桥梁的作用；如果没有权威，就不能得到学生的尊敬、信赖、支持和服从，就不能真正成为学生健康成长的导师。对于班主任来说，要树立教育权威，首先要有权力，没有权力，教育学生、管理班级就是一句空话。同时更要有威信，如果没有威信，也不可能实现高效能的管理。应该说，权力是班主任提高威信的基础，是班主任实施教育、管理的前提。而威信，是班主任运用权力的保障。班主任只有把权力与威信有机地结合起来，才能产生更大的影响力，发挥更大的教育功能。

2．教育权威的作用

(1) 教育权威可以使受教育者产生尊重和敬佩心理。

苏联心理学家斯巴林斯基做过这样一个实验：他把进修学员分成四组，请一位大学副教授分别向他们作关于“阿尔及利亚学校教育情况”的演讲。他要求演讲者每次要穿相同的服装，使用相同的讲稿，保持相同的教态。在给第一组学员演讲时，是以自己本人的身份——大学副教授出现；在给第二组学员演讲时，以一位中学教师的身份出现；在给第三组学员演讲时，以参加过阿尔及利亚国际比赛的运动员的身份出现；在给第四组学员演讲时，是以一位保健医生的身份出现。实验证明：演讲效果有明显的差异。第三、第四组学员反映，这位演讲者语言贫乏，内容枯燥无味，沉不住气，甚至有人反映说“这是白浪费时间”。而第一、第二组学员对演讲者给予了普遍的好评。他们认为演讲者“学识渊博，对问题及其特点研究得很细致，”而且语言活泼，教态自然，落落大方，因而感到颇有收获。

上述实验证明：人们对杰出人物普遍具有一种敬佩和尊重的心理。这种心理是班主任教育学生的基础。

(2) 教育权威可以使受教育者产生信任和服从心理。

某学校，体育老师向班主任反映：五 (2) 班上体育课不遵守纪律，七、八分钟时间连队都站不好，要求带的体育用品带不齐，要求上体育课一律穿球鞋，有一半人做不到。班主任针对这一问题对同学们说：“我们要想成为全面发展的好学生，就得认真学好各门功课，就拿体育课来讲，一般都在室外上，那就更需要我们严格遵守课堂纪律，按照体育课的特殊性质要求着装，必须带齐训练时所需要的体育用品。”班主任停了停问：“明天上午第三节体育课要求带什么？”学生异口同声：“跳绳！”“那好，明天我就抽查一次，看你们是否都能带来。”第二天体育课不到两分钟站好了队，48 人有 46 人穿球鞋，2 人穿软底皮鞋，跳绳全带了。体育老师很惊喜，抬头一看，原来班主任正站在教学楼阳台上观察他们。

这是一种职务和权力的力量。在学校，科任教师和班主任具有不同职务和权力，因而他们在学生心里也就有不同的分量。所有的学生都懂得，科任教师对学生只有教书育人的权力，没有惩罚、奖励、评定的权力。班主任则不同。班主任受学校委托管理一个班级，他手中握有“生杀”大权。对于表现好的学生，班主任可以给予他们奖励，委以重任，让他们找到自尊和荣誉；相反，班主任可以对他们实施惩罚或批评。所以，不管是好学生还是差一点的学生，对班主任发出的号召都表现出极大的热情，这就是一种信任和服从。

（3）教育权威可以对受教育者产生暗示心理。

暗示是指在无对抗的条件下，用含蓄、抽象、诱导的间接方法对人们的心理和行为产生影响，从而诱导人们按照一定的方式去行动或接受一定的意见，使其思想、行为与暗示者期望的目标相符合。暗示是一种心理效应。班主任往往借助心理暗示启迪和教育学生。例如：对班级好的行为进行表扬，从而暗示其他学生克服不良行为，这是语言暗示。运用手势、眼色、击桌、停顿、提高音量或放低音量等，以表示对其行为的肯定或否定，这是行为暗示。选择适合的电影、电视、文学作品或给学生讲一些有针对性的故事，这是心理暗示。班主任是学校中的优秀教师，他们良好的素养和人格魅力，可以使学生不假思索地将他们的暗示、要求和意图付诸实践。一般来说，学生年级越低，暗示效力越大。随着年龄的增长，学生的认知水平提高了，盲目崇拜老师的现象减少了。但是，他们对具有权威的班主任的尊重和信任还是不会改变的，暗示仍然具有同等的效力。

二、班主任教育权威与心理效应

班主任工作实践告诉我们，教育权威所产生的心理效应是无与伦比的，所产生的行为影响力也是不可替代的。

1. 班主任权威与“拱道效应”

管理心理学认为，权威对人的影响表现在两个方面，一方面是权力的影响，另一方面是威信的影响。班主任对班级的管理、组织、奖励、惩罚等权力具有强制性的功能，是以外力的形式来发挥作用的。在班主任权力的作用下，教育对象的心理和行为表现为被动、服从，因此，在许多情况下，班主任的权力对学生的影响是有限的；而威信作为非权力影响力，可以产生一种使人自愿、主动接受对方影响的心理力量。一般来说，在班主任教育权威中具有决定作用的因素是威信，威信是教育权威的基础。班主任是否具有崇高的威信，与班主任自身的素质密切相关。只有那些品格高尚、知识渊博、能力出众、多才多艺、关心和爱护学生的班主任老师，才能够在实践中逐步

赢得学生的信任、敬仰和爱戴，获得崇高的威信。众所周知，在学生中享有盛名的班主任老师，能够使学生心甘情愿地接受其影响而无需借助于外力的作用，这只是一方面；另一方面，威信较高的班主任作为一个影响源，会自然地引起学生积极的心理反映，这就是“拱道效应”。这种现象是发人深思的。它说明，许多优秀的班主任之所以有别于“警察式”、“家长式”、“保姆式”、“勤杂式”的班主任而能点石成金，和“拱道效应”的关系是很大的。一个内外兼修、素质过硬而声名远播的班主任，会使他的学生产生强烈自豪感和自信心。学生在这样的班主任老师领导下的班集体中学习、生活会感到自己非常幸运。他们坚信，在名师麾下，只要努力，自己一定能取得长足的发展，因而他们在学习中信心百倍、干劲十足，潜能得到了较好的发挥。应该说，这种“拱道效应”和我们所熟知的“皮格马利翁效应”有异曲同工之妙。

2. 班主任权威与“刻板效应”

班主任对学生影响力的大小，往往还体现在班主任对学生的评价过程中。理论上，每位班主任都知道学生个性、特点不一、天天变化，但在实践中，不少班主任老师只是简单地按照学生的分数对学生进行分类。一个最简单的例子就是按分数排座位。表面上看，排座位在班级管理中是一件不起眼的小事，但如果深入到学生中去，我们就会发现，这件小事不仅影响着学生，而且影响着学生的家长。在教室里，班主任老师如果总也不排你在前几排就座，那么，就等于明白无误地告诉你，你是班上的“陪读”。在这里，班主任的影响力形成了一种可怕的误导：没有好的分数，就没有希望。班主任的这种以分论人的做法，在哲学上叫作形而上学，在心理学上就叫作“刻板效应”。“刻板效应”是十分有害的，它把多元的、活动变化的有机体变成了机械的抽象物，挫伤了学生学习和进步的积极性。北京有所叫 BISS 的国际学校，学生来自几十个国家。学校总监曾说过一句耐人寻味的话：“我们学校没有好学生、坏学生之分。”他还说“有的孩子英语成绩不太好，可他进校的时候一句英语都不会说，后来他作了很大的努力，有了很大的进步，这不能叫缺点，应叫优点。”这位总监是新加坡人，他的学生观是值得我们借鉴的。本来，学生是多元的，一个学生就是一个世界，由于多种因素的影响，学生的发展方向也各式各样。强求一律，既无必要，也不可能。在相当长的时间里，教育学生，尤其是教学习不好的学生时，我们的眼睛总是盯着他们的缺点，以为帮助他们改正缺点就功德无量了。数学或是语文或是英语不好的学生不能打球、不能唱歌，只能坐在书桌前。这种削长补短的办法，往往把长削了，短也没补上。其实，真正值得提倡的应该是“位移补差”的方法，先发挥学生的优势，再以长补短。我们的眼睛盯着学生的长处并把它指出来，会使学生感到眼前一片光明；学生认识到了自身的价值，增强了信心，就可以自觉补短。

3. 班主任权威与“软化效应”

“软化”是相对于“硬化”而言的。在管理学中，权力、制度作为管理者的手段，对人言行的约束确实具有不可抗拒性的功效。但是，仅仅依靠权力和制度所创造的管理气氛显得冷冰冰、硬邦邦的，可以称之为一种“硬化”的环境。而实行民主管理，教师对每个学生一视同仁，同学之间相亲相爱、互相帮助，则能够使人心情舒畅、情绪稳定，造成一种团结向上的人文环境，这种环境可称为“软化”环境。“软化”和“硬化”虽然只是一字之差，但效果却有天壤之别。“硬化”的管理环境，往往导致专制，产生对立。诚然，专制可以营造鸦雀无声的氛围，可以养成学生服从的习惯。在“应试教育”的条件下，很多班主任老师对此习以为常甚至心安理得。实质上，这种教育氛围的营造和学生习惯的养成所带来的后果是十分可怕的：它不仅泯灭了学生最宝贵的“天性”——好奇心、探索欲望、创新精神和独立意识，而且还很容易造成学生的表里不一、口服心不服以及师生之间的对立。美国有位教育专家曾以“心目中喜欢的老师”为题对九万名学生作了调查。结果显示，教师有十二种素质最受学生喜爱：友善的态度、尊重教室里每一个人、耐性、兴趣广泛、良好的仪表、公正、幽默感、良好的品行、对个人关注、勇于认错、宽容、颇有办法。总括这十二条，不难发现，学生们希望老师特别是班主任能够民主一些，有一个适合他们成长的“软化”的学习环境。“软化”的环境可以使学生情绪上镇定、安静，意志上振作、向上，可以减少学生的偏激、冲动、生硬等行为，可以缓解学生心理的紧张度和烦躁感。

4. 班主任权威与“马太效应”

“凡有的，还要加给他，叫他有余；没有的，连他所有的也要夺过来。”《圣经》中“马太福音”一章里的这句名言广为流传，以至于演化为“马太效应”的代表格言。“马太效应”造成的两极分化的现象，在学校教育中也是触目惊心的。在班级成绩簿上名列前茅的学生可说是要风得风、要雨得雨。学校领导称赞他，家长宠爱他，班主任更是把他捧为掌上明珠。三好学生是他，优秀团员是他，优秀学生干部还是他。有时，他们有缺点，班主任老师也有意无意地护着他。另有一部分学生，由于成绩不理想，长期处在缺少理解、没有关爱、不被重视、常挨斥责的尴尬境地。他们不仅一无所长，而且连自尊心也被剥夺了，于是只能备受煎熬地坐在教室里，或是到小集团中去寻求温暖。班级教育中“马太效应”的实质是偏爱。它直接的危害是：导致

了学生个性的畸形发展，破坏了集体的心理平衡，引发了学生的心理障碍。学生之间人格上的不平等，班集体的分化、瓦解和尖锐对立，与此密切相关。对于班主任心目中的好学生来说，爱“过剩”的时候，就会贬值了，他们对表扬就会麻木不仁，认为一切都是理所当然的。这种优越的社会心理环境，会使他们在成长中变得非常脆弱，经不起任何挫折。而另外一些学生，仅仅因为分数不高，就被打入另册，长期处在被关爱遗忘的角落。这种人为造成的恶劣的心理环境，将会令他们情绪偏激、行为带有触发性和冲动性。班主任的教育权威所引起的心理效应还有很多，不再一一罗列。总之，用好班主任的权力，自觉提高班主任的威信，才能在班级教育中取得良好的社会心理效应。假如一个班主任只会滥用权力，忽视了自身的修养，不能给学生做出表率，那么，他就有可能给教育者的形象和教育事业带来损失。

5. 班主任权威与“互悦效应”

世界上最了不起的卖车人乔·杰拉德成功的秘诀就是让顾客喜欢他。为了让顾客喜欢他，他就去做一些看上去完全是费力不讨好的事情。比如说，每一个节日他都会给他的1.3万名顾客每人送一张问候的卡片。卡片的内容随季节而变化（新年快乐、情人节快乐、感恩节快乐等等）。但卡片的封面上写的永远是同一句话：“我喜欢你。”用乔的话来说：“卡片上除此之外就没有别的东西了，我只是想告诉他们我喜欢他们。”乔正是借助于这种方式使他每年的收入都超过20万美元，创下连续12年都赢得“销售第一名”的纪录，他平均每一个工作日都会卖掉五辆车，被吉尼斯世界纪录称之为世界上“最了不起的卖车人”。

这位成功的推销员深知人际之间的一种自然心理规律：喜爱引起喜爱。人们常说，两情相悦。一般来讲，决定一个人是否喜欢另外一个人的最有力的一个因素是另一个人是否喜欢他。大家都希望“被别人喜欢”，因此，“喜欢他”和“被他喜欢”互为因果。在社会生活中，我们经常体会到，当自己很想得到别人喜欢，而那个人也真的喜欢自己的时候，我们就会对那个人喜欢得更深。这也是“人际吸引定律”之中的“对等性吸引律”，就是指喜欢那些喜欢自己的人。这除了表现在评价态度外，还表现在自我暴露的对等和尊重相容的对等上。与此同时，由于对方心理上的接近与相互帮助，成了各自心目中的“自己人”，因而也就减少了人际间的摩擦事件与心理冲突，易于建立良好的人际关系。

对于学生来说，如果你喜欢一位老师，老师也喜欢你，你越发觉老师可亲可敬，从而喜欢老师所教的课程和他的一切。

三、教育权威的构成

班主任的教育权威是由多种因素构成的，主要包括：权力因素、情感因素（师爱）、学识因素、品格因素以及能力等因素。一位优秀的班主任，要学会正确地行使权力，要凭借高尚的品格、渊博的学识、非凡的能力去完成各项工作。

1. 权力因素

在学校，班主任和其他科任教师最主要的区别在于：他有对班级组织、教育、领导和管理的权力；有对班级规章制度制定、对学生守则和纪律监督执行的权力；有对优秀学生奖励与对违纪学生处罚的权力；有对学生进行操行评定的权力；有对班级重大问题进行决策的权力；有对学生学习、生活等方面进行指导的权力；有对家庭和社会有关方面取得联系的权力。班主任的权力是由班主任的职务赋予的，是国家职能部门法定的，是任何个人不能随意更改的。

权力是一种强制性的因素，是一种控制力，也是一种职责。因为有了权力，班主任才能使学生感到"敬畏"，他所发出的号召和指令，才能在学生中产生超过其他教师的心理份量。同时权力又是一把双刃剑，运用得好可以产生正效应，帮助班主任树立教育权威；运用得不好，会产生负效应，降低或损害班主任的教育权威。我们绝大多数班主任是能够正确行使权力的。但是也有个别班主任在滥用职权，极大地伤害了学生的身心健康，造成极坏的社会影响。班主任不能正确使用权力主要表现在以下方面。

(1) 对学生进行经济处罚。

有人说，市场经济把人商品化了，这在个别班主任身上表现得淋漓尽致。他们当班主任不是为了学校工作，不是为了学生的健康成长，而是为了赚钱。笔者曾经听一位主管学生工作的领导这样说："某某老师来找我，想当班主任。理由是家庭困难。"诚然，对于那些确有经济困难的老师来说，一个月几十元的班主任津贴也许能解燃眉之急。但是，那些为了赚钱的班主任看中的不是国家的补贴，而是学生和家长的腰包。他们巧立名目，挖空心思地挖掘学生的经济资源，以此满足自己赚钱的欲望。

案例： 2001年秋，某职业学院新生刚入学不久，班级一名男同学过生日。由于大家刚刚离开父母，都很想家，加之吃不惯食堂的饭菜，同学们便以过生日为由，下了饭店改善一下伙食。那一天大家玩得都非常高兴，有的同学喝了点啤酒，回到学校便上床了。还没等同学进入梦乡，班主任凶神恶煞般地冲进了学生宿舍（有人给班主任打了电话）。她把参加生日聚会的每个学生叫到办公室，并对其进行教育，然后以学院有规定不许学生喝酒为名，对这些同学实施了处罚：过生日的同学罚款400元，操办的同学300元，参加生日聚会的同学每人200元、100元不等，限三日内交清，否则就告诉家长。尽管同学们不愿意，尽管同学们不理解，钱还是交了。学生的错误为这位班主任提供了一次增加收入的机会，十七、八位同学的3000多元钱落入了班主任的囊中。

像这样利用学生的错误实施经济惩罚的班主任，屡见不鲜。学生迟到罚款，给班级丢分罚款，抽烟、喝酒罚款，考试不及格罚款，可谓名目繁多。更有甚者，有的班主任把为学生正常调整座位，都当成了敛钱的渠道，调整一次少则200元，多则1000元不等。曾有人风趣地说："有的老师当了几届班主任，便脱贫致富了。"

班主任有对学生实施惩罚的权力，但是，惩罚绝对不是罚款。其一，班主任不是行政执法者，没有对学生实施经济处罚的权力。其二，以罚代管，以罚代教，违背教育原则。其三，罚款落入个人腰包，有悖于教师的职业道德。

(2) 对学生实施精神虐待。

精神虐待是指班主任采用讽刺、挖苦、侮辱、谩骂等方式，使学生心灵和人格受到伤害的现象。受"师道尊严"思想的影响，个别班主任认为对学生不能讲民主。当学生达不到他们的要求或犯错误时，就会失去理智，用自己从教多年苦苦修炼的那些尖酸刻薄的、"触及学生心灵的"语言"教育"学生。

在一次班主任课的讨论会上，一位女同学的发言引起了全班学生的共鸣。就在她读初中的时候，她的数学成绩很差，每次考试都拖班级后腿，为此班主任特别生气。每次考试结束，就是她最难过的日子。因为等待她的就是老师在全班同学面前的教训和羞辱。班主任用尖酸刻薄的语言羞辱她，让她无地自容，抬不起头来。她说："那个时候我没有自尊，只有自卑。我恨我的班主任。我想如果将来挣了大钱，一定花20万找人杀了他。"可见，这位班主任带给学生的不是美好的回忆，而是抹不去的伤痛。

案例：一个花季少年的陨落

2003年4月12日，重庆市某学校，一位女同学，从教学大楼八楼跳下，自杀身亡。

一朵含苞欲放的花蕾凋谢了，一个年轻美丽的生命逝去了。

在随后的调查中，公安人员在去世女孩丁瑞婷身上发现了一份遗书，其中写道："汪老师您说得很对，我做什么都没资格，学习不好，长得也不漂亮，连当坐台小姐都没有资格。您放心我不会再给您惹事，因为这个世界上不会再有我这个人，我对您的承诺说到做到。”丁瑞婷遗书中提到的汪老师是她的班主任。

据了解，汪老师非常严厉，经常当着众多师生的面，数落、挖苦班上的同学，还曾经当着丁瑞婷妈妈的面抽过丁瑞婷一耳光。丁瑞婷是在遭受到极端的侮辱，人格、自信被击垮之后自杀身亡的。

精神虐待的另外一种形式是疏远、冷漠学生。有些班主任对待犯错误的学生采用关学生“精神紧闭”的方式惩罚学生。例如：不理睬学生，拒绝和他们沟通。有这样一位班主任，她为自己眼中最差的学生设置了一个隔离区。班主任告诉全班同学谁也不许理采他，谁要是和他交往谁就要接受同样的处罚。美国心理学家艾吉兰教授指出：“精神上受虐待的儿童在成长中所遭到的思想和心理阻滞，甚至比肉体上受虐待的儿童更大，因为这是对儿童自尊心的破坏。”这样的教育与其有不如没有，次数越多，效果就越差，危害也越大。

(3) 对学生实施体罚或变相体罚。

学校中的体罚，是指采取侵害学生身体的方式，以惩戒学生。《中华人民共和国未成年人保护法》规定：“学校、幼儿园的教职员应当尊重未成年人的人格尊严，不得对未成年学生和儿童实行体罚、变相体罚或者其他侮辱人格尊严的行为。”尽管国家三令五申，体罚或变相体罚的事情还是时有发生。

目前，对学生实施体罚和变相体罚的形式多种多样，概括起来主要有以下几种。

一是直接伤害学生身体。班主任采用拳打脚踢、打嘴巴、揪耳朵或动用教鞭、直尺等实施惩罚。还有的班主任让学生之间以互打嘴巴等方式进行“自我教育”。

案例：一天晚自习，学校突然停电了。顿时班级一片混乱，有人尖叫，有人打口哨，有人冲出教室，崔鹏也跟着跑到了走廊。这时校长过来了，并在后面拍了崔鹏一下（校长说）。崔鹏认为校长不应打人，便与校长发生争执，被校长带回办公室，之后校长找来了崔鹏班主任许晓晨。班主任在与崔鹏的争辩中，出手给了崔鹏两记耳光，致使崔鹏耳膜穿孔。由于当时校长门口有许多同学在场，崔鹏感到人格受到了侮辱。从此精神恍惚，不能上学，每天嘴里叨咕要杀了他的班主任。后经锦州市康宁精神病院确诊为“心因性精神障碍”，崔鹏失去了继续上学的机会。

二是间接伤害身体。例如：责令没有按时完成作业的学生延迟进餐，罚上课迟到的学生面壁而立，让犯错误的学生冬日吹西北风、夏日晒骄阳等等。

案例：某市重点初中有一名叫吴飞的男孩。他头脑灵活，但不爱学习，经常因为不能按时完成作业，受到老师的批评。

这一天是班主任的数学课。他没有认真听课，却在下边搞小动作。当老师提问他时，他文不对题，惹得全班同学哄堂大笑。他却不以为然，还出怪象。班主任十分生气，狠狠地批评了他，并把他撵出了教室。按照班主任的要求，他站在了凛冽的寒风中。当时正是数九寒天，零下20几度。不知是班主任有心让他接受挨冻的惩罚，还是因为工作忙忘记了那个站在寒风中的吴飞，他一站就是一上午。回到家里吴飞感冒了，一直高烧不退，下午没来上学。第二天家长来到了学校，班主任受到了批评。接着学校开大会宣布：任何人不许剥夺学生上课的权利，不许罚站。

学校的禁令奏效了，班主任不再罚站了。但是却变换了一种方式，让那些不能完成作业的学生靠墙根蹲着，把重重的书包放在腿上听课、写作业，以示对这些学生的惩罚。有的家长说，我的孩子胆子小，腿蹲麻了也不敢吱声，有的时候是边写作业边流泪……

有人说，现在的班主任正在“认认真真，辛辛苦苦”地摧残儿童。

班主任无论采用经济制裁、精神虐待，还是体罚与变相体罚的方式教育学生，都是错误的。从暂时看它伤害了学生的身体，侮辱了学生的人格；从长远看，它给学生的心灵留下难以愈合的创伤，让学生失去对班主任的尊重和信任，有损于班主任的尊严。苏霍姆林斯基坚决反对体罚学生，他指出：“假若孩子体验到体罚的可怕和震惊，那么，在他的心灵里那种内在的、自身天赋的、作为自我教育的力量就减弱了。”他认为：“体罚不仅是对人体的暴行，而且是对人的精神的摧残；皮带不仅会使脊背失去知觉，而且会使心灵和情感麻木不仁。”

学校教育最大的特点就是当学生毕业之后（特别是中小学校），他们再没有机会回到原来学校和班级，聆听班主任的教诲，更不可能给有过过失的班主任以补偿和挽救的机会。须知，班主任的个人失误，所带来的损失是不可估量的，也许一个巴掌打没了一个未来的科学家，也许一个拳脚踢飞了一个学生的梦想。英国哲学家洛克说：“教育上的错误比别的错误更不可轻犯，教育上的错误正和配错了药一样，第一次弄错了，决不能借第二次、第三次去补救，它们的影响是终生洗刷不掉的。”我们有时会听到，学生在毕业若干年之后，每每提起自己的班主任还会心有余悸，也许与班主任当时不善于使用权力不无关系。

(4) 放弃教育管理权力。

如果说滥用职权是对学生的不尊重、不爱护，那么，放弃权力就是对学生的极端不负责任。在我们的班主任队伍中，有这样一类班主任，他们挂着班主任的名誉，拿着班主任津贴，却不行使班主任的权力，放弃对学生的教育和班级的管理。

记得有一次课间休息，一位同学拿着假条请我为他签字。我问他为什么请假？为什么不找班主任签字？那位同学说，他病了，要去医院。他想找老师签字，可他的班主任已经有一个多月没来班级了，打电话老师也不接，没有办法只好找您了。像这样的班主任虽然不多，但它带来的危害是巨大的。一个班级几十个学生，每个学生在成长过程中都会遇到这样或那样的问题，需要班主任及时帮助解决；每个班级在发展过程中，都需要班主任进行管理、指导；学校的各项工作任务都要靠班主任上传下达。离开了班主任的组织、管理、教育、指导，班级就如同一盘散沙没有凝聚力，学生就如同大海里的船只会迷失方向。

班主任要善于使用权力，要讲究运用权力的艺术。因为，班主任权力好比一把手术刀，使用它能进行最细致、最难以察觉的手术，但可能会刺痛伤口。这是一种不安全的，但又是不可缺少的工具，关键取决于如何使用这一工具，以及怀着怎样的内心动机对待学生。

2. 学识因素

学识是指班主任应具备的知识、才能、兴趣和爱好等。在班主任的教育权威中，学识是居于核心地位的因素。学校是传授知识的重要场所。如果一个班主任在学识上欠缺的话，他就不会赢得学生对他的尊敬、敬佩和信任。马卡连柯曾说过：“假如你的工作、学问和成绩都非常出色，那你尽管放心，他们会站在你这边，决不会背弃你。……相反地，不管你多么亲切，你的话多么动听，态度多么和蔼，不论你日常生活中和休息的时候是多么可爱，但是你的工作总是一事无成，总是失败。假如处处都可以看出你不通业务，假如你做出来的成绩都是废品和‘一场空’——那么除了蔑视之外，你永远不配得到什么。”因此，要使自己成为学生尊敬和信赖的班主任，就必须具有较高的学识。

(1) 成功教育的"金钥匙"。

这把金钥匙是指教师的条件性知识。教师的条件性知识是教师所具有的教育学、心理学知识。这种知识是广大班主任最容易忽视并普遍欠缺的。条件性知识是一个班主任成功教育的重要保证。苏霍姆林斯基说："不掌握教育学、心理学知识，在教育工作中就会像在黑暗中走路一样。"在教育实践中，班主任要把条件性知识具体化为学生身心发展的知识、教与学的知识、学生管理的知识、学生教育的知识、学生评价的知识等。

(2) 本体性知识是胜任班主任工作的基本保证。

我们说一个班主任应具备科学和人文双重品质。科学品质是指教师的学科知识。我国的班主任同时又是专业教师，班主任在自己学科教学中欠缺之处，直接影响班主任的教育权威。所以，一位优秀的班主任，同时必定是一位优秀的专业教师。

教师的本体性知识是指教师所具有的特定的学科知识，如数、语、外……。对本体性知识的掌握有四点要求：一是对学科知识的掌握有一定的深度和广度；二是既懂本学科的历史，又掌握学科的新进展；三是与本学科相关的知识，如学科知识的背景、实验知识、观察知识、科学方法论；四是能把本学科知识变成自己的一种学科造诣，能够清楚地表达出来。

北京师范大学二附中的历史老师纪连海，是百家讲坛屈指可数的中学教师。他热爱历史教学，喜欢上课，把历史教学当作一项事业。他不墨守成规，以学生喜欢的方式传授知识，把历史课讲得栩栩如生。学生不但喜欢纪老师的课，还都是纪老师的追随者、粉丝。他在百家讲坛的讲座，打破了5年来收视率最高的纪录。

精通自己所教学科的知识，有较高的教学技艺和水平，是一个班主任教好课、完成教学任务的前提，也是搞好班级管理，做好学生教育工作的基础。一个业务水平低，教学效果差的班主任，会严重影响他在学生心目中的威信。马卡连柯说："学生可以原谅教师的严厉、刻板甚至吹毛求疵，但不能原谅他的不学无术。"因此，精通所教学科，有较高的学术造诣，有精湛的教学水平，这是班主任的立足之本。

(3) 博学多才是班主任应有的品质。

为了实现教育的文化功能，班主任除了要有本体性知识之外，还要有广博的文化知识，这样才能把学生引向未来的成功之路。在学校里，知识渊博的老师往往赢得学生的信赖和爱戴，因为教师丰富的文化知识，不仅能扩展学生的精神世界，而且能激发他们的求知欲，我们的教师应能够充分满足学生的这样一种欲望。学生的全面发展，在一定程度上取决于教师的文化的广泛性。孙维刚老师在北京22中工作期间，他教数学，更要当班主任，还教过物理、历史、地理、音乐，担任过北京22中排球队、乒乓球队、篮球队教练。20世纪60年代时是学校唯一的手风琴伴奏者。他的学生这样评价孙老师："我们最骄傲和最钦佩的是，我们的老师是全才。""孙老师讲课最吸引人的地方，要数他广阔的联想，从东周列国讲到解放战争，从拿破仑讲到斯大林，从尼克松访华讲到雅各宾派专政，无一不显示他渊博的知识和敏锐的头脑。这些看似和数学毫不相干，其实它们和数学和其他学科都有着深刻的联系，所谓同出一辙。学科间本无明显界线，它们总是互相交织，互相渗透，只有掌握其中的规律，才能把握内在的灵魂，做到知识越学越少，真正的从必然王国迈向自由王国。"做班主任就应该像孙维刚老师那样，既成为某一学科的专家，又是涉猎各个领域的"杂家"，以适应培养现代人的需要。

(4) 不断积累的实践性知识。

班主任的实践性知识更具体地说是教育教学经验的积累。教育教学具有明显的情景性，只有针对学生的特点和当时的情景，有分寸地进行工作，才能表现出班主任教育教学的机智。在特定的情景中，教师所采用的方法，大多数来自于班主任个人的教育教学实践，具有明显的经验性。

(5) 广泛的兴趣爱好和才华。

一个班级好比一片森林，是藏龙卧虎之地，每个学生都有自己独特的兴趣爱好，都有自己的特长和才能。他们特别希望班主任能成为他们中的一员，和他们一起游戏、一起运动、一起渡过生活中的每一天。班主任广泛的兴趣和爱好，会像磁石一样把学生吸引在自己的周围，令他们为之倾倒。实践证明，现代学生大多不喜欢那种古板单调、没有特点的班主任，而喜欢那些学识渊博、多才多艺的班主任。

为此，班主任要不断修炼自己，使之成为既有理论家分析综合、雄辩之才，又有艺术家想象、概括、表现之才；既有科学家观察、试验、推理之才，又有语言学家凝练、形象表达之才的全才。人们常说，要想把学生培养成什么样的人，班主任首先要把自己锻造成什么样的人。只有自己具备较高的学识，才能培养出才华出众的学生。

(6) 精湛的班主任工作艺术。

班主任工作是一项极富创造性的工作，没有固定的模式。演艺界有这样的说法，有多少个演员，就有多少个哈姆雷特。可以说，有多少班主任，就有多少种班主任工作方法。班主任的工作既不能重复别人，也不能重复自己，特别是现代社会，学生的

身心发展，学校的教育改革，社会对人才的要求等都出现了新的发展趋向和特点，这更需要班主任创造性地开展班级工作。没有创造，就不能发展，没有创造，就没有班主任事业的成功。

3. 品格因素

如果说学识是教育权威的核心，那么，品格就是前提，是班主任树立教育权威的必要条件。因为品格的好坏，决定着一个人可信度的高低。如果一个班主任只有丰富的知识和卓越的才能，但没有良好的品格，也不会有任何威信。只有当威信通过教师的言行一致确立起来时，威信才能成为强大的教育力量。因此，一个真正的教育权威，必须有良好的品格。

案例：全国优秀教师、哈尔滨第35中学马熙如老师从教30多年，不管个人生活多么坎坷，但始终坚持为人民服务的方向，始终坚定共产主义理想。他以顽强的意志战胜困难和挫折，按照党和国家的要求精心塑造学生的心灵。他崇高的人生理想和信念，对学生世界观、人生观的形成产生了巨大的影响。有一位女同学，平时学习成绩优秀，思想活跃，读书较多，关心国家前途和命运。马老师经常启发她，给了她巨大的激励和鼓舞，后来她考入了北京大学。1982年当北大学生对理想、人生问题展开讨论时，她给马老师写了一封信，信中说："老师啊！想起您坎坷的道路，您虽然只身一人却永不消沉，并且有顽强拼搏的斗志，您那敢于战胜任何困难的刚毅精神，您为我们舍得奉献一切的无私精神，使我充满了对人生的信心。……每当想到您时，我对人生意义的认识总是坚定的，而不是动摇的。"

在学生面前，班主任就是一部活的教科书。他的思想、他的价值观、他的举止言行、他的作风仪表无一不在影响着学生。可以肯定地说，班主任个人范例对学生人格的形成，是任何东西都不可能代替的最有用的阳光。因此，班主任应努力克服自己人格中的消极因素，用自己高尚的人格塑造学生的人格。

4. 能力因素

班主任的能力是指班主任在完成工作任务过程中所表现出来的个性心理特征，既包括实践能力，也包括心理潜在的能力。有人把能力分为三个层面。第一个层面是心理能力，即认知能力，它是智力因素与非智力因素协同运作所表现出的能力，这是人的最基础能力。第二层面的能力，是在心理能力的基础上，通过训练和实践所形成的外显的操作能力，即生活和学习的基本技能。第三层面是专业能力，也就是从事某种专业并具有的能力。能力是顺利完成任务的必要条件。班主任只有具备较强的能力素质，才能卓有成效地做好班级工作。

(1) 对学生进行德育的能力。

对学生进行德育是班主任的核心工作，可以说，离开班级德育，就无班主任工作可言。

对学生进行德育，班主任应具备以下能力：对学生个体和集体思想动态分析研究的能力；确定德育目标的能力；针对班级德育工作中存在的问题，明确德育内容，选择德育方法的能力，等等。

(2) 组织、管理能力。

班主任是班集体的组织者和管理者，必须具备较强的组织、管理能力。赫尔巴特说过："如果不坚强而温和地抓住管理的缰绳，任何功课的教学都是不可能的。"实践证明，班主任组织管理能力的强弱，决定着班级的面貌，也进一步影响学生的成长。一个组织管理能力很强的班主任，能把乱班、差班建设成为一个优秀的班集体。反之，一个缺乏组织管理能力的教师担任班主任，可能把一个好班变成差班、乱班。所以，班主任一定要加强学习和实践，努力提高自己的组织管理能力。

班主任的组织管理能力包括：确定班级奋斗目标的能力；制定班级工作计划、总结和评定学生的能力；选拔、培养、使用班级干部的能力；形成班级正确舆论的能力；培养优良班风的能力；维持班级正常教学秩序的能力；对学生进行行为规范训练的能力；组织学生参加活动的能力，等等。

(3) 了解学生的能力。

俄罗斯教育家乌申斯基说过，如果教育家希望从一切方面去教育人，那就必须首先从一切方面去了解人。班主任要走进学生，触摸到学生的心灵世界，首先要了解学生，懂得他们的心理需要，关注他们的心理动态，了解学生是教育学生的基础和前提，可以说，没有了解就没有教育。

班主任了解学生的能力包括：对学生个性、特长、爱好、兴趣的了解；对学生成长环境的了解；对学生学习、品德、身体、人际关系以及需求的了解，等等。

(4) 开展丰富多彩教育活动的能力。

丰富多彩的班级活动不仅有利于学生思想品质的形成、个性的发展，更有利于班集体正确舆论和凝聚力的形成，有利于班集体建设。班级工作总是伴随着各种活动，因此活动就是班级的生命力所在。能否创造性地开展班级活动，是衡量班主任优劣的

重要标准。

班主任组织活动的能力包括：活动内容和形式的选择能力；活动方案的设计能力；活动的实施和控制能力，等等。

(5) 创造性开展教育工作的能力。

班主任的工作是创造未来的工作。首先，现代社会无论是知识还是信息都在一日千里地增长，快速发展的社会需要现代人具有与之相适应的思想观念和文化素质。作为培养人、教育人的班主任，就不能“循规蹈矩”，重复老路，要针对学生特点开展教育工作。其次，现代教育也是一种与传统教育有着千差万别的教育，现代学生的思想与过去学生的思想也存在着极大的距离。无论是新老班主任，都面临着现代教育思想、方法、内容和思想活跃的现代学生的挑战，一个没有创新意识、缺乏创造力的班主任，是不可能圆满地完成班主任工作的。

(6) 良好自我监控的能力。

班主任应具备良好的自我监控能力。班主任的自我监控能力，是指为了保证教育的成功，为了达到预期的教育目标，而在教育教学的过程中，将教育教学活动本身作为研究对象，不断地对其进行积极主动的计划、检查、评价、反馈、控制和调节的能力。这种能力主要表现在三个方面：一是班主任对自己的教育活动实践要有周密的计划和安排；二是在教育实践活动中，要有意识地检查、评价、反馈；三是对教育过程进行调解、矫正和控制。这种能力又叫做反思能力。20 世纪 80 年代提倡做专家型教师，那么今天提倡训练反思型教师。

(7) 较强的语言表达能力。

班主任要善于使用语言，成为语言艺术大师。用美的语言开启学生的心扉，用美的语言陶冶学生的情操。苏霍姆林斯基指出：“教师的语言——是一种什么也替代不了的影响学生心灵的工具。教育艺术，首先包括说话的艺术，同人心交流的艺术。我们坚信，学校里往往带来很大不幸的冲突，大多数根源就在于教师不善于同学生谈话。”班主任要与学生进行心灵对话，必须充分发挥语言教育的特殊功能，讲究语言艺术。语言艺术主要表现在对教育语言的构思、组织和对语言节奏、频率的控制，对语言的音质、音量、音色的调节，对语言的启发性、科学性、逻辑性、真理性、情感性、幽默性、教育性、通俗性、灵活性的把握程度等。它在一定程度上决定着班主任教育的效果，是不可替代的教育手段之一。

第四节 班主任必备的职业能力——班主任工作技能

一、班主任工作技能模式

1．班主任工作技能

技能是指顺利完成某项活动（工作、学习、游戏等）的一种行为方式或心智活动方式的总称。技能是以知识和经验为基础的，是通过实践和有步骤的训练获得的。参加社会实践活动的人，都必须具备某种技能，教师也不例外。

教师属于专业人员，专业人员必须具备专业技能。教师的专业技能包括：教师职业基本技能，包括讲一口流利的普通话、书写规范的汉字、从事班主任工作的技能等。一般教学技能，如分析教材、备课、讲课、课后辅导技能等。专业教学的特殊技能，如生物教师的解剖技能、数学教师的板演技能、理化教师的实验技能、地理教师的板图板画技能、英语教师的听说读写技能等。

班主任工作技能是班主任为了顺利完成组织、管理、领导、教育学生，实现班级管理目标而采取的行为方式的总称。班主任工作技能不是与生俱来的，它需要在班主任工作理论的指导下，经过训练与模拟操作，以及教育见习、教育实习和工作实际锻炼逐步获得的。班主任工作技能是教师职业技能的重要组成部分，同医生诊病治病技能、司机修理驾驶汽车技能一样，是每位教师必须掌握和具备的。如果班主任工作技能缺乏，或者班主任工作技能不完备，那他就不能称其为合格教师。

学习并训练教师的班主任工作技能，对解决目前班主任工作中普遍存在的随意性、盲目性等问题，对班主任工作的规范化、科学化、系统化，对班主任队伍的建设和教育事业的发展，必将起到巨大的推动作用。

2．班主任工作技能模式的建立

班主任工作技能分类即建立班主任工作技能模式的方法，目前在全国尚不统一，这主要体现在分类标准和分类角度的差异上。我们在总结班主任工作技能模式的基础上，借鉴微格教学建立教学模式的方法，以班主任工作技能的本质属性作为分类原则，以任务分析法与活动分析法相结合的方式作为分类的标准和手段，对班主任工作技能进行分类。

(1) 任务分析。

班主任的基本任务，是按照德、智、体、美、劳全面发展的教育方针，开展班

级工作，全面教育、管理、指导学生，使他们成为有理想、有道德、有文化、有纪律的体魄健康的公民。其核心是为社会培养合格公民，为造就社会所需要的各类人才打基础。

我们将国家对班主任提出的任务要求，作为宏观层次的任务，根据班主任在完成任务过程中所起的作用不同，将班主任工作任务分解为若干个子任务：对学生进行教育；管理班级；组建班集体；指导学生全面健康成长；协调各种教育力量。

（2）活动分析。

班主任工作任务需要通过班主任以不同的活动方式完成。在工作中，班主任所完成的每一项具体任务，不是班主任工作任务的全部，而是宏观任务或总任务中的某一项或某一部分任务。因此，活动内容和活动方式具有某种单纯性。我们根据班主任在完成任务活动中，所采用的行为方式特点，将班主任的行为方式分为：教育行为；组织行为；管理行为；领导（指导）行为；协调行为五大类共 19 项。

（3）班主任工作技能的确立。

将任务分析与活动分析相结合，其结果是：了解学生行为、对学生进行德育行为、分类教育行为、培养学生健康心理行为、青春期教育行为、对学生进行日常行为规范教育行为等最适合完成对学生教育的任务；确定班级奋斗目标行为、培养优良班风行为、选拔培养使用学生干部行为、组织指导班级活动行为等最适合完成组建班集体的任务；组织班级例会行为、班级工作计划和总结行为、学生奖惩及操行评定行为、偶发事件处理行为等最适合完成班级管理任务；指导学生学习行为，最适合完成发展学生智力的任务；与科任教师协调行为、与学校各部门协调行为、与学生家长沟通行为、与社会联系行为等最适合完成协调各种教育力量的任务。

据此，我们提出 19 项班主任工作技能：了解学生技能，对学生进行德育技能，分类教育技能，培养学生健康心理技能，青春期教育技能，对学生进行日常行为规范教育技能，确定班级奋斗目标技能，培养优良班风技能，选拔培养使用学生干部技能，组织班级例会技能，组织指导班级活动技能，指导学生学习技能，班级工作计划总结技能，对学生奖惩及操行评定技能，偶发事件处理技能，与科任教师协调技能，与学校各部门协调技能，与学生家长沟通技能，与社会联系技能等。

班主任的每一项技能具体完成某一方面任务，分解后的各项技能都具有可描述性、可观察性和可操作性，便于进行技能训练和评价。教师一旦掌握了这些技能，便会成为班级组织、教育、管理、领导的行家里手，成为专家型班主任。

二、班主任工作技能训练方法——微格教学

我国的师范教育，长期以来一直存在着教育教学理论不能很好地指导教育教学实践活动的问题。许多新教师教育教学实践能力特别是班主任工作技能，大多是在长期的班主任工作实践中摸索而获得的，或由老教师以师傅带徒弟的方式进行培养而习得的。究其原因，一方面是因为大多数师范院校只注重专业理论知识的传授，忽略对师范生技能的培养；另一方面是缺少一种行之有效的教育教学技能训练方法。

微格教学以其客观性、系统性、具体性，采用科学的方法论和现代教育技术手段相结合的方法，将宏观的教育教学活动进行分解，对变量进行控制，实现了在教学实践能力的训练中加强教育因素的控制作用，减少了盲目性和随意性，提高了训练效率，使基础理论对实践的指导达到了可操作的水平，特别适合对教师进行班主任工作技能训练。

对教师的班主任工作技能训练，引入微格教学，主要是解决训练方法问题。微格教学可以将外在的技能模式通过理论学习、观摩示范、练习，转变为学员内部的控制程序或表象，经过训练或反馈评价，逐渐使外部活动符合这些技能规则，最终达到运用准确自如的程度。由于微格教学是一种行之有效的技能训练方法，运用微格教学对教师进行班主任工作技能训练，可以在一个有控制的实践系统中，集中解决某一特定的教育行为，并进行行为训练，使教师在训练中掌握班主任工作技能，为更科学、准确地从事班主任工作奠定了基础。

1．微格教学

微格教学（Microteaching）是一种运用现代化教育技术手段来培训师范生和在职教师教育教学技能的一种方法。它又被译作“微型教学”、“微观教学”、“小型教学”等。微格教学产生于20世纪60年代。最早的微格教学是由美国斯坦福大学的阿伦（D·W·Allen）和他的同事W·伊芙（W·Eve）首先开发创立的。主要任务是在师范生实习前对他们进行教学技能训练。阿伦和伊芙把微格教学定义为：“一个有控制的实习系统，它使师范生有可能集中解决某一特定的教学行为，或在有控制的条件下进行学习。”阿伦的微格教学很快在许多国家得到了认同并开始研究和实践。

2．微格教学的程序

（1）训练前的研究和学习。

训练前的研究和学习是训练的基础和前提。为了获得最佳的训练效果，在训练之前对微格教学的基本理论、微格教学的训练方法、教育教学技能的理论基础、各项技

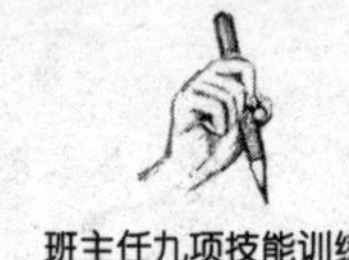

能的功能等认真学习和体会，以确保训练的顺利进行。

（2）提供示范。

提供示范是指利用文字材料、音像或实际角色扮演的方法对所要培训的技能进行示范，给他们提供样板。其目的是使学生对训练的技能进行感知和理解。

（3）确定培训技能和编写教案。

确定训练技能是将宏观层次上的教育活动进行分解，分解成为目标明确、具体的不同教育教学技能，然后逐一进行训练。当训练的各项技能确定之后，编写教案就成为训练的一个重要环节。微格教案与普通教案的区别，就如同微格教学与普通教学的区别一样，主要表现在内容和目标的单一上。因为微型教案反映的是单项技能的训练，因此，在教案中必须写明通过训练、技能所要达到的目标，以及为了达到训练目标所应用的理论、原理和方法等。

（4）微格教学实践。

微格教学训练在微格教室中进行。由十几名学员轮流扮演教师的角色、学生的角色和评价员的角色，并由一名任课教师负责组织、指导，一名摄像操作人员负责记录。每位教师角色扮演大约 5–15 分钟，并用摄像机记录下来，评价员填写评价单。

（5）反馈与评价。

微格教学的理论依据之一就是反馈原理。正确、恰当、及时的反馈可以起到调解矫正的作用，有利于学生未来的教育教学实践活动。

反馈与评价应在角色扮演结束后进行。通过重放角色扮演的录像，角色扮演者接受自身行为的信息反馈，分析自己的优缺点，然后大家进行评议。在充分肯定优点的基础上，指出不足并提出改进建议。角色扮演者综合大家意见，进行修改、重录，然后再反馈评价，直至掌握教育教学技能。

3．微格教学设计

进行微格教学首先要对微格教学进行设计。教学设计是教育技术学发展到一定程度的产物，是建立在比较成熟的学习心理学基础理论研究和教学实践研究以及媒体传播等研究基础上的一种科学的系统方法。教学设计围绕着教学目标的确立，为实现目标选择的教学媒体、教学形式、教学方法，对教学目标的评价进行分析研究，使复杂的教学计划成为一种易操作、有章可循的教学过程。

微格教学与完整课教学既有联系又有区别。说它们有联系，是因为微格教学所遵从的教育理论、教学方法和教学程序与完整课完全相同。说它们有区别，首先从教学目标看，微格教学中的主要学习者是教师角色的扮演者，而不是模拟听课的学生，所以微格教学的目的主要是训练技能，而不是传授知识。在完成教学目标的同时，还要完成技能训练目标。第二，从教学内容看，微格教学所完成的教学内容只是完整课的一部分，其内容的选择是依据技能的训练目标而定，使教学内容适合于应用训练目标中的教学行为。微格教学不追求知识内容的完整性，内容的选择以技能训练目标为取舍，确定教学片断的范围。第三，从教学设计看，微格教学的教学设计以便于技能训练为原则。因此，无论是设计方法还是设计步骤，都与完整课有明显的区别。

不仅如此，同样采用微格教学进行技能训练过程中，班主任工作技能训练与课堂教学技能训练也有区别。班主任工作技能训练侧重培养学生的实践能力，一次微型课侧重解决一项工作技能。在教学设计时，把训练目标作为第一要素，在对学生所制定的设计方案和技能掌握进行形成性评价时，也把重点放在考察其训练目标的达成上。由于班主任技能训练借鉴了教学技能训练中的微格教学法，所以，在训练程序的设计上，应遵循微格教学的设计理论，遵循微格教学设计的程序和方法。但在设计时应突出任务分析，注重班主任工作技能的运用，应根据班主任工作技能训练内容的不同，进行训练设计。

4. 微格教案的编写

以下以教学技能训练为例说明微格教案的编写。微格教案是微格设计的终极成果，它体现了教学设计的主导思想。微格教案应包括以下内容：

（1）教学技能训练目标。

技能训练的目标用教师所要应用的技能行为来描述，并说明希望达到的程度。技能训练的目标应在领会教学技能的功能、熟悉教学技能的模式和适当选择教学内容的基础上做出。

（2）内容的教学目标。

教学目标用学生的达成行为来描述，并注意与技能训练目标的对应。教学目标应在教学分析的基础上做出，并注意运用有关的理论于实际教学内容中。

（3）教师教学行为。

教师教学行为是开展教学的具体措施，应体现教学过程的发展顺序，反映出所应用的教学技能。教师教学行为应使技能训练的目标和教学策略的具体化，并注意相关的教育教学理论的指导作用。教学过程中的教学行为，一般不要求所有的教学行为都必须是训练目标的教学技能行为，但应注意突出所训练的技能行为。

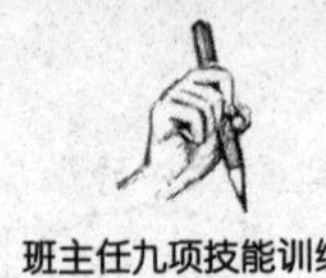

(4) 所应用的技能要素。

应用的技能要素是对教师教学行为中的典型的教学技能行为的注示，填写的位置与相应的教师教学行为对应。注示要准确，反映出对教学技能理解的程度。对非当前训练的教学行为不加任何注示。

(5) 学生的学习行为。

预想的学生行为是教学中对学生可能做出的反应的估计，体现了师生相互作用的策略；期望的学生学习行为，通常是教学目标系列中各子目标所要实现的教学状态，是对教学目标和教学策略考虑的具体化。

(6) 教学媒体的使用。

教学媒体和其他教学资源在教学过程中的使用情况填写在这一栏中，填写的位置应符合在教学过程中媒体进入使用的位置。

(7) 时间分配。

在角色扮演中教师行为、学生行为、演示媒体等活动预计持续的时间，通常将一个阶段性教学目标的教学活动作为一个时间间隔，标出预计所用的时间，并用表格横线将前后的教学行为内容分割开。

最后还有指导教师意见和课后自我分析的栏目，供指导教师和课后分析之用。

班主任工作技能训练与课堂教学技能训练有所不同。它所检测的仅仅是接受训练的角色扮演者的技能，而不考核听课者在行为上的反映。所以，在教案的编写中应适当调整教案的内容结构，以保证训练卓有成效。

[思考]

1. 对照前文案例进行反思，我们是学生心目中的好老师吗？
2. 今天我们应该怎样做班主任？
3. 你怎样理解师爱是班主任职业道德核心这一命题？
4. 如果做班主任，你将如何树立教育权威，并以此影响学生？
5. 为什么不具备班主任工作技能就不能称之为合格教师？

第二章

组建班集体技能训练

班集体不同于班级。班级是学校依据一定的编班原则，把年龄相近的学生分割而成的小小的聚合体。班集体则是班级发展的高级组织形式，它是以集体主义思想为导向，在以班主任为核心的班级教师集体的共同努力下形成的，具有共同的奋斗目标，健全的组织领导核心，严格的纪律和制度，正确的舆论导向，勤奋好学、积极向上的优良班风，团结友爱、和谐融洽的人际关系，丰富多彩的班级活动，能够促使班级全体成员素质不断提高的高级班级群体。组建班集体是班主任核心的任务之一。

一个由几十名学生组成的班级，从刚刚组建到班集体的形成，其中不仅凝聚了全体师生、家长的辛勤汗水，更预示着一个有利于学生全面健康成长的坚强集体的诞生。由最初的互不相识到彼此相知、情同手足，由原来的各行其是，到团结一心，形成班兴我荣、班衰我耻的荣辱感。班级从小到大，从弱到强，经历一个由量变到质变的过程。这个过程不是班级成员的增加，也不是活动的频繁和组织数量的增多，而是全体成员整体素质的提高、班级凝聚力的增强、良好班风和人际关系的形成。一个优秀班集体的形成大致要经历以下几个阶段。

一、松散的班集体阶段

这是班级组建的初始阶段。几十个学生为了学习，走进同一间教室。班级有了管理教师——班主任。学生开始按课表上课并进行活动。此时的学生大多互不相识，班级活动多数由班主任亲自主持。因为没有建立完善的组织机构，学生对班主任的依赖性较大。整个班级处于松散状态。

二、有组织的班级群体

此阶段，班级已建立了班委会、团支部等组织机构，班干部开始发挥组织管理作用。班级有了明确的奋斗目标，制定了为达到目标切实可行的计划，并有组织地开展班级工作。师生之间、同学之间彼此熟悉，交往增多。

三、初级班集体

此时，班集体的形象已初露端倪。班级核心已显现出来，骨干力量开始形成。有些活动即使班主任不亲临现场，也能由班干部组织起来。班级纪律稳定，没有乱堂。正确的舆论占上风，良好的班风开始形成。学生对班级感到满意，有了希望超越别的班级的心理。

四、成熟班集体

班级奋斗目标逐步实现，核心、骨干力量比较充分地发挥作用，能主动、有计划地开展班级工作。良好的班风已形成。学生热爱班集体，有集体荣誉感，能主动维护班集体的利益，团结气氛浓厚。

五、优秀班集体

这是班集体发展的最高组织形式。优秀班集体是学校各班级学习的榜样。在这样的集体中绝大多数同学行动自觉，思想进步，学习优良，能主动关心班集体。班级领导核心能创造性地开展班级工作，班风得以巩固并形成传统。大家为有这样的班集体感到自豪。

第一节　确定班级奋斗目标

人们通常把某个个体或组织的行为所意欲达到的最终目的或所预期达到的某种结果的标准、状态称为目标。任何组织机构，任何实践活动，都离不开一定的目标。班集体建设作为一种有意识的教育活动，首先要有共同的奋斗目标，这是建设班集体的第一要素。

一、班级奋斗目标体系

班集体建设是一个多内容、多层次的实践活动。从内容上分，包括班集体的组织目标、教育目标、管理目标；从层次上分，包括班级的整体目标、小组目标及个人目标；从时限上分，包括长期目标、中期目标和近期目标。它们既有联系，又相对独立；既有统一，又有区别。班集体建设的复杂性和艰巨性，要求班主任认真研究、掌握班级奋斗目标制定的理论、原则和方法，以减少工作的盲目性，提高工作效率。

根据中小学班集体建设中通常采用的目标分类体系，本教材重点讲述班级奋斗目标的时限体系。在班级长期、中期、近期目标中应包括班集体的德、智、体等方面发展目标及学生个性发展目标。

1．长期目标

长期目标，在小学阶段可以理解为六个学年度班级的奋斗目标；在初中阶段可以理解为三个学年度班级的奋斗目标。这个目标是在教育目的指导下，根据学生的年龄特征、文化知识水平提出的。要以建立良好的班集体，实现全体学生德、智、体、美、劳全面发展为最终目标。

班级奋斗目标具体表现在：

(1) 德育方面：使学生有爱祖国、爱人民、爱劳动、爱科学、爱社会主义的思想感情，初步具有为人民服务和集体主义思想，具有守信、勤奋、自立、合作、乐观、进取等良好的思想品德和个性品质，遵纪守法，养成文明礼貌的行为习惯，具有分辨是非和自我教育的能力。

(2) 智育方面：使学生掌握必要的科学文化知识和基本技能，具有一定的自学能力、动手操作能力，以及运用所学知识分析和解决问题的能力，初步具有实事求是的科学态度，掌握一些简单的科学方法。

(3) 体育方面：使学生掌握锻炼身体的基础知识和正确方法，养成讲究卫生的习惯，具有健康的体魄。

(4) 美育方面：使学生具有初步的审美能力，形成健康的志趣和爱好。

(5) 劳动技术教育方面：使学生学会生活自理和参加力所能及的家务劳动，初步掌握一些生产劳动的基础知识和基本技能，了解一些择业的常识，具有正确的劳动态度和良好的劳动习惯。

长期目标是班级的最终奋斗目标。制定长期目标，应根据班级和学生实际，确定建班方针，使学生德、智、体、美、劳全面发展，班级具有鲜明特色。

2．中期目标

中期目标通常指一个学年度的目标。不同年级的学生，身心发展有着不同的特点，班主任应根据学生的年龄特征、发展水平，制定出相应的学年度班级奋斗方向。

中期目标是长期目标的分解，它在体现班级总目标的前提下，使目标更加具体。

通常情况下，班级中期目标是班级年度工作计划的重要组成部分，也是班级年度工作努力的方向。制定中期目标，可以在完成总目标的某一、二个方面有所侧重，以期收到最佳效果。

3．近期目标

近期目标是指一学期以内的阶段性目标。许多优秀的班主任都非常重视班级近期目标的制定和落实。因为每一个近期目标的实现，都会使班级在前进的道路上发生小的质变，若干个小的质变的集合，就会引起班级质的飞跃，进而实现班级的最终奋斗目标。

近期目标往往通过班级组织的各种活动来实现。短期的带有激励性的目标的实现，可以使师生增强信心，从而努力向更高的目标迈进。

二、制定班级奋斗目标的原则

1．方向性原则

目标是行动的先导，有了明确的目标，才有有效的行动。班集体只有确立了明确的奋斗目标，才能沿着正确的方向前进。它犹如前进中的灯塔，起着引航定向的作用。在确定班级奋斗目标时，要确保班级目标与学校目标和国家培养目标在方向上的一致性。

2．激励性原则

激励是通过刺激需要引发行为、实现目标的一个动力过程。确定班级奋斗目标，就是要为同学们展现美好的前景，用前景吸引、鼓舞集体不断前进。“期望理论”表明，目标是一种激励因素，人们对目标的价值看得越大，估计实现的概率越高，这个目标激发出来的力量就愈大。因此，班级奋斗目标在表述上应具有鼓动性、感召力，使全体学生为之磨拳擦掌，你追我赶，跃跃欲试，积极性得到充分发挥。

3．科学性原则

最优的班级奋斗目标是切合班级实际，切合学生和社会需要的目标，是符合集体和个人发展规律的目标。班级奋斗目标不能定得过高，过高学生可望不可及，丧失推动作用。定得过低，失去了激励功能。班级奋斗目标应保持中等难度，让学生“跳一跳，就能摘到桃子”。

4．民主性原则

班级奋斗目标是全体师生共同努力的方向，应该得到全体师生认同。充分发扬民主，集思广益，不仅可以发挥整个集体的聪明才智，而且能调动全体学生的参与意识，能充分发挥学生的主体作用，更有利于激发学生实现班级奋斗目标的积极性。

5．整体性原则

制定班级奋斗目标要体现整体性原则。整体性表现在两个方面：第一，要着眼于学生素质的全面发展，德、智、体、美、劳各个方面缺一不可。要做到德育为首，五育统一，和谐发展；第二，要把班集体的组织目标、纪律目标、规范目标、舆论目标、班风目标、人际关系目标等协调起来，切不可重此轻彼。

三、制定班级奋斗目标的方法

1．师生共商法

师生共商法是一种既科学又民主地确定班级奋斗目标的方法。运用此法，第一，教师的主导作用与学生的主体作用得到充分发挥，师生共同献计献策，共同畅想未来，有了统一的认识，有利于化为师生的自觉行动。第二，切合班级实际。因为它来自师生的共同要求，有利于班级目标的实现。第三，班级奋斗目标的商讨过程也是师生感情的交流过程，有利于班级凝聚力的形成。师生共商法适合于一个发展良好的班集体。

2．班主任定夺法

此种方法是由班主任做出决断，向班级提出要求作为班级的奋斗目标。与师生共商法相比，它缺少民主性，不利于调动学生的积极性和主动性，有时不能得到学生的支持与配合，实施中会有困难或阻力。因此，在制定目标前，要认真分析和研究班情，深入了解学生实际，使目标最大限度地符合学生的内心需要。在制定目标后，要大力宣传，使之为全体学生所接受，并变成师生共同努力方向。

四、技能训练

1．训练要点

(1) 掌握确定班级奋斗目标的原则、方法。

(2) 根据学校发展目标及班级情况，确定班级奋斗目标。

2．提供范例

范例：2—1《确定班级奋斗目标》

(1) 长期目标：

滁州市南谯区腰铺中学初一 (2) 班班主任刘沛森老师，学习无锡市

十二中学杨靖华老师的经验，在班上开展了“在156个台阶上”的活动。让全班同学畅想经过初中三年共156个星期的时候，本班是一个什么样的情景，自己是一个什么样的人。经过近一个月的想象、论证，都认为到那时候是这样的班级：

①在学校“教育为本，学习为主，全面发展，学有特长”的教育思想指导下，学会做人、学会求知、学会生活、学会健体、学会创造，做一个雷锋式、赖宁式的爱祖国、爱家乡、爱学校、爱父母、爱老师、爱班级的人。

②全班同学都要认真刻苦学习文化科学知识，达到人人升级，人人毕业，人人达到高一级学校要求的水平或具有从事职业活动的一技之长。

③全班同学都要达到体育锻炼标准，人人都能掌握一种运动的方法和规则，人人爱清洁、人人讲卫生，尤其是要重视用眼卫生，没有新的近视发病者。

④自尊自重，互敬互爱，人人在班内有受人尊重的地位，也有尊重他人的义务，使人人在班级里都感到温暖和愉快。

⑤人人都要以实际行动为班级增光添彩，成为全校执行《中学生守则》、《中学生日常行为规范》最好的班级之一。

⑥人人都有自己的兴趣和爱好，人人有自己喜爱的学科，人人有自己喜爱的劳动，人人都会1～2种小制作，人人都讲普通话写规范字，人人都学会2～3种自我服务的技能，人人都能掌握文明礼仪并身体力行。

⑦在班主任和团队组织的指导下，集体的事由集体讨论决定，班委会、团、队的事，都由自己管理，活动由自己开展。

⑧半年内达到学校良好班集体水平，一年内达到区级优秀班集体水平，三年内达到市级优秀班集体水平。

⑨人人都有为集体、为他人服务的岗位，坚持为班级、为学校、为他人、为社会做好事。

⑩少先队员心里飘着“队旗、团旗、党旗”，争取早日加入共青团，到毕业时力争三分之一的人成为优秀共青团员。

(2) 中期目标：

中期目标是相对长期目标和近期目标而言的。多数情况下，中期目标可以包含在班级学年工作计划的目标任务中。

滁州市南谯区沙河中学高一（2）班班主任余熙海老师学习无锡的经验，把班级计划中一年建设班集体的目标任务让学生画了一幅画，画面上画着一颗苹果树，树干上写着“一年内建成班集体”，树枝上挂着15个苹果，每只都分别写上一个要求，这就是一年建成班集体的15条要求，其中6只已经涂上黄色，说明已经做到了。这就是形象的班级中期目标树。

（3）近期目标：

滁州市南谯区沙河中学初二（3）班在班主任王维德老师指导下，班委会、团支部总结了开学以后的一个月内，班级出现的积极、热情帮助新同学熟悉学校环境、介绍学习经验；拾金不昧、全出勤、出满勤、课堂纪律良好、保护鸟类、爱护花草树木等一系列进步以后，大家深受鼓舞。在肯定成绩的同时，又认为目前班级急需解决的问题有如下五个方面：

①全班行动平整操场一次，掀起体育锻炼高潮，在11月上旬举行的全校秋季运动会上誓夺初中组总分前三名。

②在教室里设置痰盂两个，由值日生负责刷洗，坚决消灭随地吐痰的恶习。

③购置暖瓶、茶杯，在班上推行尊师一杯水活动，由各科代表给每位前来上课的老师敬上开水一杯。

④每次下课以后请老师先行，尤其是上午第四节课，无特殊情况同学们不得先于老师离开教室。

⑤秋冬之际，白天逐渐缩短，要杜绝上午第一节课出现的迟到现象（特殊情况例外）。

需要多少时间才能达到上述要求呢？经全班同学讨论，认为只要大家共同努力用2～3个星期的时间，是完全可以达到要求的。这样一个班级的近期目标也就形成了。

3．技能训练

情境描述：

某市十五中学是一个非重点普通中学。王老师刚刚被任命为新初一（1）班班主任。今年的新生与往年一样，均为未考入重点初中的、就近入学的学生。学生学习成绩比较差，学习热情不高；家长对孩子也没有很高的期望值。王老师接手初一（1）班的第一件事，就是要根据学校和班级的实际情况，确定班级的奋斗目标。

请根据所给资料，制定一份班级近期发展的奋斗目标，为班级设计一个发展蓝图。

4．训练要求

（1）目标要与学校、国家培养目标一致。

（2）内容要全面、具体，符合班级和学生实际。

（3）有感召力，催人奋进。

（4）语言精炼、恰当、准确。

第二节　正确选拔培养使用学生干部

学生干部是班级的核心，是学生中的骨干分子，是班主任顺利开展班级工作的得力助手，是沟通师生之间关系的桥梁。正确选拔培养和使用学生干部，不仅有利于班级凝聚力的形成，也有利于班主任组织管理，是建立良好班集体的基础和保证。

一、选择学生干部的标准与方法

1．选择学生干部的标准

（1）具备担任班级干部的基本素质。学生干部应是学生中的优秀分子，有良好的思想品行，热爱集体，关心同学，愿意为同学服务；有吃苦在先，享受在后的牺牲精神；有克服困难和战胜困难的勇气；能时时处处做同学的表率；有较强的组织管理能力和一定的号召力。

（2）要有端正的学习态度和良好的学习成绩。学生干部首先是学生，学生是以学习为主要任务的人。没有良好的学习态度和学习成绩，想在学生中有较高的威望是不可能的。一个学习成绩欠佳的人，也称不上学生中的优秀分子，也就不配做学生干部。

（3）要有健康的体魄和良好的身体素质。不能动辄请病假或休学，这样不仅影响班级干部作用的发挥，也不利于班级工作的开展，更起不到班干部应有的作用。

（4）要有较好的人际关系。班干部与同学之间的关系状况，直接影响班集体组织机构职能的发挥，进而影响班集体建设。

2．选择学生干部的方法

（1）班主任任命法。

此种方法适合于以下几种情况。第一种情况是班级组建初期。此时，新生之间互不了解，学生某些方面的特长和才干或者缺点毛病还没充分显示出来。为了便于开展班级工作，班主任可以临时任命几个学生当班级干部。第二种情况，是在班级干部需要增补时，新增加的学生干部可以由班主任任命。班主任有时会遇到班级干部由于主观或客观原因而无法履行班级干部职责的情况。为了使班级工作正常开展，需增补或更换个别班干，此时可采用班主任任命法。第三种情况，是班主任为了转变某些具有鲜明个性特长的后进生，发挥他们的一技之长，让他们当班级干部。例如体育优秀的学生当体育委员，能吃苦耐劳的学生当劳动委员等等。这种利用后进生的优点来克服他们缺点的方法，对于帮助他们树立自信心，克服自身的不足，具有明显的作用。

采用班主任任命学生干部的方法，要特别注意以下几个问题。第一，在任命学生干部之前，要通过查阅学生档案，与学生干部接触与交往，了解他们的情况。使班主任任命的学生干部既能全心全意为同学服务，得到绝大多数学生的认可，又能圆满地完成老师交给的各项工作。第二，对于个别后进生当学生干部一定要慎之又慎。否则不仅不利于后进生的转化，反而会给班级工作带来不利影响。第三，建班初期任命的学生干部任期不能过长。大约经过一个月左右的时间，在同学之间有了进一步了解，每个人心目中也有了理想的班干人选时，班主任可以采用民主选举法，让学生选举产生第一任班级干部。

（2）民主选举法。

通过民主的方式产生的学生干部，能代表大多数同学的意愿，有利于开展班级工作。民主选举学生干部通常有两种情况，一是当班主任发出“安民告示”之后，经同学们反复酝酿，最后采用无记名方式，差额选出学生干部。另一种情况，可以让学生主动报名，参加竞职演说，根据竞选人平时表现和演讲情况，通过民主投票产生学生干部。

（3）轮流“执政”法。

为了给每位同学以锻炼自己和施展自己才华的机会，班主任可以采用轮流“执政”法或叫轮流“坐庄”法。这种方法，充分体现了现代人的参与意识，体现了学生高度自觉的班级主人翁责任感，同时，也有利于学生在参与和竞争中培养自己的创新能力和奉献精神。

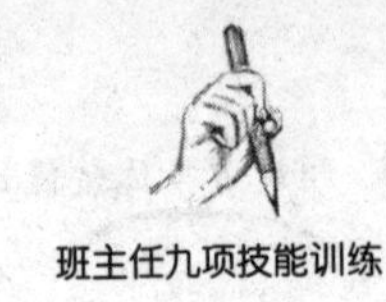

二、学生干部的培养和使用

与选拔学生干部同样不可忽略的是对他们的培养和使用。学生干部一经确定，便成为班级的领导核心。如何使他们发挥自己的聪明才智，富有创造性地开展班级工作，是每位班主任都必须面对的重要课题。因此，班主任在培养使用学生干部时，应努力做到：

1．既要教给任务又要教给方法

学生干部既是班级的领导核心，又是班主任的左膀右臂。班级大量而具体的工作要由他们去做。但是学生干部毕竟是学生，他们阅历浅，经验不足，特别是未当过班干部的学生，刚刚走向班干部岗位，不知如何开展工作，有时良好的愿望却收不到满意的结果。这就要求班主任努力培养，在教给他们工作任务的同时，教给他们工作的方法。班主任可以通过举办班干部培训班，组织定期的学习与交流活动等方式，让学生干部掌握工作方法，使之更好地开展工作。

2．既要放手工作，又要精心扶持

放手让学生干部开展工作，是培养和使用学生干部最好的方法。实践出真知，实践长才干。班主任只有放手让他们去工作，让他们自己去处理和解决班级中存在的问题，自己去创造性地组织班级活动，他们才能在干中学习，在干中成熟，他们的独立性才能在干中培养。但是，班主任应根据不同阶段学生思想品质和工作能力以及班级状况（建班时间长短、班级的发展程度、水平）的不同，确定放手程度。一般说来，年级愈高，班级状况愈好，愈可放心大胆地让学生独立工作。反之，则应谨慎。放手让学生干部工作，并不是撒手不管。班主任要当好参谋，当好“后台老板”，要精心扶持，热情帮助，增强他们的主人翁责任感。

3．既要热情关心，又要严格要求

学生干部与其他学生的不同之处在于，他们除了要完成学习任务以外，还要承担班级工作，从时间和精力上都付出较多。班主任要针对这一特点，帮助他们正确处理学习与工作的关系。不仅要关心他们的工作情况，更要关心他们的学习和身体。特别是当学生干部遇到各种困难时，班主任要全力帮助，使他们树立克服困难的信心和勇气，并同他们共渡难关。但是关心不等于放纵、袒护。班主任不论是对学生干部，还是对普通学生都要一视同仁。偏袒学生干部不仅不利于他们树立威信，还会拉大学生干部与学生之间的距离，使他们滋生自满情绪。因此，要在关心学生干部的同时，严格要求他们，使他们健康成长。

三、技能训练

1．训练要点

（1）掌握选拔学生干部的标准和方法。

（2）灵活运用培养和使用学生干部的理论，解决培养和使用学生干部中出现的问题。

2．提供范例

范例：2–2《学生干部选拔和培养》

一、学生干部的选拔和配备

1．学生干部的产生

产生学生干部的基本方式是民主选举。除此外，还有班主任指定、竞选、自荐、协商调整等。实际上，把这几种方法结合起来更好。先由班主任物色，再通过推荐和自荐确定候选人，而后竞选，让学生们自己确定自己的干部。确定后，再协商分工，根据各人的特点，委以适当的职务。

2．学生干部的配备

（1）班长。班长除了要具备学生干部的基本素质外，还应该具有一定的"将才"，其职责有：①"吃透上头儿"，指学习有关教育、校规校纪、班级的规划等；②"摸清下头儿"，指摸清本班学生情况；③"眼观六路，耳听八方"，指收集有关信息，在发现问题的基础上确定班级目标。

（2）副班长。副班长不一定有班长的"将才"，但他更需要有踏踏实实的工作精神，因为班集体中有大量的具体工作需要他去做，有许多复杂的问题需要他去协调和解决。

（3）其他班委。应根据学生不同特点确定合适的人选，如学习委员应由学习成绩优秀、又愿意帮助同学的人担任；文艺委员应具有文艺才能；生活委员应由细心、善理财、有一定管理才能的人担任；体育委员则需要身体素质好，又有某方面体育特长的人担任；劳动委员则应由踏实肯干、又有组织才能的人担任。

为了使更多的学生得到锻炼的机会，可以实行干部轮换制。比如有的班级"轮流执政"、"自由组阁"，几学期下来让每个学生都担任过干部，然后再评出最佳班委负责最后一年的工作；有的班级采用保留一部分骨干力量，然后再补充新鲜血液，每学期调换的办法，既避免了大调整给班级工作带来

的影响，又使大部分学生得到锻炼；有的班级采取“班主任助理”制，即每个学生都当一段时间的班主任助理，在任职期间，协助班委开展工作，直接对班主任负责，这样既锻炼了学生，又使班级计划得到更好的实施。

二、学生干部的培养

1．学生干部应具备的素质

“一个篱笆三个桩，一个好汉三个帮”。虽然说学生干部在班级工作中起着举足轻重的作用，但离开学生的支持、理解，学生干部便成了空中楼阁。

在对众多学生的调查中发现，他们心目中的优秀学生干部应具备以下素质：

(1) 胸怀大志，勇于创新。他们最不喜欢墨守成规、思想僵化的“服从型”干部。

(2) 是非分明，正直无私。他们希望学生干部处理事情能公正无私，批评或表扬同学都要有个“说法”。

(3) 严于律己，关心同学。

(4) 勤奋好学，具有好口才。他们希望学生干部在工作、学习上起到表率作用。虽然他们不苛求学生干部学习非常突出，但希望他们学得主动，学得灵活，学得扎实，不死抠课本；在具体工作中，表达能力较强，讲究工作方式。

(5) 工作有方。他们希望学生干部具有一定组织、管理能力。

(6) 爱好广泛，具有特长。

在学生中找到现成的优秀干部是不实现的。对学生干部使用的过程便是培养的过程。他们或有这方面的特长，或有那方面的缺点，如何使他们从扬长避短到扬长去短，从一般干部到优秀干部，则是学校领导和班主任所要尽力去做的。

2．学生干部的培养

(1) 思想上严格要求。一个学生干部的素质是否高，为人是否正直，作风是否民主，不仅关系到能否正常发挥学生干部的作用，还关系到全班学生能否健康成长。培养学生干部良好的思想作风，有赖于耐心细致的思想政治工作，应引导他们多读好书，举办业余党校、团校，介绍一些优秀干部的事迹，针对学生思想实际开一些辩论会、演讲会、谈心会、民主生活会等，以提高学生干部的素质。

(2) 方法上予以指导。学生干部不是执行班主任命令的工具。在学生干部开展工作时，不要告诉他们应该怎样做，应该怎样想，而要帮助他们学会分析问题的方法，启发他们找到解决问题的方法。还要教导他们注意发挥集体智慧，虚心听取群众意见。

(3) 鼓励他们开拓进取。德国作家莱辛说过："如果上帝一手拿着真理，一手拿着获取真理的能力，让我任选其一的话，那么我宁要获取真理的能力，而不要真理。"要想培养出开拓型的优秀学生干部，就不要仅满足于他们只会处理日常工作，而要放手让他们开展一些创造性活动，让他们独立去设想、组织活动，培养其创造性思维能力，而不是简单去接受一些现成的东西。列夫·托尔斯泰曾说："如果学生在学校里学习的结果是使自己什么也不会创造，那他的一生将永远是模仿和抄袭。"

除了从思想和方法上引导外，我们还应时刻注意学生干部容易出现的问题，对此不可松懈，要一抓到底。比如帮助他们正确对待学习和工作的矛盾，培养他们戒骄戒躁、谦虚谨慎的工作作风，以及正确对待工作中的错误等。

总之，培养优秀学生干部是一项艰巨细致的工作。应当指出的是，正如一位教育家所说"学生是教师的一面镜子"，要想提高学生干部的素质和能力，我们的学校领导、班主任应首先提高自身的素质和能力。(郭月利)

3．技能训练

情境描述：《班长作弊怎么办》

"高二(5)班班长考试作弊！"消息传来，我惊呆了。记得从高一开始，我就以"先做人，再做学问"为原则，呕心沥血，狠抓学生的基础文明，着力于学生全面素质的提高。不到一年，班级就被评为市先进集体。如今，出现这样的局面，真令人难堪！

回顾班长的一贯表现，工作积极主动，处处以身作则，在同学中很有威信。论才能，无论写文章、演讲、体育比赛、文娱演出……样样出色，多次为班级、学校争了光，在校内有一定的知名度。真是"人才难得"！一向自尊自强的他，怎么会在学校三令五申之后还犯下这样的错误？是他不知问题性质严重？是我教育不得法？我百思不得其解，决定明天先找他谈话，摸清情况后再拿主意。

第二天到校，不出所料，“高二（5）班班长作弊”的消息不胫而走，成了期中考试后校内最引人关注的新闻，大家议论纷纷……

怎么办？面对这棘手的事实，我该怎么办？把问题全部上交，听凭领导处理吗？狠狠批评、责令检查，迅速“了结此案”吗？……

阅读《班长作弊怎么办》之后，请结合培养和使用学生干部技能理论，确定一个处理方案。

4．训练要求

（1）能正确运用培养使用学生干部理论分析问题。

（2）选择的处理方案恰当。

（3）解决方法有创意，学生乐于接受。

第三节　培养优良班风

班风，又称班级风气，是指一个班级绝大多数学生言论、行动、情感和精神面貌等方面的共同倾向和表现。班风是衡量班集体是否形成的重要标志之一。有人说，一个学校的校风是校长人格的体现，那么，一个班级的班风就是班主任人格的具体体现。

一、班风的教育功能

1．良好的班风是一种无形的约束力量

班风是一种教育力量。良好的班风有助于学生的成长，能给学生带来有利的学习、生活环境。心理学研究表明，良好班风潜移默化的影响，可以使班级个体成员产生从众行为，使生活在班级的每个个体都自觉地约束自己，使不健康的行为受到压力而得到转化。良好的班风又是一种无声无形的教师，它不受时间和空间的限制，无时无地不在影响和约束着每个人的言行。

2．良好班风可以扶正祛邪

良好的班风是一种积极的影响力，它会使少数人的不良思想和行为受到抵制，受到反对，使歪风邪气无藏身之地，使正气得到弘扬和光大。这种强大的影响力有时像春雨滋润心田，润物细无声，让人在不知不觉中得到净化；有时像急风暴雨，把不良风气冲刷得一干二净。

一个具有良好班风的班集体，有利于学生健康思想的形成，也有利于班集体建设。

3．良好班风能产生强大的凝聚力和驱动力

良好的班风一旦形成，会对班级每个成员产生巨大的影响。在这样的集体中，每个成员会以班兴为荣，班辱为耻，将个人的行为与集体的荣誉联系在一起。这是一种强大的凝聚力，是集体荣誉感、义务感和责任感的具体体现。良好的班风还是一种强大的驱动力量，推动着班级的每个成员为了集体去努力、去拼搏。

二、良好班风的标志

1．正确的舆论

正确的舆论是指在集体中占主导地位，能够扶持正气、伸张正义、遏制错误思想和行为的意见和言论。实践证明，正确的舆论具有抑制和反对错误言论和行为，引导全体成员积极进取的双重作用。一个具有良好班风的集体，对符合社会道德水准和班级目标的思想、言论、行为会给予支持；对与之相悖的思想、言论和行为，会予以反对和谴责，从而调节集体和个体的言行。

2．健康的人际关系

班集体中的人际关系，直接影响着班级活动和风气，影响着班级成员品德的形成和发展，也影响着班级建设。如果一个班级人际关系僵化，师生感情不融洽，同学之间不团结，这个班级就如同一盘散沙。班级没有了凝聚力、向心力，同学们缺少了责任感和荣誉感。因此，良好的班风应体现在班级师生的共同协作和团结友爱上，这是实现班级目标的重要基础。

3．积极进取的精神

良好班风应体现在全体成员的精神风貌上。这种精神风貌是全体成员的积极进取、奋发向上；是既有团结协作，又有强烈的竞争精神。现代社会是一个竞争激烈的社会，竞争才能生存，竞争才有发展。但是一个具有良好班风的集体，竞争绝不是为了个人。大家团结一心为集体，努力学习，奋发进取，保持旺盛的斗志。

4．良好的作风

良好的班风还体现在班级良好的作风上。文明礼貌、诚实守信、宽以待人、遵纪守法、学习勤奋、健康向上，是良好班风最有说服力的证明。

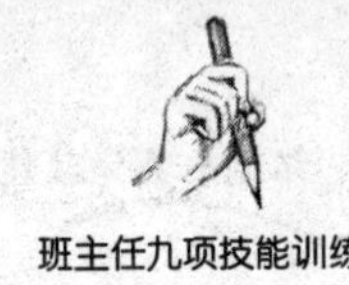

三、培养优良班风的方法

1．确立班风内容

目标是行动的向导，有了目标，才有可能产生为实现目标的统一行动。要形成良好的班风，必须首先确定班风内容或标准，这是形成良好班风的前提。经验丰富的班主任，往往在接手一个新班之后，首先和全班同学共同商讨，达成班风建设共识。班风在内容上主要包括：为实现远大理想而勤奋刻苦学习的动机，团结友爱的人际关系，诚实、守信和严于律己的道德风尚，以及勇于进取的拼搏精神等等。例如“勤奋、正直、团结、进取”、“诚实、守信、务实、创新”等。班风内容一经确定，全体师生就要以其约束自己，变成自己的自觉行动。

2．抓好班级舆论

良好的班风来自正确的集体舆论。正确的舆论可以使健康的思想、正确的言行得到强化，受到支持，使错误的观念和言行受到抑制或反对。

一种好的舆论风气，不是自发产生的，它是班主任和全班同学共同努力的结果。首先，班主任要加强对学生进行人生观、道德观、集体主义观念教育，使他们明辨是非，为形成正确舆论奠定基础。其次，要充分利用各种舆论工具，如板报、墙报、班会、团队会议等，扶正驱邪。再次，经常开展各种形式的活动，对不良风气展开讨论，使不良言行无立锥之地。

3．班主任身先士卒

班主任是班级的组织者、教育者，也是班风的建设者和监督者。班主任的思想品质、道德风貌、工作作风直接决定着班风好坏。应该说，有什么样的班主任，就有什么样的班级，就会有什么样的班风，班风是班主任人格的具体体现。为此，班主任要身体力行，身先士卒，处处做学生的表率。常言道，榜样的力量是无穷的，班主任要求学生做到的，自己首先要做到，学生才能信服他，愿意模仿他，身教胜于言教。班主任的自身表率就是一面旗帜，就是进军的号角、行动的指南，更是一种无形的力量，对班风的形成具有不可估量的作用。

4．要常抓不懈

班风的形成决非一日之功，班主任必须常抓不懈。从新生入学的第一次讲话，到班级组织的第一次活动；从处理好班级的第一个问题，到为班级同学办的第一件好事，都是班风建设的起点。良好的开端是成功的一半。班主任必须把握班风建设的主动权。在日常工作中，要严格要求，把建设良好班风当作一件大事常抓不懈。

四、技能训练

1．训练要点

（1）掌握良好班风的内涵。

（2）学会确定班风的方法。

（3）能运用舆论导向和自身影响培养优良班风。

2．提供范例

范例：2–3《从两件小事看到的》

我在阅读学生日记的时候，看到一个同学记叙了一件令他很感动的事情：秋季运动会前夕，学习委员小高为了班集体报名不缺项，就狠狠心，硬着头皮报名参加了3000米长跑，并且每天早晨和晚上都挤出时间加紧锻炼。但是毕竟身体素质不强，在比赛中，跑得非常艰苦，临近终点时，已经疲惫不堪，摇摇欲倒。这时，两个男同学急忙离开观众队伍，跑过去搀扶他。可是小高一边喘着气，一边无力地挣脱着说："我没事，能挺得住，你们俩快回班吧，要不，影响咱们班的纪律分儿。"读到这里，我感到心里热乎乎的，简单的几句话，纯朴真诚，没有华丽的辞藻，却反映出他心中可贵的思想。报名参加长跑是为集体，拒绝搀扶还是为集体。而其最可贵的地方就在于他讲这几句话的时候，老师和其他同学都不在身边，他不是为表现自己，更不是在造作地"表演"，他是真心实意地要维护集体的荣誉。正巧，就在同一周的星期六，我又碰到一件叫我感动的事。那天大扫除基本结束了，我有事到教室去，一进门就看到几个同学正准备出教室，数学课代表小于站在教室的一边，一手提着墩布把，一手攥着墩布头（舍不得放在地面上），嘴里还在不断地催促着这几名同学快点离开教室，我一问才知道，他是想让同学们快一点出教室，好在检查卫生的老师到来之前，用涮净、拧干的墩布把同学们走过的地方再仔细地墩一遍，说什么也要拿满分。我听了他的打算，再看看他那近于憨直的神态，心里又是一阵感动。没有人叫他这样做，他只是想到多为集体赢得荣誉。

我决定抓住这两件看来微不足道的小事做篇大文章。于是，我在主题班会上，作了《一滴水见太阳》的专题讲话。我仿照"细节刻画"和"特写镜头"的表现方法，有意地描述了这两件小事。接着，我激动地评说：这两个同学没有想到，也没有去想，有一天同学会通过日记向老师汇报他的"豪言

壮语”，也没有想到老师会恰好看到他关心集体的“壮举”，他们只是诚心诚意地去做他们认为应该做的事情，他们是真心地爱护自己的集体。我认为，虽然这俩人的言行微小平凡，却蕴含着一个共同高尚的目的，都是一种崇高的集体主义精神的表现。同学们，你们想塑造美好的个性吗？你们想树立令人钦佩的美好形象吗？那就从一点一滴做起吧！行动是天才的雕塑家，播种一个行动，就会收获一个习惯，而良好的习惯将会帮助你锻造一个鲜明的个性。

“一石激起千层浪”。我的讲话赢得了同学们热烈的掌声。但是我想这个主题班会只是作完了这篇文章的上篇，我要趁热打铁作出文章的下篇。这样“小题大做”地去发现、去肯定、去宣扬，就是为了调动学生们向先进看齐的积极性，由点及面，逐步形成良好的班风。但是只靠班主任一个人还不行，我要让每一个学生都在“小题”上做文章。(路金生)

3．技能训练

请在阅读上文之后，就如何调动全班同学在“小题”上继续作这篇文章，写出行动计划。

4．训练要求

(1) 正确运用班风建设理论。

(2) 计划周全、方案合理。

(3) 活动有创意、学生喜闻乐见。

第三章 了解学生技能训练

经常、及时、全面地了解学生，是班主任有的放矢地教育学生的基础。魏书生曾说过："种庄稼，首先要知道各种作物的生长发育的特点，才能适时适地施肥浇水；治病要了解每个病人的具体病情，才能对症下药；教师必须了解每个学生的特点，方能选择确定教育的方法、措施。"一个班级有几十个学生，他们有不同的天赋、情感、个性、兴趣、爱好，有特定的品质，班主任必须了解他们，深刻地研究各种类型、各种特点的学生，并从学生的实际出发，加以正确地教育与疏导，才能做到因材施教。

●第一节 了解学生的内容

班主任以人作为工作对象。这个工作对象是天真活泼、富有情感，正在成长中的青少年，要肩负起教育他们的使命，必须了解他们。只有充分、全面地了解学生，掌握每个学生的个性特点，才能从班级的实际情况出发，制定出适合学生发展的班级工作计划；只有全面地了解学生，才能深刻地理解学生，站在学生的角度，看待问题和处理问题；只有全面了解学生，才能选择科学的教育方法和措施，抓住教育契机、因势利导、对症下药帮助教育学生，才能创造出最佳的教育效果。

看过电视连续剧《校园先锋》的人，都不会忘记这样一个情节。剧中南一民老师曾对他的女儿南方说过这样的话："班主任是什么？班主任是学生肚里的一条虫，要知道他们在想什么、在做什么。"实践证明，那些对学生了如指掌的班主任，不仅学生们喜欢，而且他的教育往往可以收到事半功倍的效果。反之，那些不了解学生的班主任，班主任工作除了一塌糊涂外，不会有什么好的结果。

了解学生的内容很多。概括起来主要包括两个方面，即了解班级整体情况和学生个体情况两项内容。缺少其中任何一方，了解都是不全面的。

一、了解班级整体情况

班级是学生从入学到毕业期间最基本的归属组织，它好比一个无形的模具，引导着学生进行自我塑造。学生在班级里学习科学文化知识，学会与人相处，学习如何做人。学生精神面貌的好坏，很大程度上取决于班集体的整体风貌。因此，班主任要加强班级管理，有计划、有目的地开展班级活动，创造一个良好的班级环境，建设一个好的班集体。要建设一个好的班集体，班主任首先要全面了解班级。

1．班级学生的自然情况

班级学生的自然情况包括：学生姓名、性别、民族、出生年月、来源；班级学生总人数、男女比例、独生子女比例；少数民族聚居区，要特别了解一下班级少数民族学生所占比例。

2．班级学生的思想状况

包括少先队员和共青团员人数、占全班总人数的百分比；优秀生、中等生和后进生人数所占比例，以及形成原因；班级同学的是非观念、人际关系、行为习惯表现的层次等等。

3．班级学生的学习情况

首先了解班级学生的学习态度、学习目的、学习风气、学习方法、智力发展水平。其次，了解班级学生的学习成绩，优势及弱点。还要了解学生各学科发展是否均衡，在学习中存在的主要问题等。

4．班级学生身体状况

了解学生身体状况包括：学生身高、健康、患病、残疾学生的比例、近视眼的发病率；体育达标情况及班级传统体育项目；班级学生心理健康状况及素质等。

5．班级学生家庭情况

从整体上了解学生家庭情况，应包括：学生家长职业状况、文化程度；家庭结构如一般家庭（父母和子女构成）、特殊家庭（单亲）、复杂家庭（四世或三世同堂）及其比例；家庭收入、居住条件、家庭住址、家长电话及联系方式等。

二、了解班级学生个体情况

1．学生的学习情况

对学生学习情况，可以从两个方面进行了解。一方面要了解学生的学习态度，包括对学习意义的认识、对课堂纪律的遵守、对家庭作业的完成情况。还包括学生的学习方法、学习习惯、学习兴趣和学习特长等。另一方面，要了解学生的学习成绩。通过分析学生各科学习成绩，可以发现每个学生学习中存在的问题，以便会同科任教师帮助他们解决实际问题并提高他们的学习成绩。

2．学生的品德情况

学生的品德是指学生的政治思想和道德品质。班主任要着重了解学生对人生观、世界观的认识；对国家和班集体的关心程度；遵纪守法、礼貌待人、文明习惯以及要求进步情况等。

3．学生的健康状况

学生的健康包括心理和身体健康两个方面。了解学生的心理健康，包括个别学生可能存在着的紧张、烦躁、忧郁、恐慌、消沉等心理障碍；对社会、学校、家庭、班级、老师等存在的逆反心理等。身体方面包括有无疾病及诊治情况；喜欢参加的体育锻炼形式；是否具有良好的起居和卫生习惯等。

4．学生周边环境

常言道："近朱者赤，近墨者黑"。学生学习和生活的周边环境对他们健康成长影响很大。班主任要了解学生的家庭环境包括父母的文化道德素养，以及对子女的教育态度和水平；了解生活小区的自然环境及其对学生的影响；了解学生最亲近的同学和朋友等。

5．学生的兴趣、爱好、特长

学生的兴趣、爱好和特长可能成为学生未来发展的方向，班主任要积极正确地引导，但前提必须是了解。

●第二节 了解学生的方法

一、观察法

观察法是从一定的目的和任务出发，通过自己的感官直接了解学生和班级的一种方法。观察法是了解学生最常见的方法，大多数班主任都是通过观察了解学生的。观察法有两种，一种是自然状态观察法；另一种是活动观察法。无论哪种观察法，都是班主任对学生有计划、有目的的观察了解。

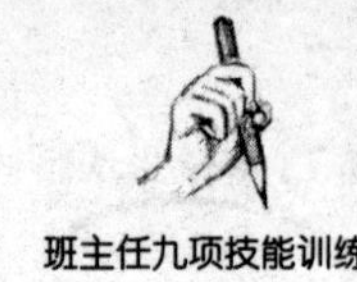

1．自然状态观察法

自然状态观察法是指班主任在日常生活中对学生的观察了解。在日常生活中，班主任可以随时随地观察到学生的举止言谈、感情变化，这种自然状态下的观察了解最直接也最真实。因为它是在学生不知不觉中进行。学生的各种表现都是其自然的流露，不含虚假成份。所以最容易发现学生的个性差异，发现他们的闪光点，发现他们的一贯品质，发现他们的细微变化。

2．活动观察法

活动是班级生命力所在。在活动中，每个学生都有不同的表现，这是班主任观察学生最有利的时机。

（1）在教学活动中观察。

班主任在全面负责一个班级工作的同时，还承担着本班学科教学任务。在教学过程中，班主任应该有意识地观察了解学生的学习兴趣、学习态度、学习能力、学习方法和学习习惯；课堂上学习常规表现，如注意力集中情况、遵守纪律情况、完成作业情况、知识掌握情况；课堂发言及口语表达情况、对学习成绩的态度等。

（2）在班级活动中观察。

班级活动范围很广，通常包括：班级例会、主题班会、团队活动、文体活动、社会实践、劳动等形式。班主任要在活动中重点观察学生的思想品行和行为作风，以及学生个体与集体关系的密切程度，注意发现学生身上的闪光点。

采用观察法是在学生毫无察觉的情况下了解学生的常用方法。为使观察客观、真实，班主任应注意以下几个问题。

第一，要注意观察的全面性。班主任应从多角度全方位地观察学生，既要重视活动中的观察、更要重视日常生活中的观察，既要重视学生优点的观察，也要重视缺点毛病的观察，这样才能使观察减少片面性，获得比较全面的信息。

第二，要注意观察的客观、公正性。班主任观察学生切忌夹带个人的感情色彩。以个人的好恶，个人对某个学生的偏见，或者想通过观察证明什么，得到什么结论的做法都是不妥的。

第三，要注意观察的经常性。无论是对班级整体的观察，还是对学生个体的观察，都不应只凭一次活动，一个偶发事件做出结论，必须经过反复多次地观察，才能从现象看到本质。有的学生在某种场合下不暴露思想和行为，而在另一些场合可能暴露得淋漓尽致。因此，班主任在观察了解学生时，要经常反复地观察学生的变化，综合分析学生在不同场合的不同表现，为教育学生培养学生提供依据。

二、资料分析法

通过资料分析是班主任间接了解学生的一种方法。它可以了解学生的过去、现在，还可以了解学生将来的打算。因为资料不是对学生面对面的了解，所以不能把资料作为了解学生的唯一依据，以此评价、看待学生。应该把自己亲自观察到的与资料记载的对照分析，将现实与历史结合起来综合分析。

班主任了解学生的资料大致有三种来源：一是学生的档案资料，如学生入学登记表、学籍卡片、历年的学习成绩、操行评语、奖惩记载、体检表等。这些材料记录了学生的成长历程，通过分析可以了解学生过去的表现。这对于一个接手新班的班主任来说，在未见其人之前，就可以了解其人，是深入了解学生的基本点。二是学生个人的文字资料，如日记、作文、学习笔记、作业、个人总结、思想汇报等。学生的内心世界是丰富多彩的、独一无二的，是从外部难以观察到的，但却是十分重要的。很多学生的心扉不愿为别人敞开，他们以日记、作文、思想汇报等形式予以倾诉。班主任通过阅读这些资料，可以调查学生的内心世界，了解他们的情感，从而有针对性地对学生进行教育和培养。三是班级各种活动的记录，如班级日志、团队活动和班级活动的记录等。通过阅读这些资料，了解学生在活动中的表现。

运用资料分析法了解学生，第一，要注意资料的真实性。有时资料反映的情况不一定代表学生的真实情况。例如，班主任在选拔学生干部时，不能仅凭学生档案中有当过班干的历史，以此作为班干人选，而只能作为参考依据之一。第二，要把资料和现实结合起来。不孤立地看待学生，不能静止地看待学生，更不能因为阅读资料在先，而对学生带有某种偏见。这样会给自己工作带来偏差，导致工作失误。

三、调查访问法

调查访问法，是班主任通过对知情者的调查访问，从多个侧面间接了解学生的一种方法。在工作中，班主任有时要通过调查访问，对学生进行深入的了解，并以此作为任用或惩处学生的依据。调查访问的对象十分广泛，任何了解学生的人，如学生的老师、同学、家长、朋友、邻居、社会群众都可以作为调查访问对象。

调查访问有许多种方式，例如：开调查会、个别访问、书面问卷等。班主任可以根据不同需要进行选择。根据现代人心理特点，最好采用个别访问方式调查了解学生。

这样做声势小，影响范围小，不会因调查访问给学生带来负面影响。但是个别访问要特别注意调查对象与了解对象的关系，过好过差都不合适，都会影响调查的真实性。

四、谈话法

谈话法，是班主任与学生直接对话，深入了解学生的一种方法。与观察法不同，它具有直接、主动、真实等优点，是了解学生内心世界的最好的方法之一。

谈话有个别谈话法，如班主任与个别学生面对面交流思想；集体谈话法，如班主任与班组学生集体谈话，或与部分学生座谈。采用谈话法了解学生，第一，要注意谈话时机的选择。例如当学生取得成绩或犯错误时；当学生遭受挫折或固步自封时；当学生迷失方向或有良好表现时；当新学期开始或结束时；当考试之前或考试结束之后，都是与学生谈话的最好时机。第二，要注意地点的选择。谈话场景直接影响谈话效果，例如，把学生叫到办公室谈话，学生会紧张，会不知所措。如果师生坐在草坪上或花坛边或树林里，这种紧张的气氛消失了，学生的心理放松了，在聊天中交流了情感，了解了学生。第三，要注意谈话方式。我们有个别班主任在与学生谈话时，总是摆出一副盛气凌人、不可一世的架式，学生望而生畏，影响谈话效果。班主任要根据不同学生的不同特点，选择不同的谈话方式。要讲究谈话艺术，要以自己真诚的情感感化学生，消除他们戒备的心理，使其畅所欲言。第四，谈话时不要手持记录本，边听边记，以免给学生不必要的心理压力。

五、技能训练

1．训练要点

(1) 掌握了解班级整体情况和学生个体情况的基本内容。

(2) 掌握了解学生的意义和方法。

(3) 灵活运用了解学生的方法，解决实际问题。

2．提供范例

范例：3—1《中学生参加课余活动情况调查表》

项目	每周一次	每月一次	偶尔去	没去过
图书馆				
电影院				

体育馆				
文化宫				
游戏厅				
网吧				
录像厅				

范例：3–2《如何与学生个别谈话》

著名教育家苏霍姆林斯基曾向教师忠告："学生在本质上具有向你敞开心灵，倾吐自己的感情和思想的精神要求。"教师要善于激发和满足学生这种本质上的精神要求，熟练掌握与学生个别谈话的艺术。

综合许多优秀教师的经验，与学生个别谈话能够取得理想效果的奥秘有五点：有情、实在、对症、适时、灵活。

"有情"，就是要爱护学生、尊重学生的感情，平等相处，营造坦率、友好的谈话气氛。只有"有情"才能减少学生的恐惧、紧张、戒备心理，从而获得信任。"有情"的核心是一个"爱"字，爱是教育的前提。和学生谈话要以爱动其心，以严导其行。

"实在"，就是要讲真理，说实话，重事实。教师与学生谈话，要以理服人，尊重事实，从事实中引出道理来，这样才能使学生信服。不能只讲虚理，不看事实。空洞乏味的说教难以收到好的教育效果。

"对症"，就是谈话要有针对性。首先，对不同类型的学生应采取不同的谈话内容和方式。尽可能从他们熟悉或感兴趣的话题入手，从实际出发，因人而异，提出不同层次的要求。对尖子生，要尽可能从他的优秀成绩谈起，赞扬他刻苦学习的精神，鼓励他在集体中发挥榜样作用；同时还要告诫他克服优越感，要主动热情帮助同学，而不要成为一只"孤雁"。对后进生，要从他身上发现"闪光点"，以点带面，引导他自觉地认识到自己的不足，寻找形成劣势的原因和赶上来的措施等。其次，要及时抓住学生的心理矛盾，善于从学生的眼睛里看出其内心世界的细微活动，设法和他单独在一起，有分寸地诱导学生向教师吐露心声。善于听孩子们说话是一种了不起的教育艺术。第三，要注意学生的文化水平、理解和接受能力。与小学生或初中低年级学生谈话，要讲一些浅显的道理和发生在他周围的事情，以事摆理，寓理于

情；与初中高年级学生和高中生谈话时，哲理可以深一些，道理可以多讲一些，以理释事，以理明志，这样师生之间可以通过谈话，进一步加深双方思想、性格、人生观和世界观方面的交流。

"适时"，就是要善于选择与学生个别谈话的时机。选择什么样的时间、什么样的场合，与什么样的学生谈什么样的内容的话题，这是一件不易把握好的事情。如在课间休息，有许多同学在场的时候，教师选择有学生群体需求的共性问题，与威信较高的学生或学生自发团体的中心人物进行直截了当的交谈，可以引起普遍关心和兴趣，解决一些具体问题；对有过过失的学生，要晚一些时间找他谈话，给他一个自我反省的机会，等等。教师要善于从日常的细微小事中把握最佳教育时机，利用各种教育手段，缩短教师和学生之间的感情距离。

"灵活"，就是要对不同性格的学生或不同的问题，采取灵活多样的表达方式。如：找具有外向型性格的学生谈话时，要使气氛欢快、活泼、幽默一些；对性格内向的学生，语调要沉静、缓慢，因势利导，用委婉、启发、迂回等谈话方式，可以消除其心理障碍。

谈话是人与人之间接触和交往的一种形式，要真正掌握谈话艺术，还需要教师在长期的工作实践中精心琢磨，只有不断总结，才能进入运用自如的艺术境地。(袁玉璋)

3．技能训练

情境描述：

一天下午，我刚要下班，一位老师冲进办公室对我说："我刚从传达室来，听说你们班李媛在今天就收到70多封信，全校都轰动了，你可得好好管管呀！"顿时，办公室里沸腾起来，老师们议论纷纷。有的说："这还了得，刚升入高中三个月就来了这么多信，真是个交际花。"有的说："这些学生精力过剩，社会交往过多，这样下去要影响学习。"还有的说："请家长，让家长管住她，免得惹事生非。"听到同事们的议论我虽感到焦虑，但更感到欣慰。大家都关心学生的成长，对德育工作全员参与负责是我们这个有百年历史的市重点中学的优良传统。看来，大家没有忘记这个老传统。我向大家微笑着表达了我内心的谢意，并说："我一定好好处理这件事。"此时，我也和老师们一样，有些疑虑和着急。

李媛同学是由普通中学考入我们海河中学的。人很聪明，也很遵守纪律，尊敬老师，团结同学，学习也好，期中考试进入了前五名，家境也不错，父母亲都是纯朴的工人。这样一个好学生，一天就收到这些信，必有缘由。我暗暗地想：不能轻率地处理这件事，要了解一下情况。

回家的路上，我特意约了一位男同学同行，我问他知道不知道李媛来信的事。他说："何止 70 多封，这两天一共收到百多封信了。"我又问："这样的事，怎么没人告诉老师呢？"他说："您说有必要向老师汇报吗？"我反问："你说呢？"他说："没必要，一、同学来信是学生的自由，不必大惊小怪。二、告诉老师，老师又该瞎猜疑了。"我默默地点点头。我向他征询："如果你是老师你该怎么办？"他十分干脆地说："不管。"我没有再说话。一路上，我在沉思，沉思……

4. 训练要求

(1) 如果你是这位班主任，你将通过何种方式了解学生并处理此事，请设计一套方案。

(2) 理念先进，不墨守成规，符合学生的心理需求。

第四章
德育与技能训练

著名心理学家林崇德教授说："德育为一切教育之本，是教育内容的生命所在，德育工作是整个教育工作的基础。""诸育只有以德为首，才能应运而生，才会有其价值。德是米粒中的胚芽，果核中的仁，也就是生机。"学校德育是培养青少年学生的奠基工程，关系到一个国家未来的精神面貌，关系到21世纪中国战略目标的实现。

德育是学校对青少年学生进行政治教育、思想教育和品德教育的总称，是学校教育的重要组成部分。德育既包含着人类社会文明进步对教育培养人的素质的普遍要求，更贯穿着一定社会制度的国家对培养人的思想政治等方面的某些特殊要求。后者体现了不同社会制度国家之间教育性质的本质区别。以社会主义思想道德为核心并具有中华民族自己的风范，是我国德育工作的中国特色。教育规律表明，教育应当使青少年学生德、智、体诸方面得到发展，缺一不可。由于德是青少年个性发展的主导因素，并对智、体等方面的发展以及学校的多方面工作有重要的推动和保证作用，所以更不能轻视。学校是整个社会的一个部分。教育的任务是为社会发展培养和输送新生力量，因此学校德育与整个社会的精神文明乃至物质文明建设都有十分密切的关系。学校德育优化着小环境，也会对整个社会大环境产生积极的影响。同时，德育作为培养和发展受教育者的思想品德的教育活动，不仅具有促进学生个体品德发展的功能，而且具有促进个体智能发展的功能；不仅具有发展个性的功能，而且具有社会性的功能。通过德育把党和国家对学生在政治、思想和道德素质方面的要求，转化为学生内在的个体品德。因此，学校德育工作的好坏，直接关系到能否把学生培养成为有理想、有道德、有文化、有纪律的新一代，关系到社会主义事业的成败，关系到国家和民族的兴衰，必须努力抓好。

●第一节 德育的任务和目标

德育的任务是指通过学校德育使学生在思想品德、道德素质方面应达到的目的要求。德育的目标则是实现德育任务的阶段性培养要求或规格。

一、德育的根本任务

中共中央、国务院颁发的《中国教育改革和发展纲要》中规定："用马列主义、毛泽东思想和建设中国特色社会主义理论教育学生，把坚定正确的政治方向摆在首位，培养有理想、有道德、有文化、有纪律的社会主义新人是学校德育即思想政治和品德教育的根本任务。"在这个规定中，首先，明确了用什么思想教育学生的问题，这是德育的根本性问题。坚持用马列主义、毛泽东思想和建设中国特色社会主义理论教育青少年学生，是社会主义学校的一个根本任务，是学校社会主义性质的一个根本标志。其次，把坚定正确的政治方向放在首位，体现了学校诸育中德育为首的问题。政治教育是统帅，思想教育是灵魂，品德教育是基础。只有把坚定正确的政治方向放在首位，才能保证学生向正确的方向发展，才能确保建设中国特色社会主义事业的顺利进行。规定的最后指出了要把学生培养成为有理想、有道德、有文化、有纪律的社会主义新人，这正是我国教育目的所在。有理想、有道德概括了受教育者在政治方向、思想观念、道德品质、行为习惯等方面的基本要求；有文化是对受教育者在科学文化和专业基础知识方面的要求；有纪律是对受教育者民主与法制观念方面的要求。

二、德育目标

德育目标是德育工作的核心。德育内容的确定、德育途径方法的选择、学生品德的评定以及德育工作的领导和管理，都要致力于德育目标的实现。

1. 小学德育目标

培养学生初步具有爱祖国、爱人民、爱劳动、爱科学、爱社会主义的思想感情和良好品德；遵守社会主义公德的意识和文明行为习惯；良好的意志、品格和活泼开朗的性格；自己管理自己、帮助别人、为集体服务和辨别是非的能力，使他们成为有理想、有道德、有文化、有纪律的社会主义公民。

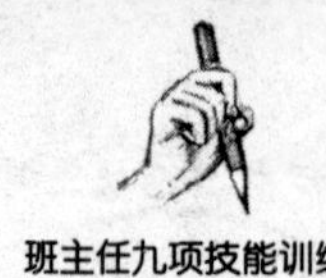

2. 中学德育目标

中学德育目标包括思想、政治、道德品质、个性心理素质和能力等方面。通过中学阶段的教育，使学生达到以下目标：热爱祖国、拥护党在社会主义初级阶段的基本路线；初步树立为人民服务的思想和为实现社会主义现代化而奋斗的志向；具有良好的道德品质和文明行为；具有诚实正直、自尊自强、勤劳勇敢、开拓进取等品质和一定的道德判断能力及自我教育能力。成为有理想、有道德、有文化、有纪律的社会主义公民。

第二节 德育的内容与原则

一、德育的内容

德育内容是指用什么样的政治思想观念及思想体系、道德规范来教育学生，它是进行德育的依据，实现德育的保证。与德育目标相适应，学校德育的内容必须遵循青少年学生思想品德形成的规律和社会发展的要求。

《中国教育改革和发展纲要》明确指出："对广大青少年要加强党的基本路线教育，爱国主义、集体主义和社会主义思想教育，近代史、现代史教育和国情教育，引导学生运用马克思主义立场、观点、方法认识现实问题，走与工农结合、与实践结合的成长道路，促进学生逐步树立科学的世界观和为人民服务的人生观，增强抵制资产阶级自由化和一切剥削阶级腐朽思想的能力，坚定建设中国特色社会主义的信念。要重视对学生进行中国优秀文化传统教育。对中小学生还要注重进行文明行为的养成教育。"班主任要以《纲要》为指针，组织和开展各种教育活动。

1. 爱国主义教育

中华民族是富有爱国主义光荣传统的伟大民族。爱国主义历来是动员和鼓舞中国人民团结奋斗的一面旗帜，是推动我国社会主义历史前进的巨大力量，是全国各族人民共同的精神支柱。党和国家历来重视爱国主义教育，并把建设中国特色社会主义作为新时期爱国主义的主题。邓小平同志指出："中国人民有自己的民族自尊心和自豪感，以热爱祖国，贡献全部力量建设社会主义祖国为最大光荣，以损害社会主义祖国利益、尊严和荣誉为最大耻辱。"这是对我国现阶段爱国主义特征的最精辟的概括。

对学生进行爱国主义教育，就是要培养学生热爱祖国的情感、随时为祖国利益奉献一切的牺牲精神。

爱国主义教育的内容十分广泛，概括起来有：

（1）国家观念教育。使每一个学生都懂得自己是祖国的一分子，是国家的主人。培养他们的国家意识、公民意识，增强主人翁责任感。把个人命运与国家的命运连在一起，与一切损害国家利益的现象作斗争。

（2）悠久历史和优秀传统文化教育。爱国主义精神是在中华民族漫长的历史进程中产生和发展起来的。通过中国近代史、现代史的教育，使学生了解中华民族自强不息、百折不挠的发展历程，了解我国各族人民对人类文明的卓越贡献，了解我国历史上的重大事件和著名人物，了解中国人民反对外来侵略和压迫，反抗腐朽统治，争取民族独立和解放，前仆后继，浴血奋斗的崇高精神和光辉业绩。通过优秀传统文化教育，使学生了解中华民族在创造灿烂中华文明过程中形成的传统文化以及对世界科学文化所做出的贡献，培养和激发学生的民族自豪感及民族自尊心。

（3）社会主义现代化建设成就教育。社会主义建设成就，特别是十一届三中全会以来，改革开放和现代化建设的巨大成就与成功经验，是进行爱国主义教育最生动、最现实的教材。通过教育，使学生更加热爱伟大祖国。

（4）中国国情教育。国情是指一个国家在历史发展过程中所形成的社会条件和生存条件的总和。它包括这个国家的地理状况、自然资源、民族构成、宗教信仰、人口因素、历史发展、社会制度、政治制度、经济制度、文化背景、国民素质和国际关系等方面的基本状况。进行国情教育就是要使学生了解我国的政治、经济以及社会、文化、人口、资源、环境等方面的历史和现状，了解我国现代化建设的目标、步骤和宏伟前景，树立竞争意识、环境意识，增强使命感和社会责任感。

2. 社会主义民主与法制教育

社会主义民主与法制观念是公民意识的重要组成部分，是公民必须具备的政治素质。对学生进行民主与法制教育，就是用社会主义民主与法制的基本知识教育学生，使他们增强民主意识，强化法制观念，履行公民的权利和义务，养成遵纪守法的行为习惯。社会主义民主与法制教育的主要内容有：公民基本权利和义务教育；民主与法制观念教育以及刑法、宪法、青少年保护法等法律知识教育。

3. 社会主义道德和日常行为规范教育

社会主义道德和日常行为规范教育，是以社会主义和共产主义的行为规范和准

则教育学生，促进他们的道德认识、情感、意志和行为习惯的形成与发展。在道德教育方面，主要侧重于道德素质、道德规范和道德评价能力的培养。道德素质包括自尊心、仁爱心、同情心、羞耻心、是非感、荣誉感、责任感等。在基本道德规范方面，要教育学生孝敬父母、尊敬师长、团结同学、尊敬他人、遵守公德、诚实公正、拾金不昧、见义勇为、严于律己、宽以待人等。21世纪人类社会竞争将会更加激烈，教育学生增强竞争意识、交往意识和协作意识，是思想教育中的一项重要任务。基本道德能力包括辨别是非的能力、道德判断能力和自我修养能力。

4. 理想教育

理想是指在正确思想指导下，把对未来事物的想象和希望，作为自己追求和不断努力的目标。理想是学生奋发向上的动力，是他们世界观、人生观的起点。对学生进行理想教育，是班主任调动学生积极性、引导他们积极向上的手段，也是学生自身成长的必要条件。社会主义理想教育的主要内容包括：为四化勤奋学习的教育，引导学生把今天的学习和将来参加现代化建设结合起来；为实现中国社会主义现代化奋斗目标立志成才的教育；正确对待升学与就业的教育等。

5. 集体主义教育

个人与集体就好比鱼和水，离开集体，一个人就不能很好地成长。如何对待和处理个人与集体的关系，历来是道德的基本问题。我们对学生进行集体主义教育，就是要培养学生的集体主义观念，培养他们关心集体、热爱集体、助人为乐的精神，使他们在学习和生活中处理好个人与集体的关系。具体地说包括以下教育内容：关心热爱班集体，主动承担班级工作，自觉维护班级荣誉，能与危害班集体的行为作斗争；正确处理个人与集体的关系，在个人利益与集体利益发生冲突或矛盾时，要以个人利益服从集体、社会的利益；要与同学和睦相处、团结友爱、互相帮助，划清友情与江湖义气之间的界线。

6. 劳动教育

劳动创造了人类的物质财富和精神财富，促进了人类社会的发展与进步，没有劳动就没有人类社会。劳动教育，就是要让学生树立正确的劳动观念和劳动态度，热爱劳动和劳动人民，养成爱劳动的习惯。在当今社会，对学生进行劳动教育具有特别重要的意义。劳动教育的主要内容有：尊敬和热爱劳动人民的教育；劳动光荣、不劳而获可耻的教育；热爱劳动和良好劳动习惯的养成教育；珍惜劳动成果的教育等。人类社会的发展与进步，使人们的生活条件有了极大的改善，许多学生特别是独生子女，劳动观念淡薄，不能吃苦耐劳，所以教育形势十分严峻。如何对他们进行教育是摆在每位班主任面前的一个重要课题。

二、德育的原则

1. 知行统一原则

知行统一是社会主义学校培养人才的基本要求。知，是指学生对是非、善恶、美丑、荣辱的基本认识与评价。俄国著名教育家车尔尼雪夫斯基曾指出：要使人成为真正有教养的人，必须具备三个品质，即渊博的知识、思维的习惯和高尚的情操。可见，知识不多即为愚昧，不良习惯思维可视为粗暴或蠢笨，没有高尚的情操则是卑俗。行，就是指行为，是指人们在一定思想认识、情感、信念、意志支配下所采取的行动。班主任工作的一个重要内容就是为了提高学生的思想觉悟，形成正确的道德观念，养成良好的作风与行为习惯。

知与行是一个辩证统一的过程，二者相互联系，相互作用。知是行的基础，行是知的结果。知行统一原则反映了班主任工作过程就是培养学生知、情、意、行转化的过程这一客观规律。

贯彻这一原则，第一，班主任要为学生做出言行统一的榜样、示范。车尔尼雪夫斯基曾说过："教师把学生造就成一种什么人，自己就应当是这种人。"人民教育家陶行知也曾说过："凡希望学生去实践的，我自己一定实践；凡劝诫学生不要做的，我自己一定不做。"这都说明了班主任榜样、示范作用的重要性。作为班主任必须时刻注意自己的言与行的统一，知与行的统一。哪里存在说的是一套而行的是另一套，哪里就会培养出一批伪君子、卑鄙小人和背弃信念的人。第二，班主任要加强基本理论教育。通过社会科学理论、自然科学理论，特别是马列主义毛泽东思想以及邓小平理论的教育，指导学生学会运用马克思主义的立场、观点和方法分析、解决思想上存在的各种实际问题。并应注重引导学生自己提出问题，思考问题，分析问题，解决问题，从而培养学生理论联系实际的良好学风。第三，班主任要有计划、有组织地组织学生参加各种实践活动。班主任要经常引导学生参加各种各样的社会实践活动，并时刻提醒他们注意从我做起，从现在做起，从点滴小事做起。在实践中锻炼自己，达到知与行的统一。

2. 严慈相济原则

严慈相济原则是指班主任应把尊重热爱学生与严格要求学生有机结合起来，使其相互作用，严出于爱，爱寓于严，从而使学生不断获得进步的动力。严慈相济原则是我国社会主义教育目的和教育性质的要求。没有慈爱就没有教育，没有严格要求同样也不会有成功的教育。这一原则既体现了班主任对党和人民、对学生高度的负责精神，又体现了社会主义人与人之间的民主、平等、团结、友爱的新型师生关系。

严格要求与慈爱之心是对立统一的，爱表明了教师对学生的态度，严则表明了教师对学生的要求。严在当严处，爱在细微中。严爱相济，对学生是一种积极的鼓舞力量，对班主任来说是建立起自身威信的重要途径。

在对学生进行德育时，班主任首先要尊重学生人格，相信学生的自我教育能力，并在班级管理工作中形成民主、平等、尊师爱生的师生关系。只有班主任尊重学生人格和主体地位，热爱学生，师生之间才能有效沟通，班主任才能全面地了解学生的内心世界，也只有学生感受到班主任是自己的良师益友时，学生才愿意向班主任吐露内心的秘密，从而使班主任真正摸准学生的思想脉搏，使德育工作更具有针对性和实效性。其次，要敢于或善于严格要求学生。班主任在尊重学生人格，充分信任学生的基础上，还应善于提出规范学生行为的各种严格要求。如：《小学生守则》、《中学生守则》等等，是国家颁布的规范学生各种行为的总要求。班主任必须认真贯彻、认真落实。此外，还应根据自己的实际情况制定一些较为具体的学生行为准则和规章制度等等。

总之，班主任对待自己的学生，既要严格要求，又要注意分寸；既不要宽容迁就，不痛不痒，也不要简单粗暴，必须掌握适度原则。使班主任的每一句话，每一个表情，每一个教育要求与措施都会激发学生的自尊心和上进心，从而使学生脚踏实地，一个台阶、一个台阶地发展起来。

3．集体教育与个别教育相结合原则

集体教育与个别教育相结合原则，是指班主任在德育工作中，既要通过集体的力量教育个别学生，又要通过对个别学生的个别教育，影响全班学生。

班集体是由许多人组成的，而组成班集体的每个学生由于家庭环境、社会影响、个人生活道路的自我努力方向与努力程度的不同，存在着个别差异，具有各自不同的性格、气质、兴趣与爱好等等，这就要求班主任必须在抓集体教育的同时，针对每个学生的不同特点及个性，做好深入细致的教育管理工作。要通过集体教育影响个别学生，又要通过个别学生的教育转化工作来影响教育集体，这就是集体教育与个别教育的辩证统一关系。

4．教育影响一致性和连贯性原则

教育影响一致性和连贯性原则，是指班主任在教育学生的过程中，主动协调教师、家长、学校与社会及其他教育力量，使学生按照教育方针和培养目标，统一行动，并前后连贯地去发展。

青少年的思想政治素质、思想道德品质等是在社会政治、经济、思想、文化以及家庭与学校教育等各个方面的综合影响下形成的。只有各种教育影响协调一致，形成一个巨大的合力，才能保证青少年一代的健康成长。而且，学生思想品德与政治素质的形成，又是一个长期的、经历许多发展阶段的过程。尽管各个阶段的教育内容、要求有别，但在总体上必须有个通盘的设计，各阶段的教育应当相互衔接、始终一贯，从而使学生形成稳定的思想品德素养和良好的行为习惯。

要做到教育影响的一致，第一，要确保班主任教育与其他科任教师教育影响的一致性，班级教育与学校各方面教育力量影响的协调一致性。民间有一句谚语说得好："不怕巨浪再高，只怕划桨不一。"不管学生思想多么复杂，不管学生的行为有多大的偏差，只要班主任善于协调校内各种教育力量，就一定能取得良好的教育效果。所以，班主任要经常与科任教师沟通，使他们提出与班级相一致的教育要求。第二，要确保学校教育与家长、社会教育影响的一致性与连贯性。班主任是联系学生与学生家长，联结学校与社会的必不可少的桥梁与纽带，正因为有班主任这种桥梁与纽带的协调作用，才使得学校、家庭、社会逐步形成三结合的教育网络。并确保这一教育网络的教育目标保持一致，从而齐心协力地始终朝着一个目标努力，确保整个教育过程的一致性与连贯性。为此，班主任要经常联系家长，介绍并共同分析学生情况，共同做好德育工作。第三，要确保班主任教育要求的一致性。对学生进行德育是一项系统工程，必须有计划、有目的、分时段进行。绝对不能违背学生成长规律，更不能朝令夕改，让学生无所适从。

5．正面教育、启发疏导原则

正面教育、启发疏导原则就是坚持正面传授知识，讲清道理，启发学生正确识别真、善、美与假、恶、丑，积极引导学生自觉调控自己的思想、言论和行动。

正面教育、启发疏导原则，符合人们思想发展的客观规律，符合青少年学生的身心发展特点。人们的思想只有在民主、生动活泼的气氛中才能得到充分的发展，才能产生独到见解，一潭死水只能使人墨守成规。青少年学生思想活跃，容易接受新生事物，而且其判断力、分析问题的能力还不是很高，他们对事物的理解往往容易产生表面化和片面性，看问题会偏激，好走极端，容易绝对化。这就需要教师特别是班主任加强正面教育，进行启发疏导或积极引导，从而克服其独立思考中的表面性与片面性。

贯彻这一原则，要求班主任：第一，树立正确的学生观，全面了解学生，坚持一分为二，既要看到学生的优点，也要看到学生的缺点，特别要善于挖掘后进生的闪光点，要扬长避短。如：某校有个学生在弹吉它，另一学生也想弹，没有借到吉它时顺口说了句脏话，于是，两人动手打起来，并扭着找到班主任评理。而班主任得知后，是这样说的："看到你俩的进步，我很高兴。"这句话说得两个学生莫名其妙，并开始注意听班主任老师的分析："你们俩都是为了弹吉它，愿望是好的；动起手来，但没有狠狠地打下去，这说明以往解决问题的手段又占了上风，但很快又被压下去了；找老师，这是了不起的进步，说明心中有老师。若以前，你俩非打出个输赢不可。"两个学生听了很感动，再不需要老师评是非了。这位班主任老师灵活地运用了发扬积极因素，克服消极因素，坚持正面教育的原则和启发疏导的原则，采用说理教育的方法，既解决了矛盾，又使学生看到了自己的进步，同时也进一步认识了自己的不足，从而确立今后的努力目标。第二，善于引导启发学生，使学生正确认识自己，善于自我教育。通过耐心细致的正面教育，通过摆事实、讲道理，教给学生分析、思考问题的正确观点和方法，使学生心悦诚服地接受教育。

6．全员激励、表扬为主原则

全员激励、表扬为主原则，是指班主任用鼓励和表扬的方法，激励全体成员，调动全体学生的自觉性与主动性，充分发挥全班学生的智力和体力潜能，从而更好地完成班级工作任务。

激励就是激发学生的行为动机，激励学生自主参与班级工作的热情，通过鼓励与表扬使其行为保持积极状态。全员激励就是要求在各种学习、活动过程中全班学生包括后进生都能以积极的态度投入，而不只是少数学习成绩优秀生或几个班干部被激励。

贯彻这一原则，需要班主任注意做到：第一，公正对待每位班级成员。使班级干部和一般学生、男生与女生、优等生与差等生都能得到成功的机会、成功的体验。第二，善于挖掘学生闪光点，并给予及时鼓励与表扬。每个学生都非常渴望得到教师的鼓励与表扬，所以，教师特别是班主任教师应特别注意挖掘每个学生的闪光点，哪怕是一点小小的进步也不要放过，并要给予及时的表扬与鼓励，使他们感受到教师的关注与期望，从而增强其自信心，鼓起上进的勇气。第三，善于用班级共同目标激励所有成员，为最终实现班级总目标而不断努力。

表扬为主就是要用多赏识少批评的方式教育学生。人性中最本质的需求就是渴望得到别人的尊重和欣赏，就精神生命而言，每个学生仿佛都是为了得到赏识而来到人间的。班主任一定不要吝惜自己的赞美语言，因为它是教育中最奏效、最受学生喜欢的教育方式。

中央电视台有一句广告语："好孩子是夸出来的"，事实也是如此。周弘先生运用赏识教育把一个又聋又哑的女儿周婷婷培养成人成才的故事，是赏识教育成功的案例。周婷婷一岁多因为一次医疗事故变成了聋哑人。爸爸经常鼓励她，每当女儿有一点点进步或取得一点点成绩时，爸爸就伸出拇指夸奖她：女儿你真棒！女儿你真了不起！女儿你太伟大了……在爸爸的鼓励和赏识中，她八岁能背诵圆周率小数点后一千位数字，打破了当时的吉尼斯世界纪录；十岁被评为"全国十佳少年"；十六岁考入辽宁师范大学，成为中国第一位少年聋人大学生；十七岁被评为"全国自强模范"；二十岁进入世界著名的聋人大学读研究生；2002 年，被评为《中国妇女》杂志首届海内外十大时代人物；2003 年，获台湾第六届全球热爱生命奖。

著名的英语口语教育家李阳先生说："因为没有赏识，我的一生充满自卑。因为自卑，我的成功变得艰辛、痛苦而漫长！因为自卑，我的潜能被深深埋葬，可能一生都挖掘不出来！如果以前就有赏识教育，我的成功应该更早、更大、更完美！"

班主任面对的是一个个鲜活的生命，只有赏识才能让生命和谐成长。

7．自主参与与纪律约束相结合的原则

自主参与与纪律约束相结合的原则，是指不仅尊重学生的主体性，发挥班级集体成员的积极性、主动性，以主人翁的态度，积极主动地参与班集体的建设和管理，还应加强纪律约束，防止产生无政府主义或自由主义。

自主参与有利于形成良好的集体心理气氛。它会改变班主任把学生当作消极、被动的教育客体的作法，承认学生的主体性，充分发挥学生参与班级建设与管理的主动性、创造性。实行参与管理有利于增强学生的民主意识，改变以往班级工作可能由班主任一个人说了算或由几位学生干部说了算的状况，使学生学会过民主生活，提高学生对集体的信赖感，从而增强其对集体的热爱，由认识上的认同发展到情感上的交融。

纪律约束则有利于学生规范自己的不良行为举止，使学生从小养成遵纪守法，遵守校规、班规的良好习惯。这同样有助于全班同学的步调一致。

贯彻这一原则，班主任要做到：第一，要使每个学生在集体中拥有自己的位置，有为集体服务的岗位。第二，要正确处理民主与集中、个人与集体的关系。个人要积极参与集体决策，但又要善于服从集体的意志，自觉遵守集体的纪律。第三，要把自主参与同受纪律约束结合起来。主体行为既要反映个人需要，又要符合集体规范，每个学生都应自觉接受“守则”、“规范”、“规章”、“公约”的约束。第四，要正确处理自主性与指导性的关系。需要学生有参与班级管理的自主性，但这一自主必须有班主任的指导，自主参与不是自发性、自流性的行为，而是有指导的自主参与，有一定约束的自主参与。只有这样，才能保证学生参与班级管理活动的正确方向性和有效性。

●第三节　德育的途径和方法

一、德育的途径

德育途径是指学校为了向青少年学生施加教育影响而组织的不同形式的活动和工作。德育途径是德育活动的载体。在学校，德育除了思想政治课、学科教学、家庭和社区教育外，更多的、更主要的、更经常的途径是班级活动。班主任通过班级活动对学生进行德育，帮助他们树立正确的人生观、价值观，使他们养成良好的行为习惯，树立远大理想和抱负。同时，一个班级学生思想、政治、道德和精神等面貌的好坏，也标志着班主任的德育水平，是衡量班主任工作好坏的“晴雨表”。

1．思想政治课教育

思想政治课是学校对学生进行马列主义基本常识教育和有关科学知识教育的重要课程。班主任要积极配合思想政治课教师，教育学生上好思想政治课。通过理论学习提高学生的思想道德和政治素养，形成正确的人生观和价值取向。

2．学科教学渗透

通过学科教学对学生进行政治思想和道德品质教育，是学校德育的一个重要渠道。朱小蔓教授对此作了一个形象的比喻，德育是盐，不能单独给人吃，必须溶解在各种食物当中。学校中的“食物”就是课堂教学和各种活动，把德育渗透其中才能收到事半功倍的效果。班主任要依托班级科任教师，做好学生的思想教育工作。要经常与科任教师沟通，了解学生出现的新问题，共同商量教育策略，共同教育学生。

3. 班级活动

对学生进行德育最主要的途径是班主任工作。1988年国家教委颁发的《中学德育大纲（试行稿）》中明确指出：班级是进行德育的基层单位。班主任是进行日常思想品德教育和指导学生健康成长的重要责任人。人的成长离不开教育者与受教育者在一定条件下（时间、场所）所进行的各种活动。学生除了教学活动外，班级活动如：主题班会、各种竞赛、科技小组、文体活动、兴趣小组等，是他们学习生活中最重要的活动。丰富多彩的班级活动，能扩大学生的视野，帮助他们树立正确的道德观念，提高他们的认知水平，使他们在活动中受到熏陶，得到锻炼。

4. 团队活动

共青团、少先队是学生中的先进组织，是学校德育工作中的一支最有生气的力量。班主任作为团队工作的指导者，要根据班级学生思想状况和存在的问题，指导他们有计划地开展各种形式的教育活动，认真协调好班委会与团队组织的关系，帮助他们做好班级同学的思想教育工作。

5. 社会实践和生产劳动

全国优秀班主任李镇西老师认为，德育应该是生活教育，把德育贯穿于学生的生活全过程，把德育扩展到人生、社会与自然，把德育视为一种实践活动，让孩子去体验。生产劳动和社会实践就是一种实践活动，它是提高民族素质不可缺少的重要途径。学生劳动观的培养，劳动习惯的养成，只有通过劳动实践才能逐步实现。班主任可以通过组织学生开展自我服务性劳动，例如：在家里帮助家长进行家务劳动，在学校做好各种值日和大扫除、学校义务劳动和美化环境等，通过劳动锻炼学生的自我服务意识和能力。也可以组织学生参加社会公益劳动，例如：帮助军烈属、孤寡老人、病残人打扫卫生，为公共场所整理环境，参加义务植树、种花种草活动等。让学生在活动中磨练意志，陶冶情操，受到锻炼。

社会实践活动是班级到校外开展的教育活动。为了充分利用社会教育资源，班主任可以组织学生到工厂、农村、机关、部队、重点项目建设工地、纪念馆、博物馆以及著名的文物古迹进行参观、考察、学习；也可以走访先进模范人物，或请他们做专题报告；还可以利用寒暑假开展社会调查活动。通过多种形式对学生进行爱国主义和思想品德教育。

6. 家庭教育

学生每天大约有1/2的时间是在家里度过的。家庭与学生的成长有着非常密切的

关系。一个孩子从小在父母身边生活，家长的道德观念、行为习惯、为人处事方式无一不在影响着孩子，有时候这种影响力让学校教育都感到鞭长莫及。班主任一定要提高对家庭教育重要性的认识，充分利用家庭教育资源的优势，通过家访、家长会、家长学校、家信、电话等方式与学生家长沟通。了解学生在家表现及存在的问题，了解家长教育过程中遇到的困难及成功经验，了解家长对学校及班主任的要求，与学生家长建立经常性联系，共同商量教育对策和方法。

二、德育方法

思想品德教育的方法是指为了完成德育任务和实施德育内容所采用的具体手段。有了好的教育内容，必须有好方法才能达到有效的教育目的。一切形式都源于内容，班主任应根据教育内容和学生特点，灵活地运用德育方法。切记：成功的德育工作是入情、入理、入耳、入心的，是显性教育和隐性教育相结合的，是告诉学生应该怎样做和创造情感氛围条件以使学生不好意思不这样做。

班主任对学生进行德育，是在师生共同活动中实现的。一方面，班主任通过言传身教、说服教育、惩罚和表扬等影响教育学生；另一方面，班主任为学生创造良好的教育条件和环境，用环境的积极因素来教育和影响学生。由于德育的内容不同，德育的方法亦不同。目前大多数班主任采用的德育方法大致有以下几种。

1．说服教育法

说服教育法是指通过摆事实、讲道理的方式教育学生，使学生提高思想认识，形成正确的观点和思想。说服教育法在德育方法体系中是运用最广泛、最经常的一种基本方法。

（1）讲解法。班主任通过向学生讲解马克思主义基本原理，社会主义道德规范，说明某项规章制度和行为要求，对学生进行德育。讲解法最适合对全班同学的普遍教育。

（2）谈话法。当个别学生出现思想问题或有心理障碍的时候，当有的学生犯了错误的时候，班主任通常采用个别教育的方法——谈话。谈话可以沟通情感、交流思想；可以有针对性地对学生进行教育；可以保护学生的自尊心不受伤害。现代人讲究沟通，谈话也起到了增进师生感情的作用。

（3）讨论法。当学生对某些社会或道德问题有看法，对学校或班级的一些问题有不同见解，特别是产生了严重分歧和对立的看法时，常采用辩论或讨论的方法，以求问题的解决。

（4）报告或讲座法。当班级出现一些带有普遍性的问题需要解决时，班主任可以通过报告会、演讲会的形式，统一全班的认识和思想。

（5）参观体验法。这是一种用事实说服教育学生的方法。班主任可以组织学生参观各类博物馆、纪念馆、烈士陵园，对学生进行革命传统教育；参观重大建设工程、城乡先进单位，进行社会主义建设成就教育；游览自然风光、文物古迹、名胜景点进行爱国主义教育。

2．榜样示范法

榜样示范法是以他人的模范行为作为榜样，影响学生的思想、情感和行为的一种德育方法。人们常说，榜样的力量是无穷的。榜样可以为学生提供思想、言行规范要求的物化模式，它对学生的思想和行为具有激励、调节和矫正作用，具有生动、直观、鲜明的特点。作为青少年学习的榜样，有老一辈无产阶级革命家、革命先烈、英雄人物；有著名的科学家和优秀分子；有自己身边的同学、老师和家长。班主任可以根据教育内容，选择不同的榜样示范，以提高教育的针对性。

3．情感陶冶法

情感陶冶法是通过创设良好的情境，对学生进行潜移默化、耳濡目染地熏陶、感化的一种方法。情感陶冶不同于说教，也不同于谈话，既没有明确的教育要求，也没有强制的教育措施。它是通过将自身置于充满爱的气氛和富有色彩的情境之中，自然而然地受到感染和熏陶。

情感陶冶的主要方法有：

（1）班主任的人格感化。教育是以人格塑造人格的事业。班主任以自己高尚的品德和人格，以自己对学生无私的爱和深切的希望感化学生。这是最有效的感化方法。班主任对学生真诚、无私的爱和对学生的关怀、尊重、理解和信任，是班主任教育学生的感情基础，学生一旦体会到这种感情，就会亲其师，从而信其道。

（2）环境陶冶法。学生的健康成长离不开周围的环境。良好的周边环境可以陶冶学生良好的品德。树立良好的班风班貌，美化室内外的教育环境，可以净化学生心灵、陶冶学生的情操，从而达到德育的目的。

（3）艺术陶冶法。通过组织各种艺术活动对学生进行情感陶冶，例如，组织诗歌朗诵会，音乐会，美术作品展，观看电影、电视节目，让学生受到艺术的熏陶和感染，进而引起情感共鸣。

4．实践锻炼法

实践锻炼法是班主任根据德育任务精心组织各种实践活动，有目的、有计划地训练学生优良品德和行为习惯的一种德育方法。学生优良品德的形成，特别是良好行为习惯的形成，不是说教所能奏效的。现在有些学生言行不一，嘴上说的一样，实际做的却是另一样，道德品德较差。实践锻炼很好地解决了知行结合，言行一致的问题。通过实践锻炼，有助于学生良好行为习惯的养成，更有助于培养学生高尚的道德情感、坚定的信念和顽强的意志。

班主任通过组织各种公益活动、劳动，让学生接受锻炼，提高品德修养；通过班级规章制度的制定，培养学生的组织性、纪律性、顽强意志和严格要求自己的好习惯。

5．自我教育法

自我教育法是指学生自己教育自己，以形成社会所要求的思想品德的德育方法。学生思想品德的培养，需要一定的外部教育环境，但是外因必须通过内因而起作用。要形成良好的思想品质，学生必须加强自我修养，通过内省实现个人修养的目的。自我教育的方法很多，例如，通过学习提高自己的思想觉悟和理论修养；在学习和生活中，吸取精神养料，增强个人修养的信心和决心，培养个人修养的能力和习惯。

6．奖励与惩罚

奖励是班主任对学生已经形成的或正在形成的优良品德或品德方面已经取得的进步和成绩的肯定的评价，用以巩固和发扬他们的优良行为，与惩罚相对。奖励可以使学生得到精神上的满足，得到愉快的心理体验，可以激发学生的自信心、自豪感和进取心，并对自己提出更高的要求。奖励的方式有：口头表扬、发给奖品、通报表扬、授予光荣称号等。

惩罚是班主任对学生个体或集体的不良品德行为做出的否定的评价，用以克服和改正他们的不良品行的一种教育方式。惩罚是学校德育的辅助方法之一。合理、适时的惩罚，有助于学生改正错误，维护校规校纪，也有助于巩固集体组织、维护集体利益和集体荣誉。惩罚的方式有：警告、记过等。班主任在运用惩罚手段时，一定要注意方法，在尊重学生人格的前提下，做好教育工作。

7．操行评价

操行评价是对学生思想、行为做出判断，予以褒贬，以激励上进，预防和克服不良思想品行的教育方式。班主任通过对学生进行操行评价，找出他们的优点和长处，发现他们的缺点和不足，并以学生乐于接受的方式做出公正的评价，使学生深刻地认识自我，更好地发扬成绩，纠正错误，弥补不足，找到进步的方向。

操行评价是对学生进行德育的行之有效的途径。班主任一定要在全面了解学生的前提下，对学生进行公正、客观、实事求是的评价。

三、技能训练

1. 提供范例

范例：4—1《培养孩子创造美好世界的能力（柳斌）》

目前，在学校、家庭、社会，人们对孩子的教育方面存在着较大的问题，那就是“对教育孩子如何做人”重视不够。眼下一部分人先富裕起来了，社会上独生子女多了，大家都很关心子女的教育问题，很关心少年儿童的成长，都想给孩子创造一个美好的世界。应该说，这种观点既是普遍的，又是不完全正确的。人类历史的发展过程告诉我们，唯一正确的选择，不是创造好一个完美的世界去交给孩子，而是要培养孩子具备创造美好世界的能力。

要培养孩子自己去创造美好世界，在教育方面首先要解决什么问题？我认为这个方面也存在比较大的片面性。在基础教育阶段，要求孩子们“学会做人，学会求职，学会办事，学会健体”，即德、智、体、美全面发展。要求孩子四个“学会”，那么学校、家庭、社会作为对孩子施加影响的方面，就应教会孩子做人、求职、办事、健体。然而，现在比较普遍的现象是在“教会求职”上下的功夫比较大，舆论也很强烈，形成了一个普遍存在于中小学的“应试”教育。应试教育的原因比较复杂，有就业渠道问题，有考试制度问题。目前从重点高校到普通院校，都是一张卷子定终身，这是应试教育长期不能解决的原因，但其中很重要的一个原因是教育观念、教育思想没有很好的转变。比如，各种复习资料泛滥，中小学生学习负担过重，各种广告鼓吹早期智力开发。我们不是不要早期智力开发，但这种舆论的片面导向有可能把我们的孩子引上不正确的道路，会出现教育的误区。

在宣传早期智力开发的同时，我们要更多地强调早期思想、品德、意志、情操方面的培养和教育。在教育孩子们怎样做人方面，要有更强大的舆论，要更有紧迫感。因为做人是成才的基础，只有首先成为一个合格的公

民，才可能在其他方面有所贡献。在做人方面，毛泽东同志在《纪念白求恩》一文中提出，要做“一个高尚的人，一个纯粹的人，一个有道德的人，一个脱离了低级趣味的人，一个有益于人民的人”，这是比较高的要求。我们对孩子的要求应更实际一些。针对当前少年儿童存在的问题，我们应更多地强调以下几方面：教育孩子做一个能够关心他人的人，一个能承受困难与挫折、勇于进取的人，一个严于律己、宽于待人的人，一个遵纪守法的人，一个艰苦奋斗、勤俭节约的人，一个堂堂正正、有一颗中国心的人。

我针对性地提出这些问题，是为了让我们的教师、家长和思想教育工作者在这些方面产生共识。我非常赞同《人民日报》范敬宜总编提出的观点：问题反映在孩子身上，但原因应在成年人身上去找。因为孩子的认识是从他们的生活环境中得来的，社会影响对孩子的成长起着决定的作用。要解决孩子如何做人的问题，就要形成一个正确的教育观念，形成一个良好的社会环境，使年轻一代在比较好的社会环境中学会做人。

2．技能训练

(1) 训练 [A]

情境描述：

讨论雷锋精神的本质和普遍意义的主题班会开始了。第二位发言者小 G 就把讨论推向了极端。他认为雷锋做好事主要是对失去母爱的一种补偿；毫不利己、专门利人的精神不符合商品经济规律，不可取；他还谈到他的父辈，许多人向雷锋学习，最终“理想破灭，受到愚弄”，雷锋也被“当作了枪使”。他的结论是：振兴中华不必唯党的意志为转移，应该努力实现个人价值，通过自身价值来实现人的社会价值。

小 G 的话刚说完，十几只手同时举了起来，众说纷纭。有人说雷锋精神就是高尚的品德和修养，各种形态的社会可以共有，美国的西点军校开展学雷锋就是明证；有人说某些人虽然以权谋私，只要创造好的经济效果，就和雷锋一样，是一定阶段物质和精神文明的产物，因此，目前西方发达国家比我国更具备它产生的土壤和条件；有人甚至认为现在人际关系冷漠，还不如旧社会，这是学雷锋活动的失败。

在一边倒的气氛中，不同意见几乎无法立足。

针对主题班会出现的倾向性问题，如果你是该班的班主任，你会采取什么样的方式，将大家的思想统一到正确的轨道上来。请设计一个方案。

(2) 训练 [B]

情境描述：《一封学生的信件》

一个幼小心灵对正义的呼唤

——一名学生给《盛世诤言》作者的信

“您的《盛世诤言》，真的写得太好了，极富感染力。我读了这本书心情久久不能平静。

“每次我向爸、妈讲起社会上的不正之风时，父母总会说我爱管闲事，说我根本就不懂。有一次，我跟母亲一同上街，走到一家饭馆前，看见一个小伙子正在使劲地推搡一个年迈的老人，我走近弄清了原因。原来这位老人被自己的儿女赶出来之后，无依无靠，已经三天没沾饭了，饿极了，就在小伙子的饭馆门前坐下了。小伙子不但不同情他，反而说他太脏了，影响了他做生意。他使劲地推老人，把老人推得摔伤了。旁边站了许多人，却没有一个人阻止，我看着都寒心了。我母亲知道我又要管闲事了，赶忙拉住了我的手，我使劲地甩开，冲到那小伙子面前去和他讲理，那小伙子不但不接受，反而把我臭骂了一顿，旁边的人不但没有指责那个小伙子，反而嘲笑我。我觉得我人格尊严受到了极大的侮辱，连忙拨打110，110并没有及时赶到，我在饭店门前痴痴地站了半个多钟头，110的警察叔叔来了，我连忙向他们报告了情况，他们只是点点头。他们问那个小伙子时，小伙子连忙给他们倒茶、递烟；他们笑了，只见小伙子把警察叔叔请到另一边，手里一张花花绿绿的东西塞进了他们的口袋，我当时以为他们一定会拒绝的，没想到他们却嘻皮笑脸地收下了，当什么事也没发生过，开着车离开了。我哭泣了，并不是为我自己，是为这股不正之风。我没有能力去帮助这位老人，我只能把身上仅有的25元钱给了这位年迈的老人。我当夜奋笔疾书，把我心中所有的怒火都发泄在纸上。我想问傅爷爷，现在的共产党员到底是为人民服务还是为钱服务。

“您写的这本《盛世诤言》的确是一本正气书，您的真诚使我尤为敬佩。看了您的书之后，让我知道了中国共产党还有正义的老前辈。我是一个中学生，也许还没有资格和您攀谈这些，但是我想我作为炎黄子孙，作为中华人民共和国的公民，有这个责任，有这个义务去和你们这些充满正义之心的老前辈讲一讲我的真心话。

“我只有16岁，并且是一个女孩子。我们这一代孩子的心里、脑子里满是金钱、利益，根本就没有像周恩来少年时期那样‘为中华之崛起而读书’的学生了，也许我说得不对，但是我们学校的风气的确是那样，根本就没有哪个学生在谈理想时谈到去建设我们的祖国。当我说起时，他们竟然说我的思想陈旧，跟不上时代。难道金钱、名利就那么有‘魅力’吗？我真的不懂。我家是做生意的，逢年过节时，父母总要拎着大包小包往那些厂长、经理、税务所、工商所所长家里跑，父母说不跑就没有人给你上门了，你就没饭吃了。我的确看不顺眼，也不愿意去和那些人接触，每次家里请客我总是想尽方法避开，妈妈说我不礼貌。傅爷爷，我真的不礼貌吗？我常听那些老人谈话，他们总说中国再出十个×××也整不下这‘贪污之风’，因为这股风吹到的面积太广，也在不断地蔓延。教师也变了，他们对有钱的个体户也越来越亲了。就拿我们班上的班主任来说吧，她并没有像别的老师一样把自己的学生当孩子看，却把学生当成自己的摇钱树，经常多收学生的钱，补4次课只有16小时就收了每位学生50元，难怪社会上传言现在老师最吃香。有一次她多收了我们每位学生35元钱，我们全班有66人，这是多么可耻的行为，竟然是一位人民教师做的事，我真不敢相信。于是我准备去告她，我把我的想法告诉了同学，他们表面上很支持我，没想到竟然有一位同学在班主任面前打了小报告。班主任知道后一而再、再而三地找我的麻烦，把我逼得没法子了，我只好逃学，这是我第一次逃学，只有两小时，我想学习，想成为祖国建设的接班人，不想就这么下去。返校后，她又借口撤掉了我班干部的职务，还对我进行了无理的批评。几个还有正气的学生，也是跟我玩得好的几个同学告诉我，说班主任趁我不在时，说我思想开小差，不是什么读书的料，将来一定是个坐台的，我听了后神经几乎都崩溃了，我没有动力去学习，因为老师竟然在同学们面前侮骂自己的学生，这还是一个老师吗？我的思想开始动摇了，也懂得了见风使舵，扭曲了我原本正直的灵魂。这件事我不敢告诉我的父母，也不敢告诉学校领导，因为学校的副校长是她的丈夫，我怕她找借口把我开除。我没有目的地学习着，因为我已经失去了原有的动力，我已经彻底绝望了，我现在后悔了，后悔我动摇了，致使我没有考上重点高中，我这一生就这么毁了。我消沉极了，整天没有一点精神。一次偶然的机会，我在贾爷爷家看到您的书，我如饥似渴地把您的书读了三遍，我懂了，我也清醒过来了，我不能再那么消沉下去，我要重新振作精神，找回原本属于我的东西，相信那些人一定会遭报应的。

“傅爷爷，信就写到这儿吧。谢谢您使我找回了原来的自我，我一定会努力学习的，将来一定会为祖国的建设尽自己的一份力量。”

注：《盛世诤言》的作者傅学俭，系湖南省第七、八、九届人大代表，省人大第八、九届常委会委员，曾连任省六、七、八届人大常委会副秘书长，现任省人大农业与农村委员会副主任，在几十年的工作中多次被评为优秀共产党员、先进工作者。

曾蔚淇同学的这封信从不同侧面披露了种种社会腐败风气及个人遭遇。事情发生在曾蔚淇同学身上，却从另一个侧面说明了当前社会的道德状况实在令人担忧。改革开放极大地振奋了民族精神，进取、理性、务实成为主导的社会心理，同时，贪污腐败、卖淫嫖娼、赌博迷信、吸毒贩毒、坑蒙拐骗等丑恶现象沉渣泛起，屡禁不止。老师、家长不可能挡住学生的视野、捂住他们的耳朵，使他们与社会隔离。如何引导学生正确看待身边发生的社会现象，使学生以积极的心态，面对社会，面对人生，面对未来，这是每位班主任都应认真思考的问题。

曾蔚淇的个人遭遇已在同学当中引起极大的反响。假如曾蔚淇是你校学生，作为一名班主任，你将怎样引导学生正确对待曾蔚淇事件，请设计一套教育方案。

3．训练要求

（1）能运用正确理论分析现实问题。

（2）解决问题的思路清晰、方法正确。

（3）教育思路符合当代青少年心理需求。

第五章

日常行为规范教育与技能训练

随着社会的发展和进步，人们对传统道德有了新的表述形式，增添了新的内容。为此，教育部对《中学生日常行为规范》、《小学生日常行为规范》（以下简称规范）的内容进行了必要的调整和补充。规范注重对青少年的一贯要求，坚持继承和发扬中华民族的优良道德传统，努力适应社会发展进步的需要，注重培养学生的整体素质。规范不是停留在纸面上的条条框框，而是规范学生日常行为的基本准绳。贯彻《规范》既是中小学生自身发展的需要，也是学校教育必不可少的基础工作，更是班主任工作的重要内容。因此，班主任必须认真抓好。

第一节 日常行为规范教育的意义

《规范》是国家对中小学生日常行为的规范性要求，也是基本要求。其目的在于加强对中小学生的文明礼貌教育和行为训练，促进他们养成良好的文明习惯，提高他们的思想道德素质。

一、《规范》教育是养成教育的奠基工程

叶圣陶说："教育就是习惯的培养。"这是指养成教育的重要地位而言。养成教育虽不是教育的全部，但却是教育中的最"实"的基础部分，是看得见、摸得着的，它是教育的"质"的指标。我们对中小学生进行社会公德和文明行为的养成教育，最根本的就是要贯彻执行《规范》要求。《规范》是对中小学生"日常行为"的起码要求。"日常行为"是指中小学生经常涉及的行为，而不是中小学生行为的全部。日常行为不等同于道德行为，对中小学生进行日常行为规范只包括遵守国民公德、社会公德以及遵守法制所要求的部分而不是其全部内容。一个人的文明行为可以达到很高的程

度，而《规范》则规定了一个“下限”，是对中小学生文明行为的最基本要求。中小学阶段是学生道德品质和文明习惯养成的“最佳年龄期”，失去了这一教育良机再重新培养，就要付出更大的努力。因此，《规范》教育是一项养成教育，是培养学生道德品质和文明习惯的奠基工程。

二、《规范》教育是学校教育的重要组成部分

《规范》教育的要求和内容，如同学校教育科目一样，它不是某个人或某个学校决定的，而是以国家统一要求为基准。《规范》的制定和颁布，弥补了以往学校德育工作严重脱离教育对象的实际，使道德教育与行为训练相结合，是学校德育工作的基础，是与理论教育相配套的重要环节。

长期以来，一些学校重视文化知识培养，忽略对学生道德品质和文明行为教育，出现“一手硬”、“一手软”的现象。致使一些中小学生一心只读圣贤书，忘记了社会公德修养。究其原因，学校有着不可推卸的责任。《规范》内容明确，从对自己、对他人、对学校、在家庭、在社会等方面提出了规范性要求，使学生言行有所遵循，教师进行教育训练和检查考核有所依据，是学校德育不可缺少的重要组成部分。

三、《规范》教育有助于班主任自身素质的提高

研究表明，班主任的社会公德水平和文明行为习惯对学生的影响最直接、最深刻。那些平时不注重行为修养的班主任，不可能注重对学生的文明行为训练，也不可能成为学生文明行为习惯的榜样。通过对学生进行《规范》教育和训练，可以提高班主任对文明行为重要意义的认识，在教育和训练学生的同时，提高自身修养，用自己的言传身教培养学生，真正成为学生的表率。

第二节 日常行为规范教育的内容

《中学生日常行为规范》包括五个方面内容，集中体现了社会公德的基本要求。

自尊自爱，注重仪表。这是对个人品德、仪表及生活方式等方面的要求，是每个人起码的文明行为规范。

诚实守信，礼貌待人。这是人际关系交往过程中最起码的文明行为规范。

遵规守纪，勤奋学习。这是在学校集体生活和学习方面的要求，是在学校中最起码的文明行为习惯。

勤劳俭朴，孝敬父母。这是在家庭生活中起码的文明行为规范。

严于律己，遵守公德。这是在社会生活中最起码的文明行为规范。

一、中学生日常行为规范（修订）

（一）自尊自爱，注重仪表

1．维护国家荣誉，尊敬国旗、国徽，会唱国歌，升降国旗、奏唱国歌时要肃立、脱帽、行注目礼，少先队员行队礼。

2．穿戴整洁、朴素大方，不烫发，不染发，不化妆，不佩戴首饰，男生不留长发，女生不穿高跟鞋。

3．讲究卫生，养成良好的卫生习惯。不随地吐痰，不乱扔废弃物。

4．举止文明，不说脏话，不骂人，不打架，不赌博。不涉足未成年人不宜的活动和场所。

5．情趣健康，不看色情、凶杀、暴力、封建迷信的书刊、音像制品，不听不唱不健康歌曲，不参加迷信活动。

6．爱惜名誉，拾金不昧，抵制不良诱惑，不做有损人格的事。

7．注意安全，防火灾、防溺水、防触电、防盗、防中毒等。

（二）诚实守信，礼貌待人

8．平等待人，与人为善。尊重他人的人格、宗教信仰、民族风俗习惯。谦恭礼让，尊老爱幼，帮助残疾人。

9．尊重教职工，见面行礼或主动问好，回答师长问话要起立，给老师提意见态度要诚恳。

10．同学之间互相尊重、团结互助、理解宽容、真诚相待、正常交往，不以大欺小，不欺侮同学，不戏弄他人，发生矛盾多做自我批评。

11．使用礼貌用语，讲话注意场合，态度友善，要讲普通话。接受或递送物品时要起立并用双手，

12．未经允许不进入他人房间、不动用他人物品、不看他人信件和日记。

13．不随意打断他人的讲话，不打扰他人学习工作和休息，妨碍他人要道歉。

14．诚实守信，言行一致，答应他人的事要做到，做不到时表示歉意，借他人钱物要及时归还。不说谎，不骗人，不弄虚作假，知错就改。

15．上、下课时起立向老师致敬，下课时，请老师先行。

（三）遵规守纪，勤奋学习

16．按时到校，不迟到，不早退，不旷课。

17．上课专心听讲，勤于思考，积极参加讨论，勇于发表见解。

18．认真预习、复习，主动学习，按时完成作业，考试不作弊。

19．积极参加生产劳动和社会实践，积极参加学校组织的其他活动，遵守活动的要求和规定。

20．认真值日，保持教室、校园整洁优美。不在教室和校园内追逐打闹喧哗，维护学校良好秩序。

21．爱护校舍和公物，不在黑板、墙壁、课桌、布告栏等处乱涂改刻画。借用公物要按时归还，损坏东西要赔偿。

22．遵守宿舍和食堂的制度，爱惜粮食，节约水电，服从管理。

23．正确对待困难和挫折，不自卑，不嫉妒，不偏激，保持心理健康。

（四）勤劳俭朴，孝敬父母

24．生活节俭，不互相攀比，不乱花钱。

25．学会料理个人生活，自己的衣物用品收放整齐。

26．生活有规律，按时作息，珍惜时间，合理安排课余生活，坚持锻炼身体。

27．经常与父母交流生活、学习、思想等情况，尊重父母意见和教导。

28．外出和到家时，向父母打招呼，未经家长同意，不得在外住宿或留宿他人。

29．体贴帮助父母长辈，主动承担力所能及的家务劳动，关心照顾兄弟姐妹。

30．对家长有意见要有礼貌地提出，讲道理，不任性，不耍脾气，不顶撞。

31．待客热情，起立迎送。不影响邻里正常生活，邻里有困难时主动关心帮助。

（五）严于律己，遵守公德

32．遵守国家法律，不做法律禁止的事。

33．遵守交通法规，不闯红灯，不违章骑车，过马路走人行横道，不跨越隔离栏。

34．遵守公共秩序，乘公共交通工具主动购票，给老、幼、病、残、孕及师长让座，不争抢座位。

35．爱护公用设施、文物古迹，爱护庄稼、花草、树木，爱护有益动物和生态环境。

36．遵守网络道德和安全规定，不浏览、不制作、不传播不良信息，慎交网友，不进入营业性网吧。

37．珍爱生命，不吸烟，不喝酒，不滥用药物，拒绝毒品。不参加各种名目的非法组织，不参加非法活动。

38．公共场所不喧哗，瞻仰烈士陵园等相关场所保持肃穆。

39．观看演出和比赛，不起哄滋扰，做文明观众。

40．见义勇为，敢于斗争，对违反社会公德的行为要进行劝阻，发现违法犯罪行为及时报告。

二、小学生日常行为规范（修订）

1．尊敬国旗、国徽，会唱国歌，升降国旗、奏唱国歌时肃立、脱帽、行注目礼，少先队员行队礼。

2．尊敬父母，关心父母身体健康，主动为家庭做力所能及的事。听从父母和长辈的教导，外出或回到家要主动打招呼。

3．尊敬老师，见面行礼，主动问好，接受老师的教导，与老师交流。

4．尊老爱幼，平等待人。同学之间友好相处，互相关心，互相帮助。不欺负弱小，不讥笑、戏弄他人。尊重残疾人。尊重他人的民族习惯。

5．待人有礼貌，说话文明，讲普通话，会用礼貌用语。不骂人，不打架。到他人房间先敲门，经允许再进入，不随意翻动别人的物品，不打扰别人的工作、学习和休息。

6．诚实守信，不说谎话，知错就改，不随意拿别人的东西，借东西及时归还，答应别人的事努力做到，做不到时表示歉意。考试不作弊。

7．虚心学习别人的长处和优点，不嫉妒别人。遇到挫折和失败不灰心，不气馁，遇到困难努力克服。

8．爱惜粮食和学习、生活用品。节约水电，不比吃穿，不乱花钱。

9．衣着整洁，经常洗澡，勤剪指甲，勤洗头，早晚刷牙，饭前便后要洗手。自己能做的事自己做，衣物用品摆放整齐，学会收拾房间、洗衣服、洗餐具等家务劳动。

10．按时上学，不迟到，不早退，不逃学，有病有事要请假，放学后按时回家。参加活动守时，不能参加事先请假。

11．课前准备好学习用品，上课专心听讲，积极思考，大胆提问，回答问题声音清楚，不随意打断他人发言。课间活动有秩序。

12．课前预习，课后认真复习，按时完成作业，书写工整，卷面整洁。

13．坚持锻炼身体，认真做广播体操和眼保健操，坐、立、行、读书、写字姿势正确。积极参加有益的文体活动。

14．认真做值日，保持教室、校园整洁。保护环境，爱护花草树木、庄稼和有益动物，不随地吐痰，不乱扔果皮纸屑等废弃物。

15．爱护公物，不在课桌椅、建筑物和文物古迹上涂抹刻画。损坏公物要赔偿。拾到东西归还失主或交公。

16．积极参加集体活动，认真完成集体交给的任务，少先队员服从队的决议，不做有损集体荣誉的事，集体成员之间相互尊重，学会合作。积极参加学校组织的各种劳动和社会实践活动，多观察，勤动手。

17．遵守交通法规，过马路走人行横道，不乱穿马路，不在公路、铁路、码头玩耍和追逐打闹。

18．遵守公共秩序，在公共场所不拥挤，不喧哗，礼让他人。乘公共车、船等主动购票，主动给老幼病残孕让座。不做法律禁止的事。

19．珍爱生命，注意安全，防火、防溺水、防触电、防盗、防中毒，不做有危险的游戏。

20．阅读、观看健康有益的图书、报刊、音像和网上信息，收听、收看内容健康的广播电视节目。不吸烟、不喝酒、不赌博，远离毒品，不参加封建迷信活动，不进入网吧等未成年人不宜入内的场所。敢于斗争，遇到坏人坏事主动报告。

●第三节 日常行为规范教育方法

日常行为习惯，必须经过长期反复教育、训练才能养成。中小学生正是良好习惯形成的最佳时期，班主任必须抓住这一有利时机，通过各种形式教育他们，养成文

明、健康的行为习惯。

一、说理教育法

日常行为规范教育的目的是培养学生良好的道德行为习惯。要养成良好的行为习惯，首先要让学生知道哪些事是应该做的，哪些事是不该做的；哪些话是应该说的，哪些话是不应该说的；为什么？解决这些问题必须通过说理的方式进行。一个人只有懂得了为什么要去做和怎样做，才能有可能自觉产生相应的行为。因此，“导之以行”是学生日常行为规范的开端，也是基础。

但是，空洞的说教往往收效甚微，对学生良好行为习惯的养成也难以收到立竿见影的效果。采用说理教育法，最好通过摆事实或与其他训练方法相结合，特别是与行为训练相结合，方能取得明显的成效。

二、行为训练法

英国哲学家洛克曾说：“儿童不是用规则教育可以教育好的，规则总是被他们忘掉。你觉得他们有什么必须做的事，你便应该利用一切时机、甚至在可能的时候创造时机，给他们一种不可缺少的练习，使它们在他们身上固定起来。这就可以使他们养成一种习惯，这种习惯一旦养成以后，便不用借助记忆，很容易地、很自然地发生作用了。”教育，特别是中小学生的品德教育是一种养成教育，养成教育不能靠单纯的说教，只有反复训练才能形成良好习惯。可以说，没有训练，就没有习惯。行为训练法是养成教育最基本的方法。例如：小学生日常行为规范要求经常洗澡，勤剪指甲勤洗头，早晚刷牙漱口，饭前便后洗手。一开始学生对这些并不注意，多数学生是在老师和爸爸妈妈的提示下完成的。久而久之，便成了学生自觉行为。又比如：中学生日常行为规范，要求学生坐、立、行、读书、写字姿势正确。班主任就要经常教育学生做到：坐如钟、站如松、卧如弓。通过反复训练，使学生养成姿势端正的好习惯。

对学生进行行为规范训练，班主任应注意以下几点。

1．训练要从日常生活中的点滴行为做起

中小学生日常行为规范内容具体，要求明确，为学生养成规矩，定出了方圆。在对学生进行训练时，班主任应从生活中的点滴做起。例如：如何扫地、如何擦玻璃、如何爱护公物、如何尊敬师长、如何准备好课前学生用品等等，班主任都要精心指导、耐心教育、有目的地训练。这些看起来是微不足道的小事，如果不注意平时训练与培养，一旦形成不良习惯，将影响其终生。人们常说的“乡音难改”，“习惯成自然”，其实就是这个道理。

2．训练要不怕反复，持之以恒

行为规范训练是一个长期的、反复性工作，必须做到持之以恒。良好行为习惯的养成不是一蹴而就的事，不是通过一次班会、一次活动、老师的一次说教就能完成的。特别是那些已经形成不良习惯的同学，要去掉不良习惯并养成良好的行为习惯，需要班主任做大量的、反复的训练工作。

对于刚入小学的学生来说，他们的许多行为还未形成习惯，就好比一张白纸没有负担。只要注重行为训练，便能很快地形成良好的行为习惯，画出一幅美丽的画卷。对于中学生来说，情况完全不同。有些同学本该在幼儿园和小学解决的问题，但未解决好，只好拿到中学来。这就好比在一个旧世界上建设一个新世界，难度更大。不经过几次反复，不持之以恒地训练，良好行为习惯的养成是不可能的。因此，班主任必须把对学生日常行为规范训练，当作一项重要工作来抓。

3．训练要坚持高标准、严要求

学生是祖国的未来，21 世纪的主人今天正坐在课桌旁，聆听着老师的教诲。他们的精神面貌，他们的道德品质，决定着国家的兴衰。放松对学生的要求，就是对祖国的未来不负责任。班主任在对学生进行日常行为规范训练时，一定要坚持高标准、严要求。高标准强调训练要以《规范》为准绳。《规范》内容很多，仔细分析，都是对学生日常行为提出的最起码要求，即文明行为的下限。只要明确要求、严格训练，学生都可以做到。班主任绝不可以因“小”而不为，降低对学生日常行为规范训练的标准。例如，有的学生不爱值日，每逢轮到自己值日便逃之夭夭。班主任切不可不闻不问。须知，从小养成不爱劳动的习惯，长大了也会游手好闲，不利于学生健康成长。班主任要时时处处以《规范》约束学生，使之养成良好的行为习惯。严要求指对学生行为训练要严格。良好行为习惯光靠书本和说教是不能形成的，必须经过反复训练，有时是非常痛苦的磨炼。班主任一定要严把训练关，做到严而有格、严而有度、严中有爱。让学生在严格训练中体会老师的爱心，逐步养成良好的行为习惯。

三、环境陶冶法

环境陶冶法，是指教育者有目的、有计划地创设一定的有利于日常行为规范化的教育环境，对学生进行潜移默化、耳濡目染的熏陶、感化。家庭环境、社会环境、学

校环境对学生日常行为习惯都会产生影响。其中，学校环境的好坏对学生行为习惯的养成影响最大。因为学生的大部分时间是在学校度过的，校园、班级的环境使身在其中的每个人无时无刻不在受着它的熏陶和感染。内蒙古开鲁县和平中学没有一个学生往教室和校园内扔纸屑、果皮。因为整洁、优美的校园环境使人不忍心破坏它。良好的环境对不文明的行为也会起到一种无形的约束力量，促进学生规范行为的养成。运用环境陶冶法，班主任首先要创造一个有利于学生良好品质、文明习惯形成的班级环境。这个环境既包括班级物质和文化环境，也包括班风和道德舆论环境。通过环境教育学生，比起简单的说教和训练更有成效。上海的一位老师说得好："环境是一种教育力量，我可以叫学生不要随地吐痰，这是一种教育，但我可以创造一种环境和气氛使学生不好意思随地吐痰；我可以叫学生勤奋学习，我还应该创设一种氛围使学生置身其间，觉得不学好愧对于老师、愧对于学业，这是一种高层次的教育。"实践证明，优化教育环境对陶冶学生情操、规范学生行为、培养学生道德品质具有其他教育形式所不能代替的功能。

四、活动教育法

通过开展丰富多彩的活动，培养中小学生良好的行为习惯，是日常行为规范训练常用的方法之一。活动是班级生命力所在，活动也是培养学生良好品行的有效方法。班主任应该有计划、有目的、有组织地开展各种活动，让学生在活动中接受教育，在活动中锻炼自己，在活动中认识和克服不良行为，在活动中养成良好的行为习惯。例如：内蒙古通辽教育学院90级地理班团支部，从学生一入学便把市社会福利院作为"学雷锋义务奉献点"，定期去那里为孤寡、残疾老人和儿童服务。广大青年团员还主动捐款，为他们购买生活用品，受到了社会福利院全体成员的一致好评。通过开展学雷锋义务奉献活动，同学们养成了关心他人，真诚友爱的良好社会公德。毕业前夕班级中一位同学意外死亡，全体同学为其捐款；毕业七年后，班级有位同学的6岁女儿患了白血病，全班同学听说后都伸出了援助之手，帮其排忧解难。活动既陶冶了情操，也使学生养成了助人为乐的良好社会公德。

五、榜样示范法

心理学研究表明，中小学生心理特点之一是善于模仿，小学生尤为突出。根据这一特点，班主任要充分利用英雄人物、先进模范、周围典型，从正面教育学生，以他们为榜样，规范自己的言行。

例如：班主任通过介绍雷锋事迹，号召同学们像雷锋那样关心他人胜过关心自己；通过讲述董存瑞舍身炸碉堡，换取别人生存希望和战斗胜利的事迹，号召同学们努力学习，随时为祖国利益献出自己的一切。英雄人物的事迹如同一面镜子，学生可以时时用来对照检查自己的言行，起到感化和规范行为的作用。

班主任是学生身边最鲜活的榜样。许多学生喜欢模仿自己的老师。为此，班主任应该成为学生的表率。教育学生遵守纪律，自己绝不迟到早退；教育学生讲究卫生，自己绝不随地吐痰；教育学生热爱劳动，自己绝不两手抄兜当“工长”；教育学生讲文明礼貌，自己说话绝不带脏字；要求学生有正义感、见义勇为，自己面对以强凌弱的行为就应挺身而出。身教重于言教。班主任在学生文明行为习惯形成的过程中，起着其他教育方式替代不了的作用。班主任还应注意发现班级中模范遵守《规范》的典型，用他们的模范行为，教育其他同学，效果更佳。

●第四节　日常行为规范训练

一、训练要求

1. 班主任首先要认真学习《规范》，熟悉其中每一条的要求，知道让学生怎样做以及为什么要这样做。学生只有在理解《规范》中的每一条内容的基础上，才能自觉去贯彻。

2. 训练要有计划、分步骤进行。为了克服日常行为规范训练中的盲目性和随意性，班主任要制订训练计划。按着由近及远、由浅入深、由低层次到高层次的序列，安排训练内容，确定训练方法。使训练既符合学生年龄特征，又遵循客观发展规律。

3. 要充分依靠学校各种力量，并实行校内外相结合，使家庭、学校、社会协调一致，共同用规范严格要求学生。学生良好行为习惯的养成，只靠学校和班主任是不行的，只有全社会齐抓共管，使学生不论走到哪里都有人教育监督，形成学校——家庭——社会三位一体的教育网络，才能确保学生养成良好的行为习惯。

4. 训练最好采用学生喜闻乐见的方式进行。班主任要根据学生年龄特点，选择形式多样、时代感强、学生愿意接受的训练方式。例如：组织学习《规范》知识大

赛、讨论会、辩论会、文艺表演（如小品、相声）等，让学生在自己喜欢的活动中，接受教育，分辨是非，培养品质，养成习惯。

二、技能训练

1．训练要点

(1) 认真学习并掌握中小学生日常行为规范内容。

(2) 掌握《规范》训练方法和训练要求。

(3) 能根据班级和学生实际，设计训练方案。

2．提供范例

范例一：5—1《规矩与方圆》

构思：

近来，我发现班上一些学生在言谈举止和着装上不符合中学生的身份，学习方面也存在事倍功半的情况。家访中也了解到个别学生生活上缺乏自立意识和自理能力。这说明《中学生日常行为规范》中的不少规定，并没有完全内化为学生自己的认识和自觉行动。为此，我决定召开《规矩与方圆》主题班会。

准备：

1．仔细研究《规范》，选择切合本班学生实际情况的几点内容。

2．发动学生编排班会。

(1) 召开班干会，选班长、团支书为主持人。

(2) 修改学生的发言稿。

(3) 布置会场，指导写板报。

(4) 借收录机和磁带。

3．写自己的发言稿并设计小品《摩擦》。

纪实：

主持人甲："规矩与方圆"主题班会现在开始。首先让我们对来宾表示欢迎。战国时期的思想家孟子说："不以规矩，不成方圆。"规与矩原指校正方形和圆形的两种工具，后来引申为准则和规范。我们中学生的"规"和"矩"是指什么呢？这就是《中学生日常行为规范》。

《规范》准确概括了当代中学生如何塑造自己的形象使自己更加成熟，

也是规范中学生言谈举止的“规”和“矩”。但是，有的同学未必真正领会它。今天，我们希望通过班会，深入理解《规范》，进而内化为自己的行动。

主持人乙：爱美之心人皆有之，谁不希望自己能给人留下美好的印象呢？美外在反映于服装、发型、言谈举止等方面，一身可体美观的衣着，一个适合身份的发型，自然会让人赏心悦目。但是，更重要的是……有几位同学举手要求发言，让我们听听他们的见解吧！

学生A：（观点是生活水平提高了，中学生可任意打扮自己，只要不影响学习就行。）

学生B：（观点是中学生应重视心灵美、行为美，不必讲究衣着。）

学生C：（观点是应把仪表美、心灵美、行为美三者结合起来。）

主持人乙：我觉得他们讲的都有道理。仪表不单指人的衣着、容貌，还包括气质、风度。一个人的穿着，脱离不了年龄、职业、习惯和生活环境，具体到我们，就如《规范》第一条所规定的，衣着不求华丽，只要整洁、合体，举止落落大方，就会给人以美的感觉。下面让我们班的几位女同学一展青春的风采。（几位同学身穿运动服、校服、西装、夹克、连衣裙先后上台，伴着节奏欢快的音乐作表演。同时，主持人乙补充简练而精彩的旁白）。让我们对几位同学的表演表示感谢！

主持人甲：进入20世纪90年代，中学生的思想有了新的变化，我们并不认为学习好就是优等生。学习只反映一个方面，优等生应具有多方面的能力，有一定的生活自立意识和自理能力就是基本的一条。95届学生几乎都是独生子女，如果把一个家庭比做太阳系，各位同学恐怕都是家里的小太阳，因而难免会产生对父母过分依赖的心理和行为。我们在日常生活中应该怎样做呢？下面请住校的两位同学谈谈这方面的体会。

学生D：（内容是对平时的衣食住行如何处理，特别是紧张的考试复习期间，怎样处理学习与生活的关系。）

学生E：（内容是怎样和室友相处及对待管理人员，怎样克服因想家而不安心上课的问题。）

主持人甲：谢谢两位同学的真诚发言。到1995年夏季，我们中的一些同学要进入高校深造，有的要步入社会。胸怀大志的人很注重青少年时期的锻炼，为将来的工作学习打好基础。在高中阶段有意识地提高独立生活能力

很有必要。

主持人乙：好了，下面我们来放松一下，请看小品：《摩擦》。

第一场：4位同学，其中甲乙在操场踢球，甲碰乙造成误伤，双方出口不逊，由争吵发展到动手。乙不服，叫来丙帮助打甲，当两败俱伤时，丁扮政教处老师上台批评双方。

主持人乙：在我校，类似这种因小事而导致事态扩大的事件时有发生，既有损于自己的形象，受到校纪处分，又损害了学校的名誉。如果他们改换另外一种方式解决呢？请看：

第二场：甲误伤乙后，甲乙间互相自责谦让，礼貌和解。小事化了。

主持人乙：小品结束了，想必大家会从中得到许多启示的。让我们用掌声感谢他们的精彩表演。

主持人甲：开封高中之所以小有名气，不仅在于它有90年的悠久校史，更主要的是这里有浓厚的学习风气。同学们来这里上学，都希望在学业上有所建树。《规范》对学习也作了具体要求。但是，同学们的成绩仍然存在较大的差异，这是什么原因呢？现在就让我们两个主持人也当一回记者，采访几位同学。

主持人乙：赵华，你是咱们班的英语课代表，成绩相当不错。Now,can you tell us how you learn English？

赵华：（略）

主持人甲：王一达，你的各门成绩都不错，尤其是数理化，但看起来你很轻松就取得了这么好的成绩，你有什么诀窍吗？

王一达：（略）

主持人乙：汤勇，到目前为止的三次大考中你两次取得总分第一名，看来你对考前复习很有一套，请你就如何迎接即将来临的期终考试，给大家传传“经”好吗？

汤勇：（略）

主持人甲：采访完毕，谢谢几位同学毫无保留地介绍自己的经验。《规范》要求我们在生活中真诚相待，学习上更应互相帮助。希望这次班会后，在我们95（1）班兴起一股互帮互学的良好风气。

主持人乙：我们的班会已接近尾声，现在请班主任老师作总结。

班主任："规矩与方圆"主题班会开得比较成功，达到了预期目的。同学们都知道，每个人，包括中学生，在社会生活中扮演着多重角色。中学生首先是父母的子女，其次是学校的学生，而且还是社会的一名成员。在某种特定场合，也将是顾客、乘客、观众等。社会对每种角色都有不同的行为规范要求，《中学生日常行为规范》是其中之一。颁布实施它的目的，是为了加强对学生的社会公德及文明行为教育，使大家养成良好的习惯，促进身心健康发展，进而提高思想道德素质。即将到来的21世纪是你们的，你们的素质关系到我们国家和民族的前途。时代需要你们以高尚的道德和优良的行为规范自己。我希望会后不久，看到大家在行为规范方面上一个新台阶。

主持人乙：最后一个节目，合唱《东方之珠》。（善歌的4位同学上台表演。乐声中插入旁白）"不以规矩，不成方圆。希望同学们在行为规范上百尺竿头更进一步，同时也希望随着歌声把《规范》的精神带给我们95届及全校同学。"

"规矩与方圆"主题班会到此结束。（许向东）

范例二：5–2《一粒瓜子壳1000字说明书》

新年快到了，学生们忙着排练节目，买节日用品，大家喜洋洋，乐陶陶。生活委员说："老师，这几天地面不干净了，不仅有纸，还有瓜子壳。怎么办？大家讨论一下吧！"

脏东西主要来源于吃零食，零食该吃不该吃，全班同学们都发表自己的意见。

首先肯定零食的范畴：非吃饭（包括间食）时间内吃的一切食物，统称零食（病号需要当然除外），特别需指出的是瓜籽、冰棍、糖葫芦，这些带壳、带棍的食物在校内吃饭时也不准吃，在校外则另当别论。

吃零食有没有利？当然有，但总体而言，弊大于利，表决结果，大家通过了在校内，特别是在教室内不吃零食的决定。

按班规，有了一项较重要的规定，便要确定一位同学具体负责。

谁负责提醒大家不要吃零食呢？刚一问，班内便有数十人竞争，高高举着手，抢着做这项工作。大家都抢，究竟谁干？争执了一会儿，不知谁冒出一句："平时谁最爱吃零食就选谁！"

"好！"同学们齐声拥护这个建议。三年级七班选的是卢建。

卢建站起来问大家："如果发现别人吃零食怎么办？"

"发现一次罚写1000字的说明书。"

"对吃瓜籽的还应该罚得重一点！"

"重到什么程度？"

"谁扔到地上一粒瓜籽壳，就罚写1000字的说明书。"

"瓜籽带到学校来也不行，卢建有权力搜索吃零食同学的衣袋，在衣服口袋里若发现一粒瓜籽，就写100字的说明书。"

"如果有100粒呢？还要写1万字不成吗？"

"就该写1万字，谁让他装那么多瓜籽在身上呢！"

"法规定得严些是为了不让人触犯。你如果定吃一粒写100字，衣袋里有一粒写10个字，那别人不害怕，也就制止不住吃零食。"

我说："停止争论，现在表决。同意吃零食一次写100字说明书的同学请举手。"

只有两名同学赞成。

"同意扔地上一粒瓜子壳就写1000字的请举手。"

班内举起了70只手，以压倒多数通过了严罚吃零食者的规定。

第二天，卢建同学上任了，为了获得说别人的权力，他先从自己做起，有毅力控制自己爱吃零食的习惯。

他控制住了，别人也开始控制自己。通过决定后的5天内，大家都忍住了，卢建尽量注意观察，也没能发现该挨罚的人。

第六天中午，带饭的同学在教室吃饭，并热烈地交谈着，一位同学忘乎所以，平时他极爱吃零食，此时以为班级放松了对这件事的管理，终于控制不住，剥开一粒瓜子吃，并下意识地将瓜籽皮扔到了地上。

上任6天的卢建正为自己没能发现惩罚目标而着急，见状，立即上前，当场让那位同学捡起，并问："还记得班规吗？""忘了。""那好，找法律顾问吧！"

找到管理班规的同学，打开班规班法，查到卫生部分，吃瓜籽的细目，明白了："要写1000字的说明书，还要看衣袋里有没有，若有，每粒再加100字的说明书。"

卢建从那位同学衣袋里又翻出16粒瓜子，两者相加，便是2600字的说明书。

“好了，马上开始写吧！放学后交给我。”

十几年来，我任教的每个班学生，吃零食都是最少的，大部分同学跟我一样，不会吃零食。我总觉得社会再向前发展1万年，人均收入再增长1000倍，整个人类都达到极其富裕的地步了，到那时，我想仍然要提倡不吃零食，那决不是出于经济上节俭的考虑，更多的，还是考虑到一个有志者的个人形象，考虑到每个人身体健康，考虑到公共场所的卫生。当然那时低层次的零食已不存在了，高层次的零食包装仍会污染环境。考虑到人们更有规律地饮食起居，吃喝玩乐，考虑到人们该养成学习、工作时就全身心学习工作的习惯。

一届又一届的最爱吃零食的同学跟我说：“刚开始，不吃瓜籽，不吃羊肉串、糖葫芦什么的不习惯，见了就馋，就想，吃起来，耽误事。有时上课，学习时还惦念上哪去买，怎么吃，班级管得紧，过了几个月，也就习惯了，现在感到利确实大于弊，不只节约了钱，更重要的是学习心静了，节省了精力，节省了时间。”

这不意味着一律禁止，旅游时、过年开联欢会时，还提倡大家吃。（魏书生）

3．训练内容

（1）训练[A]

请在认真学习《规范》的基础上，设计一套中学生日常行为规范竞赛题，打印后人手一份。其目的是通过回答竞赛题，使学生进一步掌握《规范》内容，从而规范自己的行为。

要求：

单选题。根据《规范》提出问题，并给出A、B、C、D四个答案，从中选出一个正确答案。共10题，每题2分。

双选题。根据《规范》提出问题，并给出A、B、C、D四个答案，从中选出两个正确答案。共10题，每题4分。

是非判断题。通过列举身边发生的事件，以及事件中主人公的言行，判断其是否符合《规范》要求。共10题，每题2分。

连线题。题的左边为行为规范中的某一具体规定内容，右边写出第几项第几条，让学生用直线连接。共5题，每题2分。

简答题（共2题，每题5分）。①说出尊敬父母的具体表现（至少说出5个方面）。②说出文明礼貌用语（至少5个）。

（2）训练[B]

现代家庭大多为独生子女，娇生惯养。一些学生不知道关心父母、体贴父母、尊敬父母。

为培养学生孝敬父母的良好习惯，请您将《规范》内容具体化，提出孝敬父母的10点要求。

4．训练要求

（1）内容上要符合规范要求，以反映学生生活和社会现实问题为出发点。

（2）形式上要活泼、新颖，符合学生年龄特征。

第六章
分类教育技能训练

“为了一切人的发展和人的全面发展”是一种新的发展观，它极为简洁地点明了教育现代化进程中注重个体发展的价值取向。这种发展不是对一部分人的，而是对一切人的；不是发展人的某一方面，而是使人得到全面发展。这种新的教育理念，对于我国教育的发展，特别是班主任工作，具有十分重要的指导作用。班主任是为社会培养人才服务的，人才就是对社会有用的人，既包括掌握高、精、尖技术和才能，对国家有突出贡献的人，也包括大量的、普通的服务于社会的劳动者。一个班级有几十个学生，由于他们家庭教育环境不同，自身素质差异，就好像人的五个手指不一般齐一样，他们的发展水平也参差不齐，有好的，有一般的，也有差一些的。根据学生的思想品行和学习状况我们可以把他们分别称之为优等生、中等生和后进生。要想让每个学生都能健康地成长，班主任必须认真分析和把握不同类别学生的特点，有针对性地对他们进行教育，使所有学生的各个方面都得到发展，成为对社会有用的人。

●第一节 优等生的培养

优等生是指那些思想品德好，行为端正，学习成绩优秀的学生。优等生在学生中所占比例并不大，一般在10%左右。但他们却是班级中的骨干，班主任的助手，学生学习的榜样，在班级工作中起着重要作用。

一、优等生的特点

1．思想品德端正，有远大的理想和抱负

优等生一般具有良好的道德情操和道德行为习惯。他们遵守社会公德，讲文明，懂礼貌，尊敬师长，团结同学，关心集体，热爱劳动，有很强的是非观念和集体荣誉感。

优等生具有远大的理想和抱负。因此，他们学习目的明确，学习态度端正，并能脚踏实地地从一点一滴做起。但是，也有个别优等生过于注重个人发展，忽略班集体和其他同学的存在，一心只读圣贤书。

2．学习刻苦，成绩优异

优等生一般具有较高的智力发展水平和强烈的求知欲望。他们勤于思考，态度认真，有良好的学习心态和学习习惯。他们珍惜时间，科学用脑，善于独立分析和解决问题，成绩优异。但是，优等生也有弱点，家长夸奖，同学羡慕，往往容易滋生高人一等的骄傲情绪，看不起其他同学，常常人际关系紧张；个别优等生怕别人在学习上超过自己，保守知识秘密，不愿帮助其他同学；还有的优等生看到别的同学学习成绩好，超过自己，产生嫉妒心理，比一般同学更加沮丧、气馁，甚至承受不住打击，出现心理障碍。继而打击别人、抬高自己、讽刺挖苦某些方面比自己强的同学，影响同学之间的团结和班级进步。

3．强烈的竞争意识和拼搏精神

优等生进取心强，具有强烈的超越同辈群体的心理趋向，有说不完的雄心、道不尽的壮志，在既定目标的激励下，不失时机地抓住机遇，以强大的动力、与众不同的学习方法去实现自己的奋斗目标。这种强烈的竞争意识是一种学习和进步的动力，促使他们积极进取，但必须正确引导。否则，可能成为阻碍他们发展的祸根。

4．很强的自制能力

优等生之所以优秀，是因为他们具有很强的自制能力。他们不为无关诱因所困扰，能在嘈杂的环境中坚持学习，能控制自己的消极情绪，并有控制自己行动的坚强意志。现在有许多学生经常利用课余时间去游戏厅、网吧、游乐场，一些意志薄弱、自制力差的学生，忘记了时间，忘记了学习，忘记了一切，深陷其中不能自拔。优等生则不然，他们能控制自己的举止言行，具有顽强的意志力。

5．强烈的荣誉感

优等生大多是学生中的优秀分子，他们常常受到家长捧、邻居夸、老师爱、同学敬，因此，对荣誉特别敏感。他们努力学习和工作，用自己的实力争得荣誉，并以此激励自己，去争得更大的荣誉。这种强烈的荣誉感，使得他们听不得批评意见，如果不及时加以引导，很容易转化为虚荣心，爱面子，过多地考虑个人得失，而不顾集体和他人利益。

二、优等生的保持与教育

1. 坚持响鼓要用重槌敲的教育思想

为了帮助教育先进学生，使他们永保先进不后退，班主任必须坚持“响鼓要用重槌敲”的教育思想。对先进学生要高标准、严要求，使他们百尺竿头更进一步。有的班主任担心“重槌”敲“响鼓”，会把鼓敲破，挫伤他们的积极性。这种顾虑是不必要的，只要我们敲得适时适度，提出的要求符合学生实际，工作中做到严而有理，严而有度，严而有方，严慈相济，“响鼓”就能够发出铿锵有力的音符，奏出和谐的乐章。

2. 对优等生要褒贬适当

对待优等生，班主任要全面分析。一方面，要看到优等生的长处，对他们的优点给予及时的鼓励；另一方面，对他们潜在的和已经暴露的缺点和错误决不姑息迁就，更不能只看到优点，偏袒缺点。班主任要用一分为二的观点，对先进生进行全面的了解和分析，使其不断进步，保持其先进性。《中国教育报》1995 年 5 月 20 日，刊登了次仁杰同学的文章：《老师，批评我一次吧！》，文章说：“一天早上，我由于贪睡而迟到。我想，第一节正好是班主任的课，非挨批评不可。我硬着头皮走进了教室，同学们向我投出并不难猜测的目光，还发出嘀咕声：‘班长也有迟到的时候。’‘不要嚷嚷了！次仁杰同学迟到是有客观原因的，他是去探望生病的同学来晚了一会儿。’老师的话压住了同学的议论……”次仁杰同学就是在这样的班主任老师的庇护下生活和学习的，最终使他的学习成绩一降再降。后来，他在自我醒悟之后，从内心深处发出了“老师，批评我一次吧！”的呼声。这是一个值得班主任在培养教育优等生过程中深思的问题。

3. 要教育优等生正确对待掌声和荣誉

班主任要教育优等生在鲜花、掌声和荣誉面前保持清醒的头脑，要有自知之明，严于解剖自己，不能只看到自己的优点和成绩，还要看到自己的缺点和不足，学会“以人之长补己之短”。同时，还要使优等生懂得“山外青山楼外楼，还有英雄在前头”的道理，不要满足于眼前取得的一点点成绩。要明白成绩和荣誉只属于昨天，如果自己骄傲自满就会落后，后进生、中等生经过努力也可以迎头赶上超过自己。只有谦虚谨慎，不骄不躁，才能立于不败之地。

三、技能训练

1. 训练要点

（1）了解优等生的特点。

(2) 掌握优等生的培养教育方法。

2．提供范例

范例：6—1《“响鼓”仍需重槌敲》

我班有个学生，以名列榜首的成绩考入我校初中就读。他性格倔强，只管埋头读书，对班集体的事情视而不见，充耳不闻，也不愿与人接近，同学们都说他孤傲自大，目中无人，他也因此更加沉默寡言。

对这样的学生，如不在少年期这个可塑性很强的阶段里好好教育引导，发展下去势必造成心理、性格上的畸型，容易出现思想认识上的偏差，即使将来能进一步深造，对国家也难有大的贡献。

于是，我便主动接近他，想探索他内心的奥秘，以便对症下药。可每当我和他交谈时，他总用极简短的话语或点头、摇头来回答，甚至有意地躲避，对我紧紧地关上了心灵的大门。

但为了他的健康成长，尽到班主任的责任，我仍然耐心地寻找着机会。

一次，他上学突遇大雨，全身淋得透湿。我怕他生病，便带他到家里，用吹风机吹干他的头发，又找出我的衣服替他换下。没想到这件微不足道的小事，却在他封闭的心田里掀起一股感情的波澜。慢慢地，他在我面前话多起来，还主动向我谈起学习、生活、理想、前途等。他说：“老师，老实说，我现在之所以这样努力学习，就是为了自己的前途。”“不瞒您说，我还真有点信奉‘人不为己，天诛地灭’嘿！”我赞许了他的诚实与坦率，但也为他那幼小的心灵已深受个人主义思想之害所震惊。可见，学习成绩优异并不等于思想觉悟高。经了解，班上其他学习成绩优秀的学生也有程度不同的类似想法。于是，我决定在开展“学雷锋，学赖宁”的活动中重点进行学习目的和理想教育。在活动中，我注意发挥他的特长，让他讲赖宁事迹、读雷锋日记，主办专刊、板报，他都能认真完成。为了进一步培养他的集体观念，我想最好让他当班干部。但当我试探着对他讲当干部的重要性时，他却敏感地推诿。经过多次劝说，他才勉强应承下来，担任了学习委员。起初，他对工作不热心，老师、同学都有意见，我一气之下在班上批评了他。这一来，他却干脆撒手不管了。我真想把他一撤了事，可又一想，这不正好迎合了他那“不愿多管闲事”的心理，助长他的个人主义意识吗？于是，我再次诚恳地与他谈心，帮助他认清个人与集体的关系、个人奋斗的危害，还把《雷锋的故事》、《雷锋日记》等书借给他读，希望他能真正受到雷锋大公无私精神的感染。同时，我又组织同学们通过活动自己教育自己。我们连续召开了《2000年的我》、《未来属于我们》、《扬起理想的风帆》等主题班会，引导同学们明白个人与国家、民族的关系，从想问题只从个人利益出发的小圈子里跳出来，树立起为祖国、为人民的远大理想。这一系列活动对他的触动较大，他在日记中写道："雷锋同志，我一定牢记你的话'一滴水只有放在大海里才永远不会干涸，一个人只有当他把自己和集体的事业融汇在一起的时候，才能最有力量'。"他对工作变得主动认真起来。

有一天，气温骤变，下起大雨，我骑车到城里各学生的家里取来毛衣，送到同学们手中。

他们接过毛衣，望着我还在滴水的头发和衣服，都很激动。他问我："老师，你为什么要这样做呢？"我笑着说："谁叫我是你们的班主任呢？"他听后，沉默不语。可从此以后，我发现他对班务工作的积极性更高了。为了提高全班的学习成绩，他在板报上开辟了《数学一日一题》、《英语一日一句》、《古诗一日一首》的学习园地；还向我建议在全班组织"一帮一"的对子，并主动要求与成绩最差的同学同桌，以便就近帮助。他还邀约其他学习成绩好的同学利用节假日到成绩较差的同学家中补课，使家长十分感动。在他的努力工作和带动下，班上勤学的风气逐渐形成，期末考试结果，全班成绩有了提高。

由于他成绩优秀、关心集体、工作出色，被学校评为"三好学生"，并光荣地加入了共青团。

俗话说："响鼓不用重槌敲"，但从他的转变过程中我深深体会到：对成绩优异的学生同样需要加强思想政治教育，决不可偏爱、娇宠。真是响鼓也需重槌敲啊！（范建兴）

3．技能训练

情境描述：

陈静是个天真活泼、能歌善舞、学习成绩优良的学生，在老师中备受宠爱，每次表扬都少不了她。可是，上学期选三好学生时，竟没有一个同学投她的票。我感到很诧异，便找一部分同学了解情况。这个说："陈静太骄傲，瞧不起人。特别是看不起成绩差的同学。"那个说："她从我们面前走过，不是撇嘴就是斜眼看我们，有时还骂

我们是‘笨蛋’。”猛然听到这些意见，我吃惊地问：“过去怎么没有听你们说过这些呀！”同学们几乎异口同声地说：“给你说也没有用，老师都喜欢表扬她。”

对于大多数班主任来说，都喜欢优等生。由于个人的主观和偏爱，往往只看到优等生成绩突出的一面，而对他们的缺点毛病却视而不见，只看到他们优点而忽略了其他同学的闪光点，致使一些优等生产生不良心理，也使其他同学产生逆反心理。

针对上述事例，请你分析一下优等生的心理特点以及陈静同学落选的原因和教育对策。

4. 训练要求

(1) 对优等生心理特点分析准确。

(2) 对陈静落选原因分析深刻。

(3) 对陈静教育方法正确。

第二节 中等生的提高

中等生又称一般学生或中间生，是指那些在班级中学习处于中等水平，行为表现平平的学生。这些学生既不像优等生那样深得老师宠爱，同学羡慕，又不像后进生那样让老师伤透脑筋。他们不显山不露水，不惹事生非，常常成为被班主任“遗忘的角落”，他们的苦恼、忧虑很难成为班主任注意的焦点。在一个班级里，优等生、中等生和后进生的分布，常常表现为两头小、中间大，中等生常在半数以上。这部分学生的成长进步，可以推动班集体向前迈进。作为班主任，要拿出相当多的精力了解、关心、理解和帮助中等生。要看到他们在一定的条件下是会发生变化的，既有加入优等生行列的希望，又有转向后进生的可能。关键是班主任要主动地了解他们的内心世界，帮助他们解决思想上、心理上、学习上以及其他方面的困惑，热情鼓励，使他们树立信心，鼓足勇气，成为班级的中坚力量。

一、中等生的特点

1. 学业上成绩平平

学习成绩平平是中等生在学习上的共同特点。出现这种局面大多是由以下原因造成的。原因之一是中等生主观上的不努力。这部分学生头脑灵活，生性好动，贪玩或者怕吃苦，使他们不用心学习，以致于成绩平平。原因之二是学习方法不当。这些学生有强烈的学习欲望，学习上也肯于吃苦，起早贪黑，节假日不休息，课余时间不出去玩，甚至请家教，但由于学习方法不当，或基础不好或客观因素影响，成绩总是居于中游。原因之三是教育环境和个人的期望值不高。从学校教育环境看，在"片面追求升学率"思想影响下，一些教师从自己不科学的教育观出发，一旦主观认定学生在学业上没有"培养价值"，便基本放弃了教育，中等生便成了这种做法的主要受害者。当学生从老师的表现中看出了其中的"含义"后，往往容易丧失信心，产生自卑感。从家庭教育环境看，一些家长看到自己孩子成绩不理想，认为孩子笨，不是学习的料，放弃对孩子的教育。从学生自身情况看，一些中等生对自己学习要求不高，用他们自己的话说是"比上不足，比下有余"，"60 分万岁"。他们不羡慕不嫉妒优等生，一般教育激励和正常的号召很难改变他们这种心理，所以学习成绩既不冒尖也不落后。

2．缺乏表现个性的热情

中等生大多数安于现状，很少有表现自己的欲望，整日默默无闻地做着自己的事情。由于表现一般又无突出特长，凡事难得抛头露面，因此，很少有被班主任表扬的机会。

3．对自己没有过高的要求，甘居中游

对于大多数中等生来说，都能积极参加班里活动、遵守纪律，既不调皮捣蛋，又不惹事生非。但他们总是低估自己的能力，总觉得自己比优等生差，所以坦然地接受中等生的学习成绩和在班级中的地位，不前不后随大流。

二、中等生的提高

1．培养他们的自信心和进取精神

中等生一般缺乏自信心和进取心，班主任应积极采取措施，给他们一些锻炼和表现的机会。例如，在班集体活动中，让他们承担力所能及的工作，给他们以自我表现和充分显示自己才能的机会，让他们在工作中不断增强集体主义精神和荣誉感，增强自信心和进取精神。

2．热情关心、积极引导

中等生的形成，既有智力因素、非智力因素，又有主观、客观上的原因，教师对中等生关心和重视不够，也是其中的原因之一。所以班主任应主动接近他们，热情关

心他们的思想和学习，帮助他们解决思想和学习上的困难，引导他们向优等生转化。

3．多表扬、少批评，鼓励进步

对学生进行教育，表扬也许比批评更有效。班主任应密切注视中等生的变化，当他们取得进步的时候，班主任应及时表扬、鼓励，使他们体验成功的喜悦，使他们的上进心得到强化，潜能得以开发，能力得以提高，向着优等生的行列迈进。

三、技能训练

1．训练要点

(1) 了解中等生的优点和不足。

(2) 准确找出中等生形成的原因。

(3) 掌握中等生教育的方法和策略。

2．提供范例

范例：6-2《班主任应重视对中等生群体的教育》

在中小学班主任工作中，长期存在“抓两头带中间”的做法，有人曾把它作为经验加以推广。但我在班主任工作实践中体会到，把它作为班主任的一种常用的工作方法，有一定的弊病。从教育思想上看，首先这种工作方法违背了党的一贯面向全体学生的教育方针。1982年1月21日教育部《关于当前中小学教育几个问题的通知》中强调说：“必须对全体学生负责，不要只抓少数，忽视和放弃大多数。”任何学校、班级，相对地来说，“两头”（优生和差生）总是少数，而大多数是中间状态的中等生。如果我们只集中精力“抓两头”，而让“中间”靠“两头”去带动，这不是明摆着“只抓少数，忽视和放弃大多数”吗？其次，这种工作方法是应片面追求升学率之需而时兴起来的，它与邓小平同志号召我们的教育要实现“三个面向”的战略目标是不相符的。我们知道，“三个面向”的立足点是“面向现代化”。这就要求我们中小学教育除给高一级学校输送合格的新生外，更主要的是为“四化”培养千千万万的劳动后备军。在当今面临新技术革命挑战的知识爆炸的时代，我们要尽量为社会培养更多的创造型人才。我们只有调动全体学生的积极性，使每个学生在德智体各方面都健康发展，才能为四化快出人才、多出人才、出好人才。如果我们只抓少数，对大面积的中等生采取“带”的态度，又怎能实现这个目标？其实，中等生的可塑性很大，抓则可进，不抓可退。如果我们肯花力气去抓，中等生大部分可转化为优生，出人才的希望不就大了吗？第三，这种方法不是班级工作的科学方法，抓的是事物矛盾的次要方面，忽视了主流。严格地说，这是一种不负责任的工作方法。苏联教育家凯洛夫说过："班主任的第一的和基本的任务，是团结全级（班）所有的学生成为统一的集体。"（《教育学》，第459页）作为一个班主任只抓少数忽视和放弃大多数学生的教育，谈得上是尽职尽责吗？第四，学生思想的进步、学业成绩的提高，除了学校各方面的科学教育、管理外，还要调动学生本人和广大家长的积极性，而"抓两头带中间"的做法，恰恰损伤了大面积的中等生及其家长的积极性，这种工作方法不符合他们的心愿和要求。从实际效果来看，班主任对"两头"有心，对"中间"无意，即使"两头"抓上去了，也难以把人多势大的"中间"带动起来，其结果是"抓而不带"。因此，我们广大的班主任老师，不应忘了重视大面积的中等生教育，对"抓两头带中间"的班级工作方法应当进行改革。

从1983年下学期起，我把"带中间"改为"抓中间"，收到了较好的效果。我是从分析中等生的表现和心理特征入手来加强中等生教育的。中等生大致可以分为三种情况：大部分不甘居中游，有强烈的进步愿望；少部分缺乏远大理想，得过且过；少数认为自己天资差，缺乏前进的勇气和信心。我便根据这三种情况，分别采取教育措施。

对第一种情况的学生，我采用发表对他们寄予热情希望的谈话、讲科学家少年奋发进取的故事、提出较高的要求等办法，激励他们不断朝新的目标冲刺。如我有意识地召开了这一类型学生的座谈会。会上，首先我开诚布公向他们表明座谈的目的是要了解他们的思想和学习情况，征求他们的意见和要求，帮助他们克服学习上的困难。接着我具体地表扬了他们争取进步的事迹，并指出他们的学习潜力和努力的方向，鼓励他们"更上一层楼"。最后我讲了数学家华罗庚少年刻苦学习的动人故事，号召他们学习。许多同学听了我的话很受感动，意识到这是对他们重视、鼓励和关心，因此思想上去掉了紧张和顾虑，说出了他们心里的一些想法。班长小潘激动地说："我要牢记高尔基的一句话：'一个人追求的目标越高，他的才力就发展得越快，对社会就越有益；我确信这也是一个真理。'我目前的成绩虽然很差，但我下决心争取在下个学期成为三好学生；至于将来，我的理

想是要成为一个作家……”于是在热烈融洽的气氛中，大家畅谈心里话。还有的同学对有的任课教师“两眼向优”提了意见。会后，在《班讯》上出现了《前进吧，同学们》、《我们要争当三好学生》等催人奋进的文章。我在抓“面”的同时，也结合抓“点”。如我发现小柳上进心很强，学习很刻苦，就是成绩原地踏步，便找他个别谈话，分析了他学习方法不好、考试时有畏考心理、不爱参加体育活动等影响学习效率的原因。在他因期中考试没考好而感到苦闷和失望时，我又给他“加油添薪”。到期末考试时，他获得了较好成绩。

对第二种情况的学生，我便想方设法打破他们“甘居中游”的心理状态，激发他们积极进取的愿望，并以此为突破口，培养他们的毅力和意志。例如，1983 年下学期开学初，我组织了一次“我的理想”的主题班会，我讲了一些中外伟人从小立志成才的故事后，有意让几个甘居中游的学生发言，他们内疚地说出了“胸无大志”、“混日子过”的真话，表示要为祖国为四化发奋读书的决心。在他们的热情调动起来之后，我便适时地向他们提出切合实际的奋斗目标，并在日后的工作中对他们的成长和进步及时加以肯定和鼓励，不断强化他们要求上进的意识。

对第三种情况的学生，我便经常发掘他们的优点和潜在的能力，以提高他们的自信心。有一次我找小王谈话，她叹息地说：“我是木脑壳，不是读书的料……”我笑着指出她的脑袋很灵，作文写得不错，讲了班上一些人脑袋并不怎么灵而成绩进步快的事实，又讲了发明大王爱迪生天资差而勤奋成材的事迹。日后，发现她稍有进步便给以表扬，并在给她的作文评语中，有意识地多加鼓励。这样，一年后，小王成了优等生。我亲自写了一篇《她前进了》的表扬稿刊在《班讯》上，使她和其他同学都受到鼓舞。

与此同时，我还采取了其他一些措施。如加强对中等生的家访，特别是对那些对子女要求不严的中等生的家长，我定期去访问，家长和学生很受感动，这些中等生进步也较快。我还注意选择一些有一定工作能力的中等生担任班干部，一方面使担任班干部的中等生严格要求自己，更快进步；另一方面能使大多数中等生认识到班主任并没有“两眼向优”，把他们晾在一边。总之，我把抓中等生的教育贯穿在自己日常的教学和班主任工作之中。

加强对大面积的中等生教育以后，全班出现了平衡发展的局面。去年下学期我班被评为“三好班级”，期末平均成绩比同年级其他班高7分，各科成绩及格人数比上学期增加40%，“三好学生”、“成绩优秀奖”、“跃进奖”均比上学期增加。可喜的是，原先的优等生“百尺竿头更进一步”，差生也后来居上。

这使我回溯“抓两头带中间”的情景：使劲“抓尖子”，“尖子”还是那么几个；尽力“抓差生”，抓好了小王，跳出了小张。大多数的中等生呢，经常背后议论我偏心，从而安居现状，甚至个别的自甘掉队。实践证明：“抓中间”能“促两头”。因为中等生转化为优生，对原来的优生有一股压力，使优者更优；差生与中等生比较接近，中等生上去了，能鼓舞他们急起直追。当然，这不是说只要“抓中间”，不要管“两头”。所谓“抓两头带中间”的工作方法应该改革，即“两头”要抓，“中间”也要抓，而且要舍得花大力气去抓，不然就会抓了一点，丢掉一片。

《中国教育报》1984年国庆社论指出：“由于情况的变化，有不少经验已经过时，要加紧发展和突破，并且要不断研究新情况，解决新问题。”我想，像“抓两头带中间”这样的工作经验，正有发展和突破的必要。过去，我们对优生和差生的教育研究较多，而对中等生的教育没有引起重视，因此笔者抛砖引玉，希望大家都来关心和研究中等生教育问题。（曹济南）

3．技能训练

请你对自己所在班级学生进行一次调查。并写出调查报告。具体内容包括：

（1）中等生在班级中所占比例。

（2）分析中等生的特点及形成原因。

（3）制定帮教中等生的具体措施（针对不同特点的学生要用不同的策略）。

4．训练要求

（1）调查报告内容具体，思路清晰。

（2）问题分析透彻，能抓住要害。

（3）能运用正确理论指导实际，措施得当，具体。

●第三节　后进生的转化

我国教育界关于“后进生”的提法，是在20世纪60年代前后出现的，此前用差生、双差生的比较多。后进生是指思想行为、学业成绩、智力发展等方面低于合格水平，存在着这样或那样的问题和缺陷的学生。教师和家长往往称他们为暂时表现差的学生或暂时后进生，包括由于学习态度不端正，存在厌学思想，或智力迟钝、身体不好等原因造成的“成绩不良”的学生（根据大纲要求，三门主科目经过一学期或一学年的平时、期中、期末、学年考察及考试，其总平均成绩不及格的学生）；思想觉悟低、存在不良品德习惯，或经常有过失行为的“表现不良”学生；以及学业成绩不好，思想表现亦差的“双差”学生。在一个班级中，后进生人数虽不多，但能量都不小，他们有一定的影响力和破坏性，给班主任工作增加不小难度，影响着整个班集体建设。马卡连柯说过：“教育工作中百分之一的废品，就会使国家遭受严重的损失。”若不重视，甚至放弃对“后进生”的教育，则会形成大量的教育废品，那不仅是教育的失误，而且会直接影响社会的发展。班主任教育转化一个后进生的社会价值要超过培养一个优等生。为此，班主任要掌握后进生的特点、产生的原因，采取有效措施，帮助后进生尽快转化。

一、后进生的特点

1．枯萎的学习动机

美国心理学家索里和推尔福特认为，人类社会性动机中有交往性动机和威信性动机两种。而学习动机则是在此基础上派生出来的，是直接推动学生学习的一种内部动力，是在学习活动中的具体表现。其中交往性动机是一种最基本的社会性动机，这种动机在学习中的表现为：有的学生愿意为他喜欢的老师而努力学习，而拒绝为他不喜欢的老师学习。而威信性动机是一种更高级的社会性动机，它是人们要求在社会上取得一定地位、待遇的愿望体现。如追求别人对自己的尊重，希望获得别人的肯定和表扬，向往获得成就等。这类动机是学习自觉性和积极性的心理基础。然而不幸的是，后进生在以往的学习过程中，由于种种原因，经常得到否定性评价，受到个别老师的冷落，他们没有成功的喜悦，失去了学习兴趣，把学习看成是一种沉重的负担，从而导致了学习动机的泯灭和枯萎。这表现在他们经常逃学；讨厌他不喜欢的老师所讲的课程；对待学习的态度比较被动；遇到困难和障碍时不能坚持学习；缺乏克服困难的信心和勇气等。

2．是非观念模糊

由于后进生认知水平低下，他们往往对是非、美丑等缺乏鲜明的判断标准与界线。在出现错误举动之前不能及时加以辨别和终止，在行动之后，也不能产生忏悔与改正的意向。因而错了不知其非，不知其丑，一错再错，最终陷入后进生的行列不能自拔。例如：有的后进生自由散漫、调皮捣蛋，认为不受任何纪律约束才算自由；有的互相包庇，抄袭作业，认为交朋友就要讲“义气”；有的甚至把要求进步，助人为乐，遵守纪律的好学生看成是“傻子”，认为“小节无害，文明吃亏”，连起码的是非观念都辨别不清。

3．意志薄弱，自制能力差

意志力是人们克服障碍，调节自己行为和思想感情的精神动力。它能帮助人们克服内部与外部的各种困难，无论在顺境还是在逆境中，都能坚持自认为是正确的行为方式。而后进生由于意志薄弱，即使懂得向哪个方向努力，也懂得应该怎样做，最终也会半途而废。由于他们缺乏坚强的意志力，禁不起种种诱惑，因而做出种种违背社会公德和违反纪律的行为；由于他们意志薄弱，已形成的不良习惯难以改正，即使改正了，也易旧病复发；另外，在学习过程中，上课、做作业不能专心，学习成绩一落再落，从而失去了学习积极性和自觉性。可以说意志薄弱是制约后进生前进的重大心理障碍。

后进生的另一个表现是自制力差。自制力是自我控制和支配自己行为的能力。一个缺乏自制力的人，做事会随心所欲，言行脱节，正确行为难以坚持，恶习难以改正。后进生由于自制力差，高兴时会手舞足蹈，狂呼乱叫，忘乎所以；不高兴时会暴跳如雷，大打出手。他们的理智不能驾驭感情，情绪经常处于不稳定状态，喜怒无常。

4．自尊心强，自卑感重

与所有的学生一样，后进生也有很强的自尊心。他们不愿意教师当众批评训斥，也不能容忍同学们对他们看不起。马卡连柯曾指出：“得不到别人尊重的人，往往有强烈的自尊心。你信任他，任用他，赋予他更多的责任，往往是调动他积极性的最好的手段。”后进生表面上看起来似乎是毫无羞耻心，实际上他们也是人，也有强烈的自尊的需要。这种自尊得不到满足，则引起内心痛苦的体验，感到委屈和苦恼。后进生由于经常受到老师和同学们的误解，受到家长的打骂，使他们强烈的自尊心受到挫伤和压抑，便产生了另一种极端的表现形式——自卑。后进生常常自卑感比较重，这与他们在家庭、学校、社会中所处的地位以及人们对他们的评价有关。当他们受到老师的批评、训斥，同学的冷嘲热讽，家长的责备、打骂时，他们的自尊心受到了深深的伤害，进而产生自卑感，甚至自暴自弃。在他们内心深处，自尊的需要和自卑的体验经常交织在一起，构成情感体验的一对矛盾。

二、后进生的形成原因

1. 家庭环境

（1）家庭学习环境不良。主要指家庭人口多，居住面积小，各成员活动相互干扰；家里来客过多过频；家居闹市区，周围环境嘈杂等等，致使学生无法静心学习和休息。

（2）家庭情绪和道德气氛不良。主要表现在两方面，一是家庭成员关系紧张、冷漠，经常吵架斗气，情绪气氛恶劣；二是家庭成员中，有的品行不端，行为不轨，道德败坏，自私自利，道德氛围不好，影响学生学习和良好品质形成。

（3）缺乏家庭温暖。主要是有些学生因父母离异、再婚或亡故，从而失去家庭温暖。生活上无人问津，思想上无人教育，物质上得不到满足，精神上屡遭折磨，心灵上受到严重创伤，不仅影响学习，还会使他们产生没有温暖、没有爱、厌烦、恐惧、自卑等感觉，个别学生由于意志薄弱可能被坏人拖下水，危害社会、危害人民。

（4）家庭教育不当。望子成龙，望女成凤，是大多数家长的共同心理。然而由于家庭教育方法不当，致使部分学生步入后进生行列。在家庭教育中主要存在以下三方面的问题。第一，家长忽视、放弃或无力教育。有些双职工家庭，因常常加班加点或出差在外，无暇顾及子女；下班后家务过累，没有精力教育孩子。特别是个体户，有些人整天忙于赚钱，很少关心子女在校内外的各方面情况；另一些家长，虽然有心把孩子教育成人，却苦于自身素质低，无力教育。第二，家长态度偏颇。有些父母对孩子百般娇惯，有求必应，“疼爱”有加，使其子女霸道成性；有的家长放任自流，让孩子顺其自然，对子女学习生活不管不问；有的家长专制粗暴，不尊重子女的人格，不讲民主，不进行说服教育，动手打骂，使学生离家出走，企图逃避家庭教育。第三，家庭成员对子女要求不一致。有些父母在教育子女问题上配合不默契，互相埋怨、互不服气，一旦发生分歧，便当着孩子的面大吵大闹，弄得孩子无所适从。

（5）家庭成员的兴趣爱好。有的家长爱玩麻将、赌博、酗酒等，无形中给孩子以不良影响，致使一些学生参与赌博，玩网络游戏、电子游戏赌博机上瘾，不仅影响学业，也损害身心健康。

2．社会环境

（1）不良文艺作品的影响。改革开放使我国的文化市场进一步繁荣。社会信息不仅容量加大，而且传播速度之快，对中小学生的影响之大，前所未有。一些不健康的书刊、影视、录相、“娱乐”活动，使涉世不深的学生产生一种模仿效应，引发一些不良行为，有的甚至走上堕落、犯罪的道路。

（2）不良社会风气的影响。社会上的各种不正之风，如以权谋私，钱权交易，行贿受贿，请客送礼等等，严重地影响着学生的言行。有的学生认为“学好数理化，不如有个好爸爸”，只要父母有地位，学习好坏无所谓。因而助长了他们平时为所欲为，屡教屡犯。

（3）不良社会交往。一些后进生不愿学习，逃课、打架、酗酒，成为社会上犯罪分子捕捉的对象。在他们的教唆下，这些学生可能误入歧途，成为危害社会的不良分子，难以自拔。

3．学校环境

（1）片面追求升学率。尽管教育领导部门三令五申，片面追求升学率的现象依然存在。一些地区办重点学校，一些学校办重点班级，着力培养尖子生，忽视对普通学生的培养教育，致使部分本来学习较差的学生跟不上，坐不住。也使一些教师产生反感造成偏见，继而不抱希望放弃管理，将他们推到不可锻造的后进生的行列。某中学，曾在5·20初中毕业考试之后，根据学生平时学习成绩和学校历年考入重点高中人数，将学校认为没希望进入重点高中的那部分学生（绝大多数）推出校门。学校的举措确实为好学生学习创造了良好的环境，也为老师集中精力辅导创造了条件。然而却伤害了绝大多数学生的自尊心，剥夺了他们继续受教育的权力，使他们升入重点高中的希望化为泡影。由于无法接受这样的事实，一名中学生离家出走。也由于无所事事，使得这些学生整日游荡，出入游戏厅、网吧、录相厅、游艺厅，甚至聚众闹事，危害社会。

（2）教育者自身存在薄弱环节。从整体上说，我们教师队伍的主流是好的，但其中也有素质低下，言教与身教相脱节的现象。

北京师范大学教育系博士丛立新认为，就知识水平和业务潜力来说，相当一部分教师已达到了一定的水准。但当前某些教师职业素质不高的关键在于其敬业意识、职业修养和为人师表的人格力量令人忧虑。中国教育学会常务理事吴福生认为，在我们的教师队伍中，即使有 1% 的教师是滥竽充数，不能胜任教学，那么这部分教师所教的孩子就有 100% 不合格的可能。例如：有的教师受经济思潮的影响，认为当班主任付出的劳动与得到的报酬不成比例，不愿当班主任，即使当了，缺乏责任心；有的教师由于缺乏班主任工作理论与经验，有良好的愿望，却收不到好的效果，影响学生的健康成长。又如，教师不能以身作则。教师是学校里最重要的师表，最直观的榜样，是活生生的教科书。教师的一举一动、一言一行都直接影响着学生。这就要求教师必须时时注意检点自己，处处以身作则，凡是要求学生做到的，自己必须首先做到。但有些教师却不注意这个问题。个别班主任利用手中对班级的管理权力，乱收班费、侵吞班费；训斥、讽刺、挖苦、体罚或变相体罚学生等等。其结果严重损害了教师在学生心目中的高大形象，使学生产生逆反心理，走向教师的对立面，成为后进生。

(3) 教育内容和方法的不适应。从教育内容看，统一的大纲，统一的教材，同样的教学进度，同样的教学方法，同样的要求，形成了整齐划一的批量生产环境，挂在嘴边的“因材施教”像落满尘埃的旧书被搁置着，任凭 100 个孩子有 100 个不一样，也要全用一个模子等着你装。学生之间本来已经存在的差距，越拉越大。从教育方法看，从书本到书本，从理论到理论，从试题到试卷，缺少生动活泼的、学生喜闻乐见的教学方法，学生成了接收教师信息的工具。

(4) 缺乏防止学生分化和减少后进生的有力措施。不可否认学生之间存在着差异，但决不意味着一部分学生一定要成为后进生。一个学生由好变坏需要一个过程，在这个发展变化的过程中，如果教育者措施得当，就能杜绝后进生的出现。

江苏省泰兴市洋思中学，就把“没有教不好的学生”作为自己的办学理念，相信每一个学生都能获得成功。学校坚持从初一年级开始，从最后一名后进生抓起，确保每个学生全面发展。学校连续多年入学率、巩固率、毕业率、合格率 100%，优秀率为泰兴市之首，每一位家长都表示满意。学校校歌的主题也是“没有教不好的学生”，学校的一切活动都以教会每一个学生为目标。不放弃每一个学生，哪怕是最后进的学生。所以，在这里，学生们享受到了最公平的教育，后进生甚至享受到最优厚的待遇，在这样一个没有歧视的宽松的环境中学习，孩子们的身心是愉悦的。

洋思中学蔡林森校长在介绍经验时说：“没有教不好的学生”，说到这句话，我的心情就激动起来，就想起了我的三个孩子。他们小时候都在我家乡的小学里读书，成绩都不理想。记得大儿子上小学一年级时，不识数，跟不上班；二儿子上小学四年级时，把成绩报告单上的算术“68”分改成“88”分；特别是我的女儿，她的成绩是班上倒数第一，快小学毕业时，我问她直径为1cm的圆，周长是多少，她也不知道。结果，她没有能考取我家乡的初中，小学老师对我开玩笑说：“你的孩子是一个不如一个。”

后来，我的孩子都离开家乡，先后进我工作的单位——洋思初中读书。当时，我一不给他们订资料，二不给他们补课，主要抓了引导孩子自查自测，自己更正，达到了“日日清”、“周周清”、“月月清”。以女儿为例吧，每天中午，我就叫她口述上午学过的例题，养成口答习惯。如果哪一道错了，就在那道题的旁边打一个“？”，但我不讲，让她自己思考、更正，她拼命地动脑筋，嘴里不停地问：“怎么错了？怎么错了？”她急得满头大汗，我还是不讲，耐心地等待她的回答。等呀，等呀，她终于惊喜地叫起来，说出了正确的答案。我笑着说：“对呀！”以后，我利用散步、洗脚、在床上没有睡着的时候，再问几十道类似的题目，让她真正地理解并能运用。每天晚上，都让她默写英语单词。错了的，让她自己更正，并记下来，反复检查。星期六回家，她坐在我的自行车上，我一边赶路，一边问，把本周的错题再查一遍，错了，再更正。就这样，孩子把课本上的每一道习题都搞熟了，就变巧了。读完初一年级时，我的三个孩子都成为好学生，都会自学。从此，他们越学越好。后来，我大儿子考取上海交大，女儿考取华东师大，他们获得学士学位后，都赴美留学，二儿子担任中国石化二公司财务科长。这活生生的事实在我的脑海中引起很大的震动，我想，如果像我对待自己孩子那样，去教每个学生，还有哪个教不好呢？后进生不是因为脑子笨，而是因为这个、那个原因，缺课太多，问题成堆，失去学习的信心和能力而形成的。只要从实际出发，给他适宜的条件，再引导他不停地有针对性的补缺、由浅入深地学习，后进生就一定会变成好学生。再说，初一英语、代数都是起始科目，学生从头学好是完全可以的。如果只抓尖子生，放弃后进生，怎么能提高全民族的素质？怎么叫对人民负责？一种教好每个学生的责任感、使命感油然而生。能教好每个学生让每个家长满意，就是我最大的幸福。相反，就是最大的痛苦。这个认识，就是我十几年来满怀信心、排除干扰、下真功夫，办好学校的精神支柱。

从此，我坚持和后进生同住一个宿舍，时时关心、教育、帮助后进生，并坚持每年层层建立责任制，千方百计地确保教好每一位学生，坚持不分快慢班，把学习基础差的学生分散到各个班，便于老师辅导，便于班级竞争；坚持排座位时，把学习基

础差的学生与优生同桌，便于“兵”教“兵”；坚持从起始年级抓起，全面提高学生素质，不仅注重发挥学科课程、活动课程、环境课程这三个渠道的作用，而且引导学生真正学会吃饭、学会睡觉、学会洗澡，利用生活这个渠道进行素质教育，让学生养成好的习惯；我们坚持从起始学科抓起，从最后一名后进生的弱点抓起，不让一个学生掉队，不让一个学生辍学。教师上课的起点是后进生，重点也是后进生，课堂上回答问题、板演、做实验，都由后进生来打“头阵”，对后进生的作业优先批阅。每天早晨，文科老师引导后进生读英语单词；每天中午理科老师引导后进生纠正作业中的错误，学校坚持实施后进生验收制度，查到问题及时纠正，真正做到“堂堂清、日日清、周周清、月月清”。这样，每年初一期末考试，人人英语、代数成绩优秀。一个叫戴海军的学生，在小学里被定为弱智儿童，小学毕业考试算术成绩为 4 分，但进我校上了一学期，代数成绩 85 分。2000 年秋第一学期，期末考试后，来自内蒙古的参观者见我校初一 12 个班，班班成绩好得惊人，把分数册复印了带回去。学生基础实了，水平齐了，学风好了，水涨船高，尖子生就更多了，学校连续十多年入学率、巩固率、毕业率、合格率达 100%，优秀率为泰兴之首。

越来越多的人知道，在洋思，没有教不好的学生，他们就千方百计地把难教育的孩子送进我校读书。学校一下子增加了 30 多个班。但是，我们相信这些从外地来的、难教育的学生也一定能教好，千方百计地做好转化他们的工作，使他们都取得了令人可喜的成绩。例如：市人事局某退休干部的孙子徐赉，上小学时算术成绩常常是个位数，进我校读初一后，进步很快，各门功课都在 90 分以上，思想品质也很好，他学会了生活，家中给他的 10 元零花钱，几个月未舍得花一分，2001 年考取了省重点中学。又如江苏省人民政府一位领导干部的儿子丁某某，原来不做作业，不肯单人睡觉，不肯熄灯睡觉。进了我校一年后，改了许多坏习惯，学习也有了明显的进步。2000 年 9 月，樊荣从南京进我校插班读初二，第一次考试的成绩：算术只有 9 分，但是老师从不放过他，每一堂课都让他回答问题、板演，有一点进步就给予表扬，即使做错了，也给他鼓励，期末考试数学得了 84 分。

多年来，我们逐步更新观念，千方百计教好每个学生，使每个家长满意、高兴。近几年，家长主动出资助学 3000 多万元，把我校建成江苏省现代化示范初中。我们泰兴市教委多次在我校召开现场会，推广我校的做法，取得了明显的效果。不少校长、主任住进我校，进行数月的考察，真正相信没有教不好的学生，激动地说：“学洋思就是要换脑子，不断地更新教育观念！”

洋思中学教育转化后进生的成功经验，使我们体会到：只有不会教育的教师，没有教育不好的学生。只要措施方法得当冰山可以融化，浪子可以回头。

(5) 教学方面存在着诸多的矛盾。①高负荷与学生承受能力之间的矛盾。这种矛盾主要表现在两个方面：一方面是学生作业量过大。为了提高学生学习成绩，各科教师都留作业，致使学生很晚才睡，身心得不到应有的休息。另一方面是学习时间过长。我们现在已经实行五天工作制，而我们的学生每天要上六天或六天半的课（特别是重点中学），每天早上七点到校，晚上九点钟下晚自习，一天要上十几个小时的课。漫长的时间加上繁重的课程和作业，使学生学习兴趣丧失，神经系统过度疲劳，潜在能力的发展受到抑制，出现厌学情绪，导致成绩下降，成为学习上的后进生。②超编的班集体和个别辅导之间的矛盾。目前，我国许多学校资金、设备、校舍以及师资力量明显不足。一些学校班级人数少则五、六十，多则七、八十名学生，教师在超负荷上课。在这种情况下，教师只能艰难地应付备课、讲课、批改作业，无力体察每个学生的思想及学习，更谈不上逐一去帮助跟不上的学生，使本该得到辅导的学生得不到辅导和帮助而成为后进生。③教材教法之间的矛盾。首先，现行教材要求普遍偏高，课时偏紧，加之个别教师吃不透教材，在教师教不明白的情况下，学生能学明白的越来越少，后进生人数随之增加。其次，在教学方法上，多数学校，老师因教学条件所限，仍是一支粉笔、一个教案、一本教科书、靠教师的一张嘴上课。不能激发学生的学习兴趣。

几个留学归来的教育学学者介绍了一个画苹果的见闻："美国的孩子画苹果，由老师拎来鲜果一筐，由孩子任拿一个，便作画去；日本孩子画苹果，先由老师从树上摘下鲜果一个，让学生瞻仰一番便去作画；我们中国孩子画苹果，由教师在黑板上画一个标准的苹果，规定好先画左后画右，这边涂红，那边抹绿……。虽然中国孩子笔下的苹果像苹果，日本孩子笔下的苹果如鸭梨，而美国孩子笔下的苹果或如南瓜，或如葫芦，但我们的孩子缺少了观察和体验。"国外先进的教学理念和教学方式值得我们借鉴。他们的学习来源于生活，贴近生活，能激发学生的好奇心和学习欲望。如果我们的教师也能认真研究一下教法，或许对提高学生学习兴趣有所帮助。

4．学生自身原因

(1) 遗传因素。遗传学的研究表明，父母智力低下，父母近亲结合或其他原因，其子女就有可能存在严重的智力缺陷。

(2) 早期教育不良。孩子的早期教育对其一生的成长都有很大的影响。如果父母整天忙于工作或者缺乏教育意识，学生可能得不到应有的教育，也就得不到应有的发展。此外，小学阶段没有打好基础或养成一些不良的习惯，也影响中学阶段的学习。

(3) 适应能力差。有的学生在转入或考入一所新学校，编入一个新班级，改变一位班主任或任课教师，甚至换个座位，使他们在短时间内无法适应，影响学习。

(4) 生理和心理发育的影响。中小学生正值生理、心理发育期，他们的自尊心、好奇心、独立意识、模仿能力以及积极向上的愿望都较强。但是由于他们涉世不深，辨别是非能力、自理、自立、自控能力相对较差。这样变化对于大多数学生来说没有任何影响，而对另外一部分学生可能影响很大。例如中学生早恋问题即是影响正常学习生活的一个不可忽视的因素。

大量事实证明，一个学生成为后进生，是多种因素共同作用的结果。转化后进生就要认真分析其形成原因，对症下药，以便收到实效。

三、后进生的转化

调查结果表明，目前我国中小学后进生总数有三千多万，这是一个令人吃惊的数字。从一定意义上看，这是一个社会问题，而且是未来社会的隐患。难怪一位班主任说，教育转化一个后进生的社会价值决不亚于培养一个优秀生。因为把一个优等生培养成才，固然能为社会做出贡献，然而，当一个后进生转变成为社会有用之材后，一方面他同样可以创造财富，另一方面，转化过程中还能把原来的“负值”转化为“正值”。如果当初教育者未能尽到职责，使他们越变越差，最后走向犯罪道路，他们将对社会产生极大的破坏力！而一旦把他们转变成才，却会化阻力为动力。可见，班主任教育转化后进生，不论对某个人还是对社会都是十分重要的。因此，班主任必须努力做好后进生的转化工作，使每一后进生都成为对社会有用的人。

1. 关心爱护后进生

后进生普遍存在的问题，就是以往得到的温暖太少。由于他们缺点毛病多，往往受人歧视、遭人冷落，是在批评、训斥、打骂声中长大的。因此，他们的性格往往变得粗野孤僻。这就需要班主任用真情去感化他们，让他们消除“心理防线”，用教师的爱在师生心灵之间筑起情感交流的桥梁，使教育和接受教育成为可能。失去尊重的人最需要尊重，失去信任的人最需要信任，失去温暖的人最需要温暖。处于特殊境地的后进生最希望得到老师的尊重、信任和体贴，班主任对待后进生要像母亲对待体弱多病的婴儿那样，加倍呵护。

首先，班主任要关怀和爱护后进生，从生活上、学习上、思想上无微不至地关怀他们，把学生真正放在教师的心坎上。要关怀学生，必须首先了解学生，而了解学生这是我们教育事业中的一种非常细腻的工作。它要求教师用心灵来认识自己的学生，了解他们的需要，了解他们的动机，了解他们的欢乐与苦衷，了解他们的性格、兴趣和才能，了解他们的情感和意志，了解他们心灵上所有闪光发亮的东西，了解他们独特的精神世界。

其次，要尊重和信任后进生。尊重后进生是班主任热爱后进生的具体表现。美国作家爱默森说："教育成功的秘密在于尊重学生。"教师真诚的爱和尊重是启迪心扉的钥匙，后进生往往最需要的就是这把钥匙。由于后进生长期受到别人的歧视，自尊心受到伤害，他们自卑，甚至自暴自弃。班主任在帮助教育后进生时，切记不要揭短，不要伤害他们心灵中最敏感的角落——自尊心。要尊重他们的人格，做他们的朋友，使他们消除疑惧和对抗，以便"亲其师，信其道"。

再次，要同情理解。有人说，理解是爱的别名，是建立良好师生关系的重要心理成分。青少年在其成长过程中，由于单纯幼稚，出现这样或那样的缺点毛病是难免的，班主任要多一些同情理解，要给他们以改正缺点错误的机会，鼓励他们告别昨天，痛改前非，做一名大家期待的好学生。

2．要用放大镜找优点

就大多数班主任而言，往往忽略一个细节，那就是后进生身上的优点和长处以及一些好学生不具备的特质。我们常常看到的是后进生身上的缺点、毛病，甚至以点带面，对学生全盘否定，并戴着有色眼镜看待他们。久而久之他们对自已也就失去了信心，自甘落后，这样非常不利于对他们的教育转化。

有这样一个故事，说的是妈妈因为儿子特立在学校经常闯祸而深感失望。在老师讲课时故意打断讲话，每次那样做都要受到惩罚造个句子。老师惩罚特立，而他又不肯屈服，常常惹得老师要求他加倍造句。妈妈害怕孩子变得不可救药，开始嘲笑他，希望能激发他的自尊心而努力学习。这样孩子在学校和家庭都受到了惩罚，使他受到很大的打击。特立渐渐失去信心，再也不想有好的表现了，于是整天我行我素，毫不在乎。妈妈非常着急，最后要求与老师面谈，共同探讨教子的方式方法。妈妈问老师特立的坏行为在它的总体表现中占多大比例，老师说：大约15%。这使妈妈十分惊讶，因为15%的坏行为和85%的好行为相比起来数字悬殊，坏行为却得到了注意和

张扬，正是这15%的坏行为给孩子留下了坏名声，使得特立对自己失去了信心，而85%的好习惯却被忽略了。

教育后进生，我们要转变观念，要全面地看待他们，要把注意力锁定在85%的优点上，要从过去用放大镜找缺点为找优点，对于优点要加以赞美和张扬。只要我们不断强化，学生就会把优点当成自身固有的东西，不断发扬光大，从而树立我能行的信念。只要他们相信自已行，他们才能真正由后进变成先进，成为名副其实的好学生。

3．激发学习兴趣

无论是学习方面的后进生，还是思想品德方面的后进生，都存在着厌学、逃学等问题。其主要原因是他们对学习失去兴趣。要教育转化后进生，把他们培养成对社会有用的人，班主任首先要激发他们对学习的兴趣，因为兴趣是最好的老师。一个缺乏学习兴趣的人，他会把学习当成是一种苦役，一种沉重的负担，一种令人讨厌的事情。后进生这种厌学心理，以及很差的学习成绩，需要班主任做大量的、深入细致的思想教育工作，用自己的热情、真诚感化后进生，把他们的兴趣吸引到学习上来。班主任可以组织丰富多彩的课外活动，如兴趣小组等，让后进生动手动脑，发挥他们的特长，使他们对学习产生兴趣，进而产生学习欲望。

在此基础上，可采取切实可行的办法，如会同科任教师为后进生补课；确定一帮一互助组，让学习好的同学，帮助后进生提高学习成绩；与后进生一道探讨学习方法、学习策略；帮助他们解决学习中遇到的各种困难等，使后进生逐步形成良好的学习动机，良好的学习习惯。

4．培养自信心

爱默森说："自信是成功的第一秘诀，自信是英雄主义的本质。"后进生之所以后进，缺少自信也是其中的一个重要原因。班主任教育转化后进生，一定要培养他们的自信心，告诉他们只要有志气、有信心，就没有克服不了的困难。任何一位成功者的桂冠都是由多次失败记录编织而成的。同时，班主任要给后进生创造培养自信心的条件，让他们在实践中获得成功的喜悦。张老师的班里，有一位新来的学生，他学习不用心，成绩很差，但他做操认真。张老师就培养他为"广播体操标兵"，后来当选为体育委员，受到大家的好评。在一次全市组织的广播体操比赛时，体育老师让他上台给全校学生带操，学校取得了优异的成绩，他受到了校长的表扬、老师的鼓励，成了大家的榜样。从此，他信心十足，文化课成绩也有了明显的提高。在教育转化后进生中，班主任可以通过多种途径，让他们真切地感悟到，"只要努力，人人都能成功"、

“只要努力，人人都能战胜自我”，从而克服缺点，告别过去，成为学习和生活中的强者。

5．分析原因对症下药

如同医生治病救人，必须辨证施治一样，班主任转化后进生，也要查明原因，抓住要害，对症下药，辩证施教。每个后进生都有其各自的特点，他们的表现程度、表现方式、形成原因、问题症结各不相同，班主任必须分析原因，对症下药，否则，将会事倍功半。例如：对头脑灵活、成绩较差的思想品行后进生，班主任要通过谈心等帮教手段，让他们看到自己的长处，看到自己的优点，引导他们参加各种有益活动，克服和抵制不良思想的侵蚀。对学习后进生，班主任要分辨原因，属于智力因素造成的，班主任要在开发学生智力上下功夫，启迪他们的思维，提高他们分析问题、解决问题的能力。班主任也可以为他们开小灶，吃偏饭，帮助他们补习功课，使他们树立学习信心。属于“顽皮型”的后进生，班主任要利用他们聪明、机灵、讲义气、重感情等特点，通过疏导、迁移等方法，将他们的兴趣吸引到学习上来。

6．抓住转化契机

在对待后进生的问题上，我们有个别班主任失去信心，认为后进生是朽木不可雕，是顽石不开窍，是铁树不开花。其实，后进生也有上进心，他们也渴望进步，渴望成为一名好学生。班主任要看到这些蕴藏在后进生心中的积极因素，抓住转化契机，促其转化。通常可供班主任把握的转化契机有以下几种情况：①环境变化时。当新学期开始，或由一个学校进入另一个学校，或调换班主任及科任教师，后进生往往会产生从头开始的心理，希望告别昨天，迎头赶上。班主任要善于了解他们此时的心理，主动亲近他们，帮助他们，鼓励他们，促进他们进步。②长期遭受失败偶尔成功时。对于学习后进生来说，他们学习成绩差，每次考试总是落在别人的后面，他们对学习失去兴趣，对自己失去信心。如果他们偶尔得了一次高分或主动回答了老师的提问，班主任应及时鼓励，使他们增强信心，再接再厉。对于思想品行后进生，当他们参加了有意义的集体活动或为他人做了一件好事后，班主任要抓住教育契机，因势利导，使他们向好的方面转化。

7．持之以恒常抓不懈

后进生意志薄弱，自制力差，常常出现反复，为此，班主任大伤脑筋。正确地对待后进生的反复，是教育转化后进生的关键。班主任在转化后进生的过程中，首先，要有充分的思想准备，正视反复。后进生在进步过程中出现反复，是合乎规律的正常

现象。在反复中进步，在前进中反复，这是后进生在转变过程中的一条普遍规律。其次，要常抓不懈，毫不放松。要把转化后进生当作班级教育中的头等大事抓紧抓好，不让一个后进生掉队。

苏联教育家赞可夫曾经有过一个很形象的比喻：在我们面前有一块掺着碎石子的劣质土壤，它既不会叫人高兴，也没有希望提供起码的收成，可是来了一批地质工作者，经过一番勘探，结果在地下深处发现了宝藏。后进生就是有待班主任勘查的地下宝藏。如果我们认真地对他们进行一番勘探，就会发现他们深刻的内涵。发现了宝藏，就会产生热爱他们的情感，也就找到了教育他们的方法。

转化后进生会遇到许多困难和阻力，班主任只要建立一个基本信念，即后进生是可以转化的，就一定能成功。

四、技能训练

1. 训练要点

(1) 了解后进生的含义和特点。

(2) 掌握后进生产生的原因。

(3) 掌握转化后进生的基本方法。

2. 提供范例

范例：6-3《抓住他的闪光点》

我班有这样一个学生，人人说他“胸无大志品德差，不爱读书学习差，鲁莽散漫表现差”。初一升初二时根据他的情况，准备让他留级。但在家长的强烈要求下，我同意他在初二“试读”。当时有人说：“留下他，就留下隐患。”

但有一件事给我启发很大，使我愈加坚信苏霍姆林斯基的话：“每个人都有一颗成为好人的心。”

早读铃响了，全班学生都在门外走廊上。班干部向我反映，说铁链子拴得太紧，门没办法开。我连忙找来一根铁棒，匆匆向教室走去。可铁棒粗了，没办法伸进去，怎么办呢？正在此进，只见他从人群外挤到门边，把手指伸进铁链，用力一拉，门开了，他和同学们都高兴地坐到了座位上。可我忽然发现门栓上有血，我赶紧走近他的身边，叫他把手指给我看看，可他羞怯了，嘴里重复着：“没事，没事。”我强硬地扳开他的手一看，右手中指和食指的指甲全翻断了，血糊糊的……

我及时抓住此事对全班学生进行教育，开展了《当门栓拉不开的时候》专题讨论，表彰他这种行为，重塑他的形象，引导学生重新认识他，热情帮助他。班上学习委员主动承担帮助他提高学习成绩的任务，为他创设新的学习环境。我还要求大家对他不提过去，不揭疤子。从此之后，他学习劲头大了，发高烧也不愿缺课，课余还主动为班级做好事。初二上学期期考，他由原来的第61名上升到第38名，获得“进步奖”，并被推荐做了班干部。

我深深感到：教育学生就得注意发现“闪光点”，“以一当十”，“以小论大”，“以此论彼”，这样才能更深沉、更强烈地引起他心灵的震动。（陈欣安）

范例：6—4《爱心是后进生转化的关键》

有人说，能当教师的人，不一定能当班主任。在实习期间我深深地领悟到这句话的道理，同时也更清楚地认识到班主任的地位和作用。

实习期间我仅仅当了两个星期的班主任，时间短暂，但令我难忘，尤其这期间发生的一件事，深深地触动了我。

李强是初一（5）班的一个男生，在他的书桌里全是各种仿真汽车模型。上课时他经常摆弄这些东西，我没有当众批评他，而是想找个适当的时候，找他谈谈，进一步了解事情的真相。

自习课时我找到他，我先让他帮我打两壶热水，然后让他帮我核对考试分数。他的回答就是“是，一定完成任务”然后敬个军礼。他满可爱的，我真的打心里喜欢他。等他核完分数，他对我邀功，“怎么回报我？”噢！我笑了，“给你买雪糕、饮料！”他狂喜地叫道“真的！”

然后我对他说：“李强，你的理想是什么？”他毫不犹豫地回答：“当一名出色的机械师，安装汽车。”“那你爱念书吗？”“爱念，就是学习不好，所以也就不想念了。”“你现在这么小，不念书你干什么？”“我们家开了个修理部，我能修车。”“你能行吗？”“谁说不行，我桌堂里全是汽车模型，我完全能组装，不信你去看看……”我终于明白了。我深切地对他说：“李强，你有理想，有追求，真的很棒，但你必须念书。”“老师都不喜欢我，从来都不提问我，其实有时我也会做题的，在他们心里早就把我开除了。再说我爸、我妈老是骂我，根本不把我当大人看待，我有时也感到孤独，偶尔上

网消磨时间，可是上网花钱多，不忍心浪费我爸妈的钱。”多么懂事的孩子，可为什么在那么多人的眼里他却是“坏孩子”呢？仅仅因为他学习不好吗？听到这里，我的心一阵酸痛。“李强啊，听老师话，你现在还小，必须念书，多学知识，你才能实现你的理想，不上学，能学到电路吗？能学到物理吗？学这些高深的知识，必须念大学，你现在就想不念，将来能修进口车吗？能组装进口车吗？进口零件上全是英文字母，你认识吗……，为了你的理想，你一定要好好念书，给那些看不起你的人看看，别叫他们瞧不起。”他半晌没说话，只是瞪着眼睛看着。好像在想什么。他突然站起来，“老师，我明白了，我一定念书，而且要念好，为了我的梦想。”然后他就走出了教室。此时，我真的感到自己很伟大，好神圣。

现在的初中生，尽管人生观、世界观还没有完全形成，但他们对人生、社会已经有了初步认识。他们渴望别人尊重、信任，同时更渴望父母、老师（特别是班主任）能在心理上走近他们，贴近他们，而我们的父母，只把自己的意志强加在孩子身上，根本不考虑孩子的感受，只会说，现在的孩子越来越不听话；而我们的老师只用学习的好坏来衡量孩子的好与差。在心理上排斥那些“后进生”，使他们处在一个冰冷而没有爱的角落里，难道我们的家长、老师不该思索一下吗？

实习结束了，我舍不得孩子，孩子也舍不得我走，围着我哭成一团。并不是我课讲得好，而是因为我是他们心灵上的朋友，他们信任我，爱戴我……在我们之间有一条用爱组成的河流，流进他们的心，也流进了我的心，永不枯竭！（实习生裴忠诚）

3．技能训练

情境描述：

初二（1）班有个叫王峰的学生，经常打架斗殴，惹事生非，让老师操碎了心。有一次，他躲在楼梯拐角处抽烟，被值周老师当场抓住。上间操时，学校在全校同学面前点名批评了他。这件事被他父亲知道了，当晚狠揍了他一顿，还要用绳子勒死他。深夜，他从家里偷了200元钱出走了。他父亲气得咬牙切齿，发誓找回来，非扒他的皮不可。

王峰离家出走后，班主任心里非常着急，和他的家长找了好几天，没见踪影。一天，班级一位同学告诉老师说：王峰已从外面回来了，躲在邻居小虎家。原来，王峰这几天，白天串饭店、进网吧，晚上住在录相厅，钱花光了，还被小流氓给打了。因为害怕，才跑回来，又不敢回家。他想趁爸爸不在家，再偷点东西，准备远走高飞。听到这个消息，班主任老师特别着急，决心一定要挽救他，让他回到集体中来。

假如你是王峰的班主任，你将怎样帮助和教育王峰？请根据转化教育后进生的理论，分析其原因并设计一套教育转化方案。

4．训练要求

（1）方案符合转化后进生的理论。

（2）能准确分析问题成因。

（3）教育方法恰当。

第七章

心理健康教育技能训练

自20世纪80年代以来，我国中小学生的心理问题日趋增多。一些青少年的心理问题长期得不到解决，已形成了影响他们健康成长的心理障碍，甚至产生了严重的心理疾患，引起了党和国家领导的高度重视。《中共中央关于进一步加强和改进学校德育工作的若干意见》中明确指出，“要通过多种方式对不同年龄层次的学生进行心理健康教育和指导，帮助学生提高心理素质，健全人格，增强承受挫折、适应环境的能力”。1999年6月13日中共中央、国务院《关于深化教育改革全面推进素质教育的决定》中再一次明确提出“针对新形势下青少年成长的特点，加强学生的心理健康教育，培养学生坚韧不拔的意志、艰苦奋斗的精神，增强青少年适应社会生活的能力”。对青少年进行心理健康教育，是时代赋予中小学班主任的使命。它不仅关系到学生能否全面健康成长，更关系到社会的发展和人类的进步，必须引起广大班主任的极大重视。

第一节 心理健康的概念

一、什么是心理健康

关于心理健康的概念，国内外许多专家学者都有过研究和论述。1946年第三届国际心理卫生大会曾为心理健康下过这样的定义：“所谓心理健康是指在身体、智能以及情感上与他人的心理健康不相矛盾的范围内，将个人心境发展成最佳的状态。”还具体指出了心理健康的标志是：1．身体、智力、情绪十分调和；2．适应环境，人际关系中彼此能谦让；3．有幸福感；4．在工作和职业中，能充分发挥自己的能力，过有效率的生活。

我国的一些专家学者认为，心理健康是指具有良好的心理品质，即个体具有良好的心理状态、健全的个性特征和规范化的行为，而且无明显的心理异常表现。通俗一点说，就是指与大多数人的心理一致的心理，能坚持正常学习、劳动与工作的心理，能与他人保持正常关系的心理，积极的情绪多于消极情绪的心理，能调节、支配人产生正常行为的心理。

我们认为，要判断青少年是否具有健康心理，还要看他的心理状态是否符合一定的心理健康标准。

二、青少年心理健康的标准

目前，关于青少年心理健康的标准仍在热烈的讨论之中，不同的国家由于文化背景和民族的不同，其标准亦有很大差别。我国教育工作者依据我国青少年心理特点和学生实际，制定了如下心理健康标准。

1. 满意的心境

心理健康的青少年学生对自己，对自己的生活，对自己的学习感到满意。他们总是比较乐观，乐于学习、生活和工作。他们虽然聪明才智不尽相同，但没有心理障碍，能充分发挥自己的智慧和才能，并能取得一定的成绩，获得一种满足和成功的喜悦。这些又促进他们对学习、生活和工作产生更浓厚的兴趣。相反，如果他们羞愧于自己容貌不漂亮，身体有缺陷而怨天尤人，或者终日抱怨自己没有机会施展才华，自怨自艾，苦闷失望以至于把学习、生活和工作看成是负担而无法发挥自己的聪明才智，这就是心理不健康了。

2. 统一的人格

心理健康的青少年学生都有正确的人生观和信念，并以它为中心把需要、愿望、思想、目标和行动统一起来。作为人格核心的人生观和信念，一般是不容易改变的，而个人的具体的需要、愿望、思想、目标和行动等都会随着时间、环境的变化而改变。不过，这种改变总是与他们的人生观和信念相一致，并受其制约。相反，如果欲望背弃了信念，行动与思想互相矛盾，主体自觉的意识统一不了，这一切就会导致人格分裂，这就是不健康的心理（所谓人格分裂，就是一个人有两重或多重相互对立人格的特征，随着个人心境、所处环境的变化而交互出现，分别表现其片面人格）。

3. 正确的自我观念

具有心理健康的青少年应有健全的自我意识。能够正确地认识自我，即有良好的自知力，能对自己作出客观的评价，能以客观的态度观察和对待事物，适应不断变

化的环境。能做到客观地认识自己，能够悦纳自己。如果自我观念不正确，那么，他有可能自以为了不起，去做他力所不能及的事件，做不好就归咎于环境和别人的不支持，甚至把过失推诿给别人；他可能自轻自贱，对自己的命运漠不关心；他也可能自觉形成心理负担，这样的青少年的心理就不是健康的心理。

4．和谐的人际关系

心理健康的青少年人际关系良好，而且总有自己的朋友，总乐于同别人交往。在与别人相处时，对人的态度总是尊敬、信任多于厌恶和怀疑。热爱自己的集体，愿意为集体工作，个人能为集体利益做出牺牲。相反，如果缺少朋友或根本不去交往，在交往中不会以诚恳、谦虚、公平、宽厚的态度对待别人，不能容忍别人的短处和过失，不尊重别人；或者没有充分的证据就轻易地怨恨、敌视他人，总认为别人是靠不住的；或者认为别人是可以欺侮的，总想糟踏别人以取乐，这就不能说是心理健康了。

5．个人与社会的协调一致

心理健康的青少年学生能够适应社会环境的变化，能同社会保持良好的接触，认识社会，了解社会。他的思想、信念、目标、行动能跟上时代的发展，与社会要求相符合。如果发现自己的需要、愿望与社会的要求、别人的幸福发生冲突，能够主动放弃或修改自己的行动计划，以谋求与社会的协调一致。如果不是这样，而是为了实现个人的欲望而不惜采取反社会的态度，不顾社会道德规范与法律的约束，妄取强求，那么这种不健康的心理还会使他们走上犯罪的道路。

6．行为符合年龄特征

心理健康的青少年学生其思想和行为应与其年龄特征相一致。如少年时期应天真活泼；青年时期则应朝气蓬勃，更有独立的见解和行为。

第二节　影响心理健康的因素

分析影响青少年学生心理健康的因素，是为了更有针对性地对心理不健康的学生进行教育。影响学生心理健康的因素很多，也有不同的归纳方法。具体来看大致有以下几个方面：

一、生理因素

生理因素是指包括遗传、解剖、生理、生化和病菌、病毒等对精神疾病产生和发展起作用的因素，是影响人的心理健康的物质根源。

从遗传因素看，父母近亲结婚，可能导致儿童生下来就有躯体和智力上的缺陷。上海市曾对精神病患者的亲属做过普查，发现其亲属中随着血缘关系从远至近，患病率也由小到大。

这说明遗传基因在某些心理异常的形成中起重要的作用。从儿童生长发育看，儿童在母体发育期间，母亲的保健状况、情绪、营养等以及在分娩过程中出现早产、难产、产儿窒息等异常情况，也影响孩子未来的心理健康。此外，由于中毒、外伤、内分泌失调以及躯体疾病等原因引起的大脑机能活动失调以及脑组织损伤也会引起暂时性或永久性的心理障碍，如肾上腺分泌过多会造成狂躁症，而分泌过少又会引起抑郁症等。

二、家庭因素

家庭是学生的第一个学校，父母是学生的第一任教师。家庭所处的经济地位，父母亲的教育观点、教育方式以及家庭成员的关系等，对学生的心理健康都有不可忽视的影响。例如，家庭不和睦、父母教育方式不统一或素质低下、单亲家庭等等，都会使学生造成心理压力，甚至会导致学生心理变态，影响学生的健康成长。

三、社会因素

学生接受的教育，受到的影响，不光来自学校和家庭，社会的影响与日俱增。随着科学技术的进步和社会的发展，一个崭新的信息时代展现在学生面前。在新旧思想斗争激烈，外来影响越来越大的现代社会，一些不法之徒，为了赚钱，不择手段。受不健康的报刊、杂志、书籍、游戏等大众媒介的传播和影响，一些好奇心强、天真幼稚、判别能力和自控能力差的学生会受其影响，从而导致心理异常。同时，社会的不良风气和环境，对那些辩识能力尚低的学生的心理健康构成威胁。

四、学校因素

分析一下心理不健康的学生，我们发现，学校教育失当是学生产生心理疾病的另一个原因。学校是培养和造就一代新人的场所，学校办学思想、教师素质、教育方

法等等都直接影响学生的成长。在学校教育中对学生心理健康影响最显著的两个因素是：一、“应试教育”的影响。长期以来，我国学校教育一直在“应试教育”的轨道上运转。为了升学，加大学生的课业负担，致使部分学生产生厌学心理，无法感受学习的乐趣，由此便产生了“你越让我学我越不学”的抗拒逆反心理。二、学校教育方法失当。例如，教师在传授知识时，大多沿用传统的教师讲学生听的教学方法，不利于学生学习积极性的调动；我们有的班主任在教育犯错误的学生时，态度粗暴、方法简单，会伤害学生的自尊心。学校教育方法失当，往往会使学生产生消极、恐惧、不信任的心理，影响正常的学习，严重者会出现心理异常。

五、心理学因素

心理是感觉、知觉、记忆、思维、情感、意志、性格、意识倾向等心理现象的总称。客观世界，无论是家庭、社会还是学校，种种因素都要通过学生个人的内部心理活动产生作用。如果这些问题解决得不好，学生就会出现心理障碍，甚至带来不良后果。北京市五中吴昌顺校长说：“青少年当中存在的厌学、离家出走、情感脆弱、承受力差等问题，大都不是思想品质、道德纪律问题，许多是因为认识偏颇、情绪激动、意志薄弱、内心矛盾而产生的苦恼、困惑，或是受到刺激、挫折而引起的心理失衡所致。”由此可见，由心理因素所引起的心理异常是影响学生心理健康的另一个因素。

第三节 青少年心理健康问题及其教育

一、青少年心理健康问题

1．小学生心理健康问题

儿童入学以后，学习成为小学生的主要任务。因此，小学生的心理健康与他们的学习活动、学校生活紧密相连。他们的心理状况也可以从学习活动、品德行为等方面得到反映，并受它们的影响和制约。

(1) 学习方面的心理健康问题。

①妄自尊大、不尊重别人。一些优秀学生，他们认真、刻苦、积极、自信的健康

心理，使他们有着优异的学习成绩，特殊的班级地位，良好的教师印象。由此，他们会产生骄傲、自满、浮夸和不尊重他人的心理，造成同学关系紧张，缺少合作伙伴等问题。

②消极、自卑。一些学习成绩较差的学生，由于成绩不好，经常受到同学的冷遇，老师的白眼，家长的训斥，自尊心、自信心荡然无存，往往表现为消极、悲观、自暴自弃。

③学校恐怖症。这些学生受学习压力过重的影响，害怕老师和学校，害怕考试和公布成绩，出现神经生理疾病（呕吐、头痛、胃疼、腹痛），不敢接触老师和同学的退缩症，害怕去学校的恐怖症。

（2）思想品行方面的心理健康问题。

①疑惧和对立。小学生有不良表现时，遭到家长的指责、教师的批评和同学们的耻笑，他们感到别人对自己的轻视和厌弃，从而产生对老师、家长的疑惧和对立情绪，躲避老师和家长，不轻易暴露思想，与成人形成严重的心理隔阂。

②自暴自弃和破坏。小学生受到批评和指责后，有的产生自卑和抵触情绪，严重的会出现“破罐子破摔”的心理状态。在行为上放任自流，破坏公物，破坏纪律，寻衅闹事等。

③粗暴和侵犯。小学生受到父母或社会的不良影响，形成对人态度粗暴、野蛮，说脏话，盛气凌人，欺侮弱小的不良品行。

④说谎和偷窃。

⑤胆怯和孤僻。小学生在缺乏温暖，遭受压抑或神经类型属于弱型的情况下，容易形成胆怯、抑郁和孤僻的不良人格。

2．中学生心理健康问题

（1）厌学。一些学生对学习没兴趣，注意力分散，上课不认真听讲，思维迟缓，情绪消极，作业拖拉，敷衍了事，学习效率低下，考试及作业的错误率很高。

（2）逆反。一些学生对外界的刺激常常产生与常态相悖的心理反应，与他人交往采取不合作的对抗态度，对老师的教育感到厌烦，对家长的劝导进行顶撞。

（3）易怒。这类学生在受到一般或轻微的刺激时，情绪很容易波动。如，生气、急躁、发怒等等。他们的报复心强，有时会无缘无故大声哭叫，常有做危险事和愚蠢事的冲动，事后冷静下来又后悔。

（4）社交恐慌。一些学生对社会交往行为产生强烈的恐惧，往往寻找借口回避，即使是与家人、老师和同学在一起也感到不自在。这些学生对他人的言行过分敏感，稍有不顺心的事情，便陷入痛苦之中。对同学的善意帮助持怀疑态度，对老师的教育怀有戒备心理，在人际交往中有害羞、局促不安、尴尬、笨拙等异常反应。

(5) 嫉妒。有的学生看到自己的学业不如别人而心怀怨恨，不但不学习他人的长处，反而进行讽刺挖苦。

(6) 不良嗜好。一些学生抽烟、喝酒、玩游戏上瘾，养成不良的行为习惯，影响正常的学习生活，也影响其身心健康。

(7) 焦虑。这种心理障碍在中学生身上表现得比较普遍，大多数较轻微，持续时间较短，轻微、短暂的焦虑有助于调动学习潜力。少数学生焦虑时间持久，对周围环境的刺激比较敏感，他们入睡难，易被惊醒，常体验到莫名其妙的恐惧、紧张和心烦。这不仅对学习产生不良影响，而且若不及时疏导和诊治，容易变成恐怖症、癔病等多种心理疾病。

(8) 抑郁。一些学生在情绪上表现为悲伤、孤独、颓丧，自我评价消极，认为自己什么都不行，对学习缺乏信心，对所做的事抱有恐惧倾向，对改变自己的处境持悲观态度。这类学生往往不引人注目，他们不影响课内外秩序，不妨碍教学和各类活动，但随着其不良情绪的发展，其内心紧张的程度的加重，他们会日益消沉下去，严重的可能发展为抑郁性精神疾患，有的会做出自伤行为，甚至出现轻生行为。

二、青少年心理健康教育

1. 开展心理健康教育的意义

(1) 心理健康教育是社会发展的客观要求。

有专家预言，21 世纪心理健康问题将是人类的一大祸害。作为 21 世纪主人的中小学生，面临纷杂多变的世界，面临考试、升学、就业等带来的诸多问题，心理上会有沉重的压力，会产生许多心理问题、心理障碍，继而影响身体健康。学校是为社会培养全面发展的人，德、智、体、美等方面的全面发展与心理健康是密不可分的。心理健康是青少年走向现代化，走向世界，走向未来，建功立业的重要条件。具有健康的身心，已成为社会发展的客观要求。

(2) 心理健康教育是青少年身心发展的需要。

青少年时期是人生健康心理形成的重要阶段，是心理素质发展的关键时期。许多研究结果表明，中小学生心理健康问题已成为影响他们身心发展的制约因素。上海市精神卫生中心的研究人员的调查结果：我国小学生各类行为问题的总检出率为12.93±2.19%；杭州市小学生心理健康问题的总检出率为9.5%。上海市教育局会同有关部门对7所中学的70%的学生进行了一次心理卫生状况的测评，发现有心理问题的学生占30%。厦门教育科学研究所的研究人员，对500名高中学生心理健康状况及影响因素的调查分析中发现，有49.6%的学生存在着多种轻度的不良心理反映；有1.08%的学生存在着多种明显的心理健康问题。南京市一女生因中考后一点信心也没有，听说自费上学多花钱，在录取通知书下发的前一天寻了短见；苏州某中学一名高一新生因受不得同学的冷言冷语而服毒身亡；山西芮城县某中学学生，为了同学间的一些小事而悬梁自尽。青少年心理健康问题已受到各界人士的普遍关注。

为了满足青少年身心发展的需要，为了防止他们心理障碍和心理疾病的发生，为了培养他们良好的心理素质，对青少年学生进行心理健康教育，历史性地被提到班主任工作的议事日程上。

2．青少年心理健康教育的内容

（1）帮助学生解决心理问题，消除心理障碍。

（2）及时发现心理疾病，配合医院治疗。

3．青少年心理健康教育的方法——心理辅导

目前学校心理健康教育有三种基本方法：心理咨询；心理辅导；建立心理档案，开展案例研究。

心理咨询是指咨询者运用心理学的专业知识和相应技巧，针对来访学生的心理问题作出分析、建议，缓解来访学生的心理紧张和冲突，提高其适应能力，维护和增进来访学生身心健康，促进其人格完善和潜能发挥的过程。

心理辅导是学校促进学生心理健康和人格健全发展的教育活动。它是运用心理学、行为科学等学科的理论和技术，帮助学生达到心理优化的过程。

建立学生心理档案，通过案例研究总结归纳中小学生存在的主要心理问题和心理障碍，探索适合我国学校情况的心理健康教育的方式、方法。

在上述三种心理健康教育方法中，最适合班主任对学生进行心理健康教育的方法是心理辅导。如果说，心理咨询是在给有心理障碍的咨询对象以帮助、启发和指导，那么，心理辅导则是帮助学生提高自我意识水平，避免由于困惑、焦虑等心理问题而造成的失误或盲动。前者侧重治疗，后者侧重预防；前者注重解决个别问题，后者是使大多数学生心理都能获得良好的发展。为使广大中小学班主任更好地对学生进行心

理健康教育，这里重点介绍一下心理辅导的有关内容和方法。

（1）心理辅导的功能。

学校心理辅导有三大功能：发展性功能、预防性功能、治疗性功能。其中以发展性和预防性为主、以治疗性为辅。

发展性功能。发展性功能强调促进学生心理健康的发展，在心理辅导过程中，依据学生实际状况，从他们的心理需要出发，为他们创造有利的环境和条件，以帮助学生增强心理承受能力，学会解决自己成长过程中出现的各种心理问题，能够健康地成长，全面发展。

学生在发展过程中会出现各种各样的心理问题，有些问题带有明显的“个体独特性”，但大部分心理问题是学生自身成长过程中伴随出现的发展性问题。发展性辅导，要遵循学生心理发展的一般规律，针对学生在不同发展阶段所面临的目标、矛盾和个别差异，开展相应的辅导活动，从而使个体具备与不同阶段相适应的经验和解决问题的能力。目前，许多中小学开展的耐挫折能力训练、意志训练、人际关系训练、就业指导等都属于发展性心理辅导。

预防性功能。主要是通过多种途径提高学生的自我意识水平。自我意识包括自我观察、自我体验、自我概括、自我评价、自我调节等。学生的意识、情感、行为特征无一不受自我意识的影响和制约。因此，班主任通过心理辅导，帮助学生提高自我意识水平，使学生懂得主动寻求心理支持，以避免由于困惑、焦虑等心理问题而造成失误或盲动。如学校开展的青春期教育、如何交友、考前心理辅导、毕业辅导等均属于预防性功能的心理辅导。

治疗性功能。治疗性心理辅导是针对学生学习、生活及求职中出现的具体心理问题，给予直接的心理辅导。对有严重心理障碍或心理疾患的学生，班主任应与心理卫生部门联系，介绍学生到医院接受治疗。

（2）心理辅导的目标。

①开发心理潜能。激发学生的求知欲和探索精神。

②有正确的自知。使学生能客观地了解自己，评价自己，比较全面地认识自己的能力和心理特点。有较强的自信心，正确对待自己的长处和短处，悦纳自己。同时，能克服自大、自卑、虚荣心、依赖等不良心理。

③具有顽强的意志。使学生树立坚毅、不怕挫折、不畏艰难的精神。克服顽固、惰性、优柔寡断，避免行为冲动性。

④具有良好的心理品质和健全的人格。要使学生有正确的社会认知，遵守社会规范和行为规范，避免自私、狭隘的倾向。

⑤具有积极乐观的心态。使学生具有较高的学习热情，不断追求，勇于进取，立志成才，避免消极、失望、自卑等心理倾向。

⑥具有稳定的情绪。使学生能自我调节情绪，控制自己在各种情况中情绪的波动，克服灰心丧气、烦恼、急躁、压抑、焦虑、孤独等心理倾向。

⑦学会人际交往。能以积极的态度与人交往，掌握正常交往准则和处理人际关系的技巧，能与人建立相互理解、信任的关系；在交往中主动学习别人的长处，求得进步，让对方接受或了解自己的思想观点，克服紧张、偏见、恐惧、猜疑、嫉妒等心理倾向。

⑧培养良好的学习习惯。通过辅导使学生树立明确的学习动机，掌握学法、学会学习；合理竞争，正确对待成功与挫折；减轻焦虑程度和紧张心理，以正常的心态参加考试。

（3）心理辅导的内容。

①学习辅导。学习是中小学生的主要任务，也是其日常生活中最重要的内容。因此，中小学生的许多心理障碍都与学习有关。就目前而言，大多数中小学生所面临的一个共同问题是：学习负担过重，厌学心理普遍存在。我国学者黄希庭等人调查结果表明：有 20.7% 的人不仅为学习感到烦恼和忧虑，甚至对学习达到了恐惧的程度。针对这些情况，班主任要努力做好学生学习心理辅导工作，通过辅导使学生真正了解学习的意义，端正学习态度，强化学习兴趣，养成学习习惯，增强学习信心，以解决“不能学、不愿学、不会学”等心理问题，教会学生掌握一些学习方法和技巧，使他们能顺利地克服学习过程中产生的困难、挫折，学会学习，并取得较好的学习效果。

班主任在对学生进行学习辅导时，可以从以下几方面入手：

第一，尽力减轻学生的学习负担，指导他们科学地安排起居、学习、锻炼、娱乐，避免生理、心理疲劳。

第二，对学习情绪和动机进行训练与辅导。在学校中常常出现学生不做作业，不愿积极参与课堂学习活动，不愿作难度较大的作业，旷课乃至逃学等学习退避行为。仔细分析，几乎都是由学习失败带来的消极情绪引起的。因此，要培养学生积极的学习情绪和学习动机，让他们以愉悦的心情学习。

第三，培养学生对知识和学习的兴趣。陶行知先生说过：“学生有了兴趣，就肯

用全部精神去做事，学与乐不可分。”班主任要根据学生的年龄特点，利用形象、生动、新奇的事物激发学习兴趣，以克服厌学心理。

第四，进行学习技能辅导与训练。在中小学开展学习技能辅导要根据年龄特点，要有针对性。小学低中年级应侧重于观察力、注意力的辅导与训练；小学高年级和初中一、二年级应在记忆力、思维力和学习方法上重点辅导与训练；初中三年和高中阶段，则应以思维能力和学习策略作为重点辅导和训练内容。

②生活辅导。生活辅导是对学生整个生活、整个人生及人格的辅导。目的是建立合理的生活规范，养成良好的生活习惯，陶冶情操，适应基本社交生活等。具体包括：人格辅导、消费辅导、休闲辅导。

第一，人格辅导。人格是指个人对己、对人、对事乃至整个环境适应时所显示的独特的心理特征，是对人的总的、本质的描述，既能代表这个人，又能说明这个人的行为。一个持久地、突出地、明显地干扰人，导致他不能保持稳定的人际关系和难以适应社会生活的人格状态，即为人格障碍。主要表现为情感和意志行为。这种状态的形成，与遗传、家庭、教育和环境等因素有关。人格障碍特征之一是18岁以前产生，而且一旦形成则难以矫正。因此，对中小学生的人格辅导就显得更为重要。对于小学生人格辅导，班主任应着重对他们的自我意识、人际交往与沟通以及群体协作技能进行辅导，以培养他们良好的适应性。

自我意识辅导的目的是让学生对自我有一个初步的了解，教会学生善于发现自己的长处，正确看待自己的长处；善于发现自己的不足，勇于改变自己的不足。

人际交往与沟通辅导主要包括三方面内容：一、与教师交往的辅导。要教育学生尊敬教师，正确地评判教师，更多地理解教师，正常地与教师交往。二、与父母交往的辅导。要让学生懂得爱与关心是双向的，让他们理解父母，从感情上回报父母，从行为上尊敬父母。三、与同伴交往的辅导。班主任要鼓励学生主动、真诚地与人交往，尊重别人的人格、感情和隐私，不把自己的意向强加于人，对人不能求全责备，与人建立良好的人际关系。特别需要引起注意的是，对于青春期的学生，班主任要进行性问题辅导，教育学生既要遵循青少年身心发展规律，又要恪守社会道德规范，善于在规律和规范之间寻找结合点，辅导学生控制本能，学会爱情、懂得贞操。

第二，休闲辅导。通过辅导，让学生懂得合理安排自己的休闲生活，不浪费宝贵时间，真正做到劳逸结合。

第三，消费辅导。让学生学会合理消费，正确地对待金钱、名牌，养成节俭的消费作风，克服盲目的攀比心理。

③职业辅导。职业辅导是协助学生对前途，对未来职业进行选择的心理辅导。通过职业辅导，帮助学生在了解自己的兴趣、能力、特长的基础上，确立自己的职业志向，并从现在开始努力学习，为今后走向社会打下良好的基础。

学校心理辅导的最有效方式是班级活动。班主任针对青少年身心特点和学习、生活中存在的主要心理问题，通过主题班会等形式，对学生进行心理辅导，可以同时收到预防与治疗的双重效果。

三、技能训练

1．训练要点

（1）了解青少年心理健康教育的意义。

（2）掌握目前青少年心理健康存在的主要问题及其表现特征。

（3）能针对学生心理健康问题进行心理辅导。

2．提供范例

范例：7—1《她的心理障碍排除了》

1991 年 4 月，市教委确定在我校初中一年级试办中学管乐团，学校研究决定从当时的初一六个班中分别推荐一些学生重新组建一个管乐班。

小米是管乐班上的一个女孩子，她经常和男孩子在一起，还欺负女同学，对一些男同学也动辄拳脚相加，不少同学一见她心里就发怵。

小米是独生女，父亲是西安火车站工人，母亲为西安一所学院的炊事员。父亲嗜酒，喝醉后就回家和妻子吵闹打架，家庭环境极不安静。小米因此心灵受到很大伤害。她既为没有一个安静和谐的家庭环境而苦恼，又为邻居和周围人对她和家里人的鄙视而气愤，因而就采取破罐子破摔的态度。

正如她在日记中所写：“生活在这样的家庭，根本就没法学习。就是学得再好，凭我爸我妈能供我上大学？还不如由着性子自由自在地活着算了。”我深深地感到小米学习不认真、表现不好，其重要原因是存在心理障碍。因此，我认为应该由此入手来开展工作。为了消除由于邻居和周围人的鄙视给她留下的思想阴影，我就有意经常和她在一起玩，关心她，帮助她，使其感到老师和同学并不歧视她。

在一次数学课上，老师提问一个难题，她很快做出正确反应；她学习单

簧管，也在不长时间内就较快地掌握了吹奏要领。这说明她天资并不笨。对此，我及时在全班同学面前进行了表扬和鼓励。同时，我又把她的家庭处境及思想表现情况，通报给所有科任老师，请他们对其多加关注，尽量为其排除心理障碍，以消除她和老师、同学的感情距离。

与此同时，我们组织了《敞开心扉，吹奏理想之歌》的主题班会，让同学们敞开心扉，倾吐自己学习的心理障碍和排除方法。在此基础上，请陕西师大教育系王淑兰教授带领她的学生定期给班上同学进行心理咨询。经过多次咨询活动后，小米才痛哭流涕地倾吐了她的苦恼和思想活动。对于她的家庭处境和已往的表现我们除了表示同情和理解外，还对她进行了热情的帮助和教育，鼓励她用自己的良好表现改变邻居和周围人的看法，并向她讲述“寒家多贤良”、“鸡窝出凤凰”的故事和道理。这些教育活动收到了良好的效果。

1991 年暑假，我们组织全班同学到清华山、沣峪口旅游，我有意指定小米担任一个小组的组长，结果她把这个组带领得非常好，活动内容丰富多彩，大家玩得很开心，按时回到了集合地点，没有发生任何违纪和不安全现象，充分表现了她的组织才能。因此，在班委会改选时，大家推荐她当班长。这件事对小米转变起了重要作用。老师和同学的信任和拥护，使她彻底消除了自卑心理。她对自己要求严格了，学习也越来越认真了。

然而，有一天早上，小米到校后又撕本子又撕书。她告诉我：“昨晚我爸输钱喝醉酒，一进门和我妈又吵又闹，我在这个家里再也呆不下去了，学也不想上了！”此时，我才意识到，要使小米根本转变，还必须帮助她改变家庭环境。于是，我多次邀请或走访她的家长，和他们促膝交谈，既讲孩子的心情和表现，又分析造成孩子当前这种心理状态的原因，使他们认识到，由于其父好赌嗜酒，家庭经常吵闹，对孩子的心灵造成的恶劣影响和严重的损害。

这使小米的父亲震动很大。我又先后请陕西师大一些心理学、教育学专家给家长作了“家庭教育的重要性”、“青少年的心理特征与家庭教育”等专题讲座，使他们进一步认识家庭教育、家庭环境对孩子成长的重要性，帮助他们掌握孩子的心理特征，掌握教育规律，改进教育方法。从此以后，小米的父亲真的戒掉了好赌嗜酒的恶习，家庭气氛和谐多了。

随着家庭环境的改变、思想包袱和心理障碍的解除，小米的学习越来越认真和专心了。思想行为上进步很快，得到了全班同学和老师的好评，并且第一批加入了共青团组织。(张慧芳)

范例：7—2《他回到了男子汉的世界》

新学年开始，新生中有一个眉清目秀的小伙子，不仅长得“帅”，还写得一手好字，成绩也好，深得女生的青睐，可却令男生讨厌。

通过观察，我发现他的确喜欢和女生接近，在食堂，帮女同学打饭；上自习，给她们誊写和整理笔记、缝被子；拒绝男生的帮助去找女生；过生日，只邀请女生参加；甚至以学习互助为由要求换座位靠着女生坐。班里组织春游，他请假不去，却和三名告假的女生另组队伍前往。我开始觉得这个学生的行为有些欠妥，于是找他谈话，告诉他青年要有远大的理想，把心思用在学习上，切莫儿女情长做感情的奴隶。还给他讲了关于如何正确对待与异性交友等问题，他表示愿意冷静地思考。

一天晚自习后，同学们都归寝了。值周老师发现他和一个女生并排坐在静寂无灯的教室里。我知道后很气愤，认为他阳奉阴违，品行不端。责令他停课反省，写出书面检查，请来家长配合教育，并建议学校给予校纪处分。他哭了，悄悄给几个女生分别写了告别信。信中说，他要出家当和尚，超脱尘世，遁入空门。因为他得不到父母的理解，老师、校长也容不得他，只有出家，才能脱离苦海……

他为什么会有这样的心理？我的教育和学校的处理有何不妥？我真不明白！

通过与他父亲交谈，我了解到：他的父母都是机关干部，由于工作忙，无暇顾及孩子。他从小跟着姐姐上学、游戏，是整天泡在女孩子的天地里长大的。久而久之，他变得喜欢和女孩子在一起。加之父母单位住房紧张，读初中还没和姐姐分床。这些都影响了他心理的健康发展。可他并未意识到自己的问题。

他在一则日记中这样写道：“今天班主任又找我谈话了，讲了许多大道理，什么要胸怀大志啰，珍惜光阴啰，团结男同学啰……其实用不着转弯抹角的，就是说我和女同学接触的事嘛。我也不知道我是什么时候变成这个样子的，我想和男同学搞好关系，可总是做不到。我知道他们恨我，经常在老

师面前告我的状，其实，他们是妒嫉我女朋友多！

“和女同学在一起，我总觉得舒服、熨贴。她们说话秀声细气的，充满了温柔。她们爱干净，身上的香味很好闻。她们不虚伪，把我当弟弟看待，有心事也愿意向我倾吐。有时还让我给她们出主意、想办法，信任我、依赖我。

“我不知道和女同学要好有什么要不得？我不知道是我不对，需要改正，还是班主任思想太守旧，需要洗洗脑子？”

可以看出，该生有一种特殊的心理，即反感同性，而将情感倾注于身边众多的异性。通过翻阅心理学著作，我终于得知：这是一种心理性的问题行为，发展下去，严重的可能成为一种病态心理——恋异癖。患有这种心理疾病的人，不能适应正常的社会生活，还往往被视为玩弄异性的品德败坏者，个人生活多半也不幸福。

为了学生的健康成长和未来的幸福，作为班主任，我必须帮助他。我的具体做法是：第一，充分运用和发挥文学作品的感染力量。我推荐学生阅读一批刻画男子汉气度和风采的书籍，并和他们一起探讨这些文学形象震撼人心的魅力之所在，使其深刻地感受主人公强烈的阳刚之美。这样从文学作品赏析的角度出发，寓教于乐，避免了直接灌输，效果较好。第二，让他切身感受男性间那种兄弟般的情谊。我劝他参加班上的男子篮球队，并亲自带队参赛，夺得了全校冠军。胜利的欢乐使全体男生更加团结，他也感受到了男生集体的力量和友情。我建议球队去和外单位的成人比赛，让他和男生一起感受挫折和失败，加强彼此的情感交流。一句话，促使他回到属于他的那个男性世界里。第三，加强接触，消除戒备心理，增进师生情谊。经过多次谈心，我和他建立了良好的关系，他开始对我敞开心扉，把自己童年的趣事、现在的心理活动都毫无顾忌地告诉我，我则因势利导，让其明白，阴柔之美是属于女性的，男人应有男人的阳刚之美。

快毕业了，他告诉我，女同学与他疏远了。我问：“为什么？”

“她们说我变了，不像小弟弟了。”他说。

“那像什么呢？”

“她们说现在像男同学了。”他的脸红了。

“后悔吗？”我笑着问。

"后悔！"他认真地说。

"后悔？"我不解。

"后悔我改变得太迟了！"

我们俩都会心地笑了。(蔡永红)

范例：7–3《早恋》

小霞是区业余体校的篮球队员，她的"青春期"比别的孩子来得早，在小学时就同男篮的一个队员"好上了"，上中学后仍然来往频繁。

任小艾听到同学的反映后，就找小霞谈话。开始，任你说破嘴皮，她也是一言不发。后来，看到老师态度那么诚恳，便提出了三个条件：一、不能告诉家长；二、不能在全班宣布；三、不能改变对她的看法。空口无凭，"拉钩"为誓。任小艾答应了，她才和盘托出。

听完小霞的讲述，任小艾沉思了一会说："你看现在能不能这样，克制一下自己，先把这种感情'冷冻'起来。因为你们现在年龄太小，经历、阅历都不够，学习任务又重，谈这个问题还为时太早。等将来长大了，你们愿意再好时，我再给你们说合。现在先安下心来学习怎么样？"……不久，那位男同学考上了北京青年篮球队，要转到另一所学校读书。临走，他找到任小艾："我想走后给小霞写信，又怕你们班的同学知道了挤兑她。您说我该怎么办？""这样吧，你把信写给我，用大点的信封，里面再装上给小霞的信，封好，由我负责转给她。"男同学喜出望外，却又不敢相信："老师，这行吗？"任小艾微笑着："行，保准没人知道。别忙，我是有条件的。你要保证小霞接到信后，学习劲头只能越来越足，如果不是这样……""老师，您放心，我保证能够做到。"没多久，信来了。任小艾把小霞叫到办公室，等其他老师不在的时候，才把信交给她。小霞看完后，把信递给任小艾……任小艾接过信一看，除了最后一句："我永远不会忘记你，希望你也能永远记住我"有点"那个"外，通篇都是鼓励之词。

后来，那位男同学又来过一次学校。任小艾问他，为什么从那以后不再来信了。他说："时间一长，就觉得淡了，再说教练员管得严，训练又紧张，根本没功夫。"小霞呢，也从感情的漩涡中冲了出来。在88年3月9日的日记里，她这样写着："任老师，今天他又来到了学校，您当然知道了。您也许会想，我又会有什么思想负担了。不会的，任老师您放心，我不会再出什

么事了，我现在已经能克制自己了。非常感谢您对我的关心。”一个棘手的难题就这样解决了。(任小艾)

3. 技能训练

(1) 训练 [A]

情境描述：

何苗，女，11 岁，小学五年级。从小不爱说话，性格内向、要强、敏感。一次老师因误会，在全班同学面前批评了她，她觉得十分委屈，感到丢了丑，无脸见人。于是下课后，趁同学不注意，用铅笔刀往自己左臂上割了六刀，幸被及时发现。几天后，她因未参加劳动又被小组长批评，晚上回家后，便吞服了 200 多片药片，其中有 40 多片消炎药，100 多片感冒通及一些中成药。被家长发现送医院抢救后，才幸免于难。

请在阅读上文后，运用心理健康标准，分析何苗所表现的是哪类心理障碍，应如何帮助教育。

(2) 训练 [B]

情境描述：

学生凌强，脑子灵，反应快，据反映从小学五年级开始，逆反心理就有了苗头，到初中二年级时，逆反心理发展得十分严重。一天下午自习课上，有位同学用羽毛球拍打了凌强一下，他立即就跟这位同学打了起来，搅得教室乱纷纷的。恰巧这一幕被政教处老师看到了，凌强等被带到政教处后受到严厉批评。凌强很不服气，坚持自己有理。他母亲知道后问他这件事，他仍然坚持说自己没有错。班主任跟他谈话，他也是生硬地陈述着自己的理由。

怎样消除学生的逆反心理，是心理健康教育中重要课题之一。如果你是凌强的班主任，你将如何矫正他的逆反心理。请设计一套教育方案。

4. 训练要求

(1) 能准确掌握心理健康标准。

(2) 对案例中学生心理问题分析准确。

(3) 对案例中学生心理问题产生原因分析全面。

(4) 对案例中学生心理问题矫正措施具体，可操作性强。

(5) 所采取措施符合学生心理特点，时代感强。

第八章 班级管理技能训练

一个优秀的班集体必须具有正确的发展方向，共同的发展目标，坚强的领导核心，健康的舆论氛围，良好的班级风气。建设这种理想的班集体，需要班主任付出艰苦的劳动，需要班主任做出富有成效的、科学的管理工作。

第一节 制定班级工作计划

班级工作计划是班主任为了做好班级工作，对未来一段时间内班级工作的目标、任务、措施等预先做出的设想和安排，是班级发展的蓝图，对管理班级、教育学生具有重要意义。它不仅体现了学校的教育教学计划，成为学校工作计划的延伸和补充，更体现了班主任的创造性劳动。一个合格的班主任必须具备制定班级工作计划的技能，以避免工作的盲目性，减少失误，提高教育效果。

一、制定班级工作计划的意义

1．制定班级工作计划是班主任有的放矢地进行工作的重要环节

每一次计划过程都伴随着对以往工作的总结，对学前状况的分析以及对未来工作的预测，伴随着对工作对象、目标、任务、条件等的审慎认识。因而，每一次制定班级工作计划的过程，就是一次加深对班集体的认识过程，这种认识的深化是搞好班级工作的条件和保证。

2．制定班级工作计划有利于协调各方面关系

通过计划，能协调上级指示、学校要求与班级任务之间的关系；调动班主任、科任教师、学生、家长等多种教育力量；协调任务、人力、物力、财力、时间、场所等多种因素之间的关系，有利于通盘考虑，统筹规划，和谐有序地开展工作，避免工作

的盲目性和片面性。

3．制定班级工作计划有助于统一行动方向

通过计划，可以使师生明确奋斗的目标，统一行动的方向，避免目标的偏向和力量的分散。制定班级工作计划，不仅能够把握班级各方面的工作，还有利于班级工作的评价和落实，容易形成班集体的合力，增进师生团结，克服不利于班级工作的行为表现。

有些班主任，不大注意制订班级工作计划，或是制订时没有认真从工作实效上着眼，因此他们总是缺乏系统的工作要求和明确的长远目标。由于没有明确的、可行性的计划，又使这些班主任工作随意性大，常常想起什么做什么，发现什么问题解决什么问题，头痛医头脚痛医脚。这样的班主任工作不利于学生成长，更不利于班集体建设。

二、班级工作计划的制定依据和基本要求

1．依据

计划不能主观臆想，必须建立在对客观现实的认识和多种主客观条件基础之上。制定班级工作计划的依据是多方面的，归纳起来有：

(1) 上级指示和计划。党和国家的教育方针、政策和法规，上级教育行政部门的指示和要求，学校的工作计划，这些是保证班级管理工作方向的依据。

(2) 理论指导。班级工作计划要按教育和管理的客观规律办事，避免主观性和盲目性，必须有理论的指导，使之符合客观规律的发展要求。

(3) 间接经验。在制定计划时，重视教育情报，了解教育动态，学习和借鉴他人的班级管理经验，可少走弯路，捷足先登。

(4) 班级实际。制定班级工作计划要有的放矢，“的”就是班级实际，包括班级基本情况，班级现有基础，班级现实情况，班级工作进一步发展的客观可能性，了解这些情况，依据这些情况才能卓有成效地开展班级各项工作。

2．基本要求

(1) 班级工作计划必须坚持社会主义办学方向，把坚定正确的政治方向放在班级管理工作的第一位。这是方向性要求。

(2) 制定班级工作计划，必须是在总结前期工作的基础上进行和提高。上学期末完成的工作要继续抓，完成得不够好的工作要深入抓，已完成的工作要提出新要求。

(3) 班主任工作，每一阶段都要有创新，有突破，推动班级管理工作不断前进，这是创造性要求。

(4) 班级工作计划不能只提出一些空洞的条文和一般化的号名，要有奋斗目标、明确的要求和切实可行的措施。制定计划时，应实事求是，反映班级实际和特点，把计划建立在积极稳妥、切实可行的基础之上。这是可行性要求。

(5) 班级工作计划是微观计划，要求是什么，重点是什么，如何完成，何时完成，谁去完成都要具体明确，重要工作和活动要按周次排列出来，以便执行和检查，保证计划的实现。这是具体性要求。

三、班级工作计划的一般格式和制定步骤

1. 计划的一般格式

班级工作计划按时间可分为：学年工作计划、学期工作计划、月工作计划和周工作计划；按性质可分为：综合工作计划、单项工作计划。我们通常所说的班级工作计划，一般是指综合性工作计划，例如学年工作计划、学期工作计划等。它包含了班级工作的方方面面，是班级工作总的指导思想和行动纲领，控制着班级工作总的方向。月计划、周计划通常为具体活动计划，例如本月或本周，班级为了达到怎样的教育目的，计划开展哪些活动，采取哪些措施，预期收到怎样的效果，计划都写得非常详细具体。它使学年或学期工作计划更加具体，更具有可操作性。

班级工作计划一般由四部分构成：

(1) 标题。

标题或计划的名称直接反映计划的内容，其中包括制定计划的部门、时间和内容。例如：×× 中学初二 (2) 班 2000—2001 学年度第二学期工作计划。

(2) 正文。

这部分是计划的主体。一般包括班级情况分析、奋斗目标、活动安排及具体措施等。

班级情况分析一般有两种情况：一种是新生班，分析的主要内容包括班级概况如班级总人数、男女学生数、独生子女数、学生年龄、健康状况、学生特长、家庭情况等。第二种是老生班，在分析班级情况时，首先要简略地回顾一下班级上学期的主要成绩，这部分可一带而过。重点要分析班级存在的问题，例如班级的舆论导向、学生德、智、体诸方面的问题及成因、班级干部的协调情况、班级管理、外部环境对学生

的影响等问题。

奋斗目标是班级工作的预期结果，既要有激励性，能催人奋进，又要符合班级学生实际，留有余地。原则是蹦一蹦可以摘到桃子。

活动安排和具体措施是班级工作的总体部署，是完成计划的保障，要写得详实、具体、明确、便于操作。

(3) 自控措施。

是指完成计划的保障措施。

(4) 落款。

结尾部分要写明制定计划的时间。

班级工作计划好比班主任工作的施工图，开展班级活动必须依计划行事，不能只订计划，不去实施。当然，计划写好以后，也不是一成不变的，要根据学校和班级实际情况，适时、适度予以调整、修改，确保计划的可行性。

2. 制定计划的步骤

制定的步骤一般要经过三个阶段。

(1) 准备阶段。制定计划前的准备工作，首先要收集有关信息资料，掌握国家和上级教育行政部门有关教育方针、政策，学习教育管理的理论知识，了解当前班级工作的先进经验；其次要细心研究学校工作计划。班级工作计划是学校全面工作计划的局部计划，所以班级工作计划要贯彻落实学校的全面计划；最后是结合本班实际，进行综合分析，考虑计划的初步设想。

(2) 计划草案阶段。制定班级工作计划，必须发扬民主，师生结合，贯彻从群众中来，到群众中去的原则，发动学生广泛参与，反复讨论，在此基础上确定管理目标和任务，写出计划草案。

(3) 确定计划阶段。

这是在讨论和写出草案的基础上，最后审定班级工作计划的阶段。经班委会、班级全体学生讨论通过，征求各科任老师意见，最后确定，上报学校，开始实施。

四、提供范例

范例：8-1《初一（3）班 2001—2002 学年度第一学期工作计划》

1. 班级基本情况及分析。

初一（3）班是一个刚刚入初中新组建的班集体，共有 54 名学生，其中男生28人，女生26人，独生子女占94%。学生大多数来自周围学区的五所小学。

根据原有小学教师和学生干部及有关资料介绍，有30名学生在小学时参加过书法班、美术班、乐器班和舞蹈班的特长训练；有13名同学成绩优秀；有8名同学纪律较差；有8名同学在小学做过班委或班长；有1名同学因患小儿麻痹后遗症而拄双拐上学。其家长情况是：有15名学生家长具有高等教育学历；有8名学生家长从事个体行业；有27名学生家长业余从事第二职业；有9名学生父母离异，其中6人随母，2人随父，1人随外祖母。

入学五天以来，学生逐渐打开了陌生的局面，开始出现了不遵守纪律的行为。

2．学期工作指导思想及目标。

指导思想：以教育行政部门的各项政策方针为指导，坚持从初中一年级学生的实际出发，开展多渠道的有效教育，积极探索初中班主任工作规律。

目标：短期内形成优良班风；培养学生远大理想和情操，充分发展个性特长；学期末夺下三好班级流动红旗。

3．主要教育内容、措施与时间安排。

九月份：组建班集体，进行优良班风的教育，召开"我将这样起步"的主题班会。安排代理班干部，开始酝酿选拔班长和产生班委会。适时召开讨论会，主要话题是：班风建设中你有什么好建议？谁是班级的主人？靠近老师、喜欢与老师沟通好不好？由班主任首先做起，组织学生帮助有残疾的同学，解决她的困难。教师节之际开展尊师重教活动。筹备参加学校秋季运动会。

十月份：开展爱国主义和远大理想的教育。发挥优秀学生的带动作用，选举产生班委会，组织一次就职演说。组织制订个人学习规划，开展帮教活动，有针对性地进行家访。

十一月份：强化学习目的教育，进一步调动学生主动学习的积极性，进行期中考试前的学习动员。发挥学科代表的作用，举办一次各科优质作业展评。设立学习方面的质量答疑专栏，有疑难者，写条贴在专栏内，答疑者也写条贴栏内，互相帮助，增进团结。

十二月份：在进一步抓各科学习的同时，狠抓冬季体育锻炼活动，协助体育委员组织有益的课外体育活动，设立冬季长跑比赛园地。筹备新年班

会，召开班委汇报会，总结经验教训，改进工作方法。

一月份：组织迎新活动，搞好期末考试和学期总结，举行一次规模较大的联欢活动，丰富学习生活，增进同学之间的了解与友爱，培养学生热爱大家庭的情怀。搞好期末考试动员，

搞好学生的操行评定。召开班委会制订假期活动计划。召开家长会，汇报学期工作和学生状况，争取家长和多方面的教育力量。

4. 自控措施。

(1) 每项工作和活动开展后及时总结、评比，找出差距，再接再厉。

(2) 各项活动结束的较长阶段内，注意收集反馈信息，检验教育成果巩固与否，使今后的各项教育活动更有实效。

2001年9月1日

五、技能训练

1. 训练要点

(1) 了解制定班级工作计划的基本理论。

(2) 掌握班级工作计划制定的方法和步骤。

2. 技能训练

请以班级工作计划理论为指导，以学校工作计划为依据，根据班级实际情况，制定一份本班（或任课班级）本学期工作计划。

3. 训练要求

(1) 计划格式规范，符合要求。

(2) 班级情况分析具体，目标明确并具有激励性，措施得当并具有可操作性。

第二节 班级工作总结

对班主任来说，总结的目的是为了肯定成绩，增强信心；找出问题，看到不足；为今后的工作提供成功的经验，警示失败的教训，争取更大的成绩，开创崭新的局面。

一、班级工作总结的意义

1．班级工作总结是对一定阶段班级各方面工作的整体回顾和分析评价。通过总结可以肯定成绩，找出问题，为班级工作检查评定提供依据。通过总结，可以对零碎庞杂的事实材料进行加工整理，去粗取精，去伪存真，从中找出经验教训，为下轮工作计划提供宝贵的依据，提高班级管理水平，有效地加强和改进班级工作。

2．班级工作总结是对班级工作的再认识过程，是对某一活动从起点到归宿的评价过程。反映在工作上是对工作得失的权衡和认识，反映在学生身上是对学生成长情况的认定，反映在班主任的教育管理活动上是工作的反馈和总结经验教训。

3．班级工作总结是班级下一步工作的导向。任何在实施中的班级管理工作，都是一种尝试性的实践。只有通过总结，才能使之得到理论上的确认。所以，每次班级工作总结，是班级工作的提高，也是今后工作的导向。

4．班级工作总结是对学生的激发和鼓励活动。班级工作总结的重要内容是对学生在班级活动中的积极表现和他们的成长的一种肯定。能够对全班同学产生积极的导向作用。

5．班级工作总结对班主任素质的提高具有重要作用。班级工作总结是对班级管理教育工作的规律性认识，是对班级管理实践经验的积累，因此，有益于班主任认识班级管理的规律和总结班级管理的经验。班主任基本素质的提高，是在不断地总结工作中取得的。

二、班级工作总结的要求

1．要以班级工作计划目标为基准，以目标实现的状况来评价工作的得失

包括对班级工作方向的认定，对班级工作所产生的效果的评价，对学生成长变化的分析以及对班级工作整体带来的影响的认识。以班级工作计划目标为工作总结的基准，能使工作总结有基准，能使工作总结有标准，也能使工作总结有一定的高度，强化师生的目标意识。所以做好班级工作总结，使班级工作总结有理、有据、有内容，必须以班级工作计划目标为基准。

2．要公正、客观、实事求是

公正是指工作总结中出以公心，不偏不倚，不文饰溢美，也不把班主任个人主观意志带到总结中来。尤其在总结中涉及的对学生评价的内容，更要做到公正。客观是指工作总结中不从主观好恶，不以主观认定为出发点，对要总结的采取分析、辩证的

态度，树立全面的观点，用发展变化的眼光来看待。实事求是是指从实际出发，不求全，不求完美，不搞形式主义。这些要求是工作总结的生命，背离这些要求，工作总结就失去了意义。

3．要突出工作总结的教育性

班级工作总结是班主任工作的重要组成部分，通过工作总结使学生受到教育，其主要体现在：班级工作总结是对班级总体工作或某项工作的检验，学生的成绩和差距自然表现在其中，这本身就有教育意义；班级工作总结又是对班级工作的评价过程，孰优孰劣也自然表现其中，这本身又是激励和教育的方式；班级工作总结具有很强的导向性，通过总结，学生能认识到应该如何去做，向哪个方向努力，这正是班主任的教育要求所在。

4．要充分发动学生参加班级工作总结的全过程

班级集体的任何工作都离不开学生，绝不能把班级工作总结理解为班主任个人的事情。要使总结成为在发动群众的基础上群众对班级工作得失的认识和评价。总结工作不仅是个终结的问题，更重要的是回顾和前瞻。回顾和前瞻的出发点和落脚点都在学生身上。因此，班级工作总结必须发动学生参加，使他们在总结工作中能有切实的体验，在总结中有所收益。

三、班级工作总结的基本内容

1．从形式上讲，一个完整的班级工作总结应包括以下几个部分

（1）标题。交待总结的班级、时限，是专题总结还应交待总结的项目。如“初三（1）班1995年上学期德育工作总结”就是专题总结的标题。

（2）开头。简明交待总结的原因、目的和总结的主要内容，或者交待取得的成绩，对外交流的总结还要介绍一下学校、班级的基本情况，使读者对总结有个概括的了解。

（3）主体。这是总结的主要部分，要告诉学校领导和班级同学，在一学期都干了哪些工作，取得了哪些成绩，有哪些不足，从中得到了哪些经验、教训等内容。主体部分可按时间线索写，也可按工作内容分块写，必要时，在此部分中还可以安排若干小标题，使总结条理清晰，一目了然。

（4）结尾。一般是用简短的几句话对全文加以归纳概括，突出取得的成绩，或者写工作中存在的缺点和问题，以及今后努力的方向和打算。当然在结尾的最后部分还要落款，交待总结的单位、总结的时间。

2．从内容上讲，总结必须包括“总”和“结”两个要素

“总”是对做过的工作和取得的成绩、存在的问题进行实事求是的汇总；“结”是在“总”的基础上进一步分析研究，从中得出规律性的结论。只有事实，就成了材料的堆砌；只有结论，就成为没有说服力的条文。实际上，结论是事实的总结，事实是结论的依据，两者相互依存，缺一不可。

四、班级工作总结的基本做法

1．对计划进行回顾，明确工作总结的指导思想，做总结要求师生明确总结的目的和标准，认识要一致，心中要有底。做到这点最基本的要求就是对班级工作计划进行回顾，重温计划的目标和要求，并以此作为总结的依据。

2．由下而上，做到学生与班主任相结合。

在明确指导思想的基础之上，由学生开始进行总结活动，让学生分小组谈个人的成长感受和体会，谈同学们贯彻计划的各自表现，谈班主任和班级工作，谈典型事例，谈最突出的活动和收获，谈经验和不足，谈今后努力的方向。这是通过总结的教育过程，也是班主任集思广益的过程。最后班主任做汇总，形成比较全面的、更加深刻的班级工作总结。

3．宣传典型，确定努力方向。

在学生总结过程中，必然会涉及某些具体的人和具体的事例。对此，班主任都要给予肯定和鼓励。鼓励取得成绩的同学，往往会使这些同学发挥更大的积极性。在班级工作总结中大家都认为很突出的学生，班主任要总结他们的事迹，树立典型。在树立典型时，要留有余地，不能把话说绝，不能溢美和拔高，要实事求是，恰到好处。班级工作总结主要是为下一步工作服务的，其主要意义也是通过总结给学生指出努力的方向，使班级工作更进一步。

班级工作总结形式多样，内容丰富，因此，不要拘泥于某种模式，但以上做法是不容忽视的。

五、技能训练

1．训练要点

（1）训练内容：通过修改案例，学会做班级工作总结。

（2）训练目标：通过分析案例中存在的问题，了解班级工作总结中的一些常见错

误；通过提出修改意见，掌握对班级工作总结的要求和思想要求及方案。

（3）训练程序：学习有关理论，了解班级工作总结的意义和要求，掌握班级工作总结的基本结构和主要方法。

2．提供范例

范例：8-2《五年级（1）班第一学期班级工作总结》

第一学期即将结束。这学期以来，经过师生的共同努力，我们班取得了不少的成绩。为总结经验，弥补不足，总结如下：

一、加强德育，努力贯彻未成年人道德建设指导性文件，认真落实《小学生守则》和《小学生日常行为规范》

1．开展爱中华，诵经典活动。我们中华民族有着五千年的文化历史，有着博大精深的文化体系，有着深厚的文化底蕴。思想道德建设之一是爱国主义教育，爱我们的祖国首先要让学生了解祖国的文化，亲身感受一下古文化，以增强自豪感，激发学生更加热爱我们的祖国的思想感情。这学期，我们继续让学生学习古诗词，学习《老子》。学生在学习的过程中，不仅可以感受到中华民族语言的美，激发爱国热情，同时也能够丰富积累，培养语感，提高语言的感悟能力。我们利用早自修、课余时间，定时定量地让学生学习古文化。由于这种安排时间不长，不用那么多的理解、分析，老师也不会有那么多的提问，学生只是在不断地诵读中静静地感受语言的美，因此兴趣很高。再加上根据学生的年龄特点，他们的整体记忆能力普遍很强，他们往往会在诵读之余，不由自主地脱口背出来。一个学期以来，他们也积累了不少的古诗词。虽然说，让小学生学习古文化的利弊还在争议之中，但我想如果他们有兴趣，又不加重学习负担，何况古文化中都蕴藏着朴素的做人的道理，这样学习，肯定是利大于弊，肯定是让他们终身受益的。

2．开展爱心大行动活动。几十年前，外国的一本《爱的教育》，经夏丏尊翻译后，曾经影响了一批又一批的教育者。斯霞、霍懋征等老一辈的教育家们都用她们的实际行动谱写了一曲又一曲爱的赞歌。笔者相信，一个人如果缺乏爱心，他的人格也是不健全的。中国古代有泛爱的思想，近代有爱心教育。生活在一个充满爱的集体才是最温馨的、最幸福的。开展爱的教育，首先班主任自己要充满爱心，一心系班级，对学生不打骂，不体罚，与学生平等相待，能为班级的发展奉献自己的全部身心。当然，爱心并不是纵容，小学生自我管理能力弱，不免会做出违反规章制度的事。作为班主任爱之深，责之切，决不能置之不理，也决不能简单处理，而要本着育人的目的，运用科学的方法引导他们走向正道。学生生活在一个班主任为他们创设的和谐、温馨、民主的环境中，自然就容易培养出爱心。学生的学习成绩可能会有差异，但奉献自己的一颗爱心人人可以做到。在工作过程中，我们抓住一切契机，教育学生互相团结，互相帮助，多站在别人的角度想事情，多替别人想一想。学生有困难，引导学生及时伸出援助之手。学生就觉得班级就是一个温暖的家，在学校学习就是生活在一个温暖的大家庭中。你说这样的班集体，还会有打架、骂人的学生吗？

3. 学《守则》、学《规范》。《小学生日常行为规范》和《小学生守则》是规范小学生行为准则的尺度。没有规矩，不成方圆。即使是长大了出去工作，我们也要生活在法律法规之中。因此，我们要教育学生从小遵守规章制度。使学生懂得只有遵守规章制度，才能做得更好。未来的社会是一个充满合作的社会，在这样的社会里，个人主义是行不通的。我们不仅仅要培养出具有敏捷思维，敢于创新的学生，还要教育出能够遵守规章制度，具有合作精神的学生。这就要求学生从小养成一个遵守规章制度的习惯。为了适应社会的发展，《小学生日常行为规范》和《小学生守则》进行了部分修改。这学期，我们联系班级实际，开展了多种形式的活动，学习新的《规范》、《守则》，使它们能够深入人心。再联系生活实际，逐条落实。久而久之，学生就能够将这些《规范》、《守则》，从原来的认识化为自己的行动。

二、丰富文化生活，大力开展丰富多彩的班级活动，努力提高学习质量

1. 本学期，学校开展了一系列活动，比如五项循环竞赛、广播体操比赛、拔河比赛等，在一定程度上丰富了学生的课余生活。凡是学校里开展的活动，我们班都积极参与，并事先做好准备工作。因此，无论是每周一次的五项循环竞赛，还是广播体操比赛、拔河比赛等都能够取得好的成绩，获得奖项。

2. 班级活动是班级文化建设的一个重要组成部分。一个班级是否有活力，可从班级活动是否搞得丰富、搞得有质量看出。再则，班级活动的开展，可以较大程度地培养学生当家作主的自我管理能力，增强他们的集体荣誉感。这学期，我们除了学习《规范》《守则》，还多次开展了故事会、写字

比赛、画画比赛等文化活动，开展了有关心理健康教育的一些活动。比如，我能行、夸夸别人等心理健康教育的活动对于提高学生的自信心，培养欣赏别人的好品质很有好处，从而为培养健全的人格打下良好的基础。每次的班级活动，学生的积极性都很高。一个原因是班级活动是学生业余生活的调节，另一个原因恐怕是学生在这里减少了老师对他们的束缚感，提供了充分展示他们自己的平台。在多次的班级活动中，平时学习到的东西，在这里得到了锻炼，一些小能人、小主持人、小故事王、小演讲家从中脱颖而出。

3. 教育教学质量是学校教学的生命，同样也是班级发展的生命。没有质量，就无所谓班级的发展。在应试教育向素质教育转型的今天，我们更要重视质量。什么是一个班级发展的好质量呢？我想一个好的班级，首先是要有一个民主、和谐、温馨的集体环境，其次要有良好的班风、学风。考试制度还没有完全废除，并且它还作为衡量班主任业绩的一个重要依据。因此，作为班主任，要教给学生正确的学习方法和正确的学习观念。这学期，笔者首先让学生学习名人，给他们听名人小时候学习的故事，让他们收集一个有关学习方面的名人名言，开展名人故事汇报会等，在学生们的脑海里树立起榜样的形象。有了榜样就有了动力，学生的积极性被激发。这时候，要教给学生正确的学习方法，让他们知道，要想成功，必须要有好的方法，思考方法的过程同样也是学习的过程。这样一来，比如，一味地抄写改成了自己考自己（笔者自己想出来的名字，即自己出题考自己的意思）；要多次重复的死记硬背换上了带关键词背诵法，想背的时候，一拿出自己准备的关键词，记得快，记得牢，等等。

当然，在实际工作中，也不免会存在一些这样那样的不足，这有待于自己一方面对班级工作进行总结、反思，另一方面也需要加强学习，以提高工作效率。

2001 年 1 月 5 日

3. 技能训练

请运用班级工作总结理论，结合班级工作总结案例分析和班级工作实际，写出本班级上一学期书面工作总结。

4. 训练要求

(1) 总结内容翔实、全面、具有代表性。

(2) 符合总结基本的内容要求。

●第三节 学生操行评定

操行评定是班主任在一定时期对学生德、智、体各方面情况的综合评定，也称操行评语或品德评定。它是班主任专有的一项工作，也是对学生进行教育的一种手段。1988 年国家教委颁发的《关于中学生品德评定的几点意见》（试用稿）中规定，对中学生的品德评定，学期末要进行初评，学年末要进行总评，并要写操行评语和评定等级。所以，班主任必须掌握对学生进行操行评定的技能。

一、操行评定的意义

1．操行评定是学生全面正确了解自己的一种重要形式

学生都十分注重别人对自己的评价，特别是班主任的评价。操行评定是班主任根据学生平时的表现，对学生进行的一种综合性评价，被学生认为是权威、全面、公正的评价，所以，学生都十分看重。通过操行管理评定，学生可以了解自己在班级的位置，了解自己的优点和不足，了解班主任对自己的希望和要求，从而产生动力，发扬成绩，克服缺点，为今后学习生活找到新的目标。所以，操行评定就成为学生了解自己的重要渠道。

2．操行评定为家长提供了解和教育子女的依据

从家长的角度出发，他们十分重视班主任对孩子的操行评定。因为操行评定集中地、全面地、准确地反映了孩子的品德状况，为家长提供了子女在学校学习生活的种种表现。所以对孩子的操行评定，家长都十分重视。

通过操行评定，家长还可以了解班主任对孩子的看法，这些看法直接影响家长对孩子的再认识，为家长教育子女提供可靠的参考意见。

二、操行评定的原则

1．客观性原则

在评定时必须按照统一的评定标准，尊重客观事实，实事求是地反映和评价学生

的操行状况。客观地评定能产生积极的效果，不客观地评定则会带来工作的被动。为此，班主任就应该尽可能地克服亲疏关系、个人感情、即刻现象、近因现象等因素的影响，要以认真负责的态度，评出学生的个性和特点。

2．教育性原则

把评定过程看成是对学生进行教育的过程和手段。学生德、智、体各方面都处于发展变化之中，不论是“优秀生”还是“后进生”都有可能向好或差两个方向变化，因而要看到他们过去的优点和缺点，更要看到他们现在的表现，要看到他们的发展、变化的趋势，不以静止、僵化的观点评定学生，要把评定工作作为下一轮工作的起点。通过评定，对优秀生不迁就其缺点，要使他们戒骄戒躁，继续努力，争取更大进步；对后进生要严肃指出其缺点和不足，同时又要讲究艺术性，保护其自尊心和上进心，善于发现他们的闪光点，帮助他们分析问题产生的原因，找出解决问题的办法，促使他们进步。从评语中体现教师的期望和对学生平等、无私、丰富的爱。

3．肯定性原则

在评定时把肯定性评价与批评性评价结合起来，但要以肯定性评价为主。因为在一般情况下，表扬比批评更能发挥教育的主导功能。特别是学生，他们思想品德发展的主流是好的，在评定中把肯定性评价放在主要地位，能帮助学生树立进取心，激发他们接受教育的主动性。

4．个体性原则

在评定时，要写出每个学生的个性，突出每个学生的特点。一个好的评价，能使旁观者“见字如见其人”。一般来说，班主任给学生写评语时，都是从思想政治、道德品质、学习态度、文明礼貌等方面归纳整理。这种评价是必要的，但必须避免格式化、内容雷同、千人一面，缺乏针对性和个性化弊端。所以，教师既要对学生进行全面评价，又要抓住学生的特点进行评价，以保证评价的准确性。

5．整体性原则

在评定时要对学生德、智、体各方面情况进行整体分析，不以偏概全；从时间上说，要反映学生在学期或学年的综合表现，不搞先入为主或“舍近求远”；从横向看要尽可能地反映学生课内课外、校内校外各方面的情况，不以点代面。班主任应尽可能地通过多种途径，全面地收集、积累学生的有关材料，在评定中尽可能全面反映学生各方面的优缺点，反映其发展变化的状况。

6．民主性原则

在评定时，班主任要充分发挥学生、任课教师、学校领导、家长等各方面人员的作用，主动征求家长、科任教师、学生干部等各类人员的意见，尤其要发挥学生自评和学生集体互评的作用。这是保证评定结果客观、全面、准确的一个重要条件，也是培养学生民主精神、自我教育能力的有效手段。

三、操行评定的步骤和方法

1．动员与准备

组织学生学习评定标准；班主任向全班同学作动员讲话，讲明评定的目的、方法，使学生有充分的心理准备；通知各科任教师，准备好有关数据、事实材料；要求学生写出自我表现的总结；成立由班主任、科任教师、学生干部、学生代表组成的评定核心小组；准备好评定的表格，对评定小组组长进行必要的培训。

2．学生个人自评

要求对照《中小学生日常行为规范》、《中小学生守则》等，从德、智、体各方面进行自我评价，写出自评评语。

3．学生小组评议

以小组为单位，在进行个人汇报和自评的基础上，逐个开展互评，并由小组长组织人员对每位受评者写出初步的评语。

4．征求意见并进行修改

征求师生意见，做出必要的修改，防止评语的主观偏见和偏差。

5．写出操行评语

最后班主任汇总，填写在家长通知书的操行评定栏内，并留一份存档。

四、操行评定的改革

实施素质教育，必须构建素质教育的运行机制，包括有效的导向机制、有力的制约机制、科学的评价机制、广泛的社会参与机制等。其中科学的教育评价是实施素质教育的关键。传统的教育教学评价是以考试分数作为对学生评价标准，以偏概全，势必造成教育目标的短视性，教育对象的局限性，教育内容的片面性，严重地扭曲了基础教育培养目标，阻碍着教育方针的全面贯彻落实。所以要真正实施素质教育，全面提高教育质量，就必须坚决改革传统的教育评价制度，大胆地进行素质教育评价制度

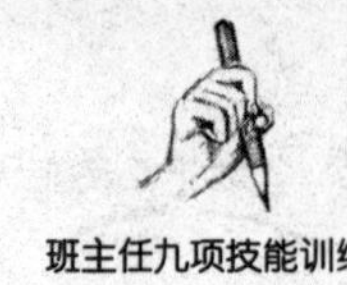

的探索与研究。

在教育评价中对学生的评价是核心，这是人才观的反映。山东烟台市出台了教育评价一系列改革方案，实行“等级＋特长＋评语”的评价办法，全面评价学生素质发展情况，促进学生思想品德、文化知识、劳动技能、身心发展、审美能力、个性特长、爱好发展的全面发展。

1．对学生成绩评价改革

学科考试取消百分制，用“优秀”、“良好”、“及格”、“不及格”四个等级量化学生的学习成绩。这是一个难度很大的改革。为做好这项改革，烟台市加强了学科课程的教学，指导教师严格按大纲对各科各年级段“双基”、“双力”、“双育”的基本要求，组织实施教学，真正做到教学任务当堂清，单元清，切实达到大纲要求。同时改革了考试内容和方法，提出了“注意知识、突出能力、加强平时、取消期中、淡化期末、重在激励”的原则。并坚持两个结合：一是形成性评价与终结性评价相结合。二是单项评价与综合性评价相结合。学生考卷要划等级，成绩不公布，允许学生看自己的试卷。教师对其进行个别指导，帮助学生把知识弄懂、学会。如果学生对自己的考试成绩不满意，认为没有发挥出自己的最好水平，可要求重考。如果学生学有余力，要求跳级，经过考查，成绩确实不错，可以跳级。

2．特长评价改革

为搞好学生的特长评价，烟台市在加强课程计划中的活动课教学的同时每周增设两节活动课。活动课有学科类活动、技能类活动、文体类活动。学生本着自愿参加的原则，各自参加自己喜欢的活动。期末对成绩明显进步的学生，取其记分表中最好成绩，用写实的方法在特长栏中填写成绩，进行定性评价。

3．评语评价改革

包括学生学习兴趣、学习态度、学习热情及学生的情感意志、行为习惯等非智力因素，以全新的素质教育观念写好评语。评语尽量体现出以育人为目的，尊重学生的自尊心，遵循学生身心发展规律，从德、智、体、美、劳等方面全面评价学生，并突出个性发展，注满师情，透出爱心，充满激励和期望。

操行评语改革是由应试教育向素质教育转轨的实际性工作，在“等级＋特长＋评语”的评价体系中，对前两项从理性的角度做出断语，对评语用情感性的语言做出总结。评语改革对我们教师提出了更高的要求。在评价形式上的改革，经个人、组长、班长、教师四个层次进行考评；在语言形式上做了两方面改革，一是改变过去常常使用的第三人称——“该生”为第二人称；二是语言由刻板、生硬、说教式变为生动、亲切、鼓励式。

评语的这种改革有利于反映学生个性。评语改革后评价方式是健全的，从个人、同学、学生干部和教师的不同视野，不同的心理，全方位地评价衡量一个学生，较客观地反映学生的实际，并有利于抓住其个性特点。改变了千篇一律、千人一面的局面，打破了僵化的模式，使评语更好地发挥其评价功能；评语改革中人称的变化，拉近了教师和学生之间的距离，语言形式的变化更为这种距离打了折扣。

如果说改革前的评语是八股文，是说教词，在教师和学生家长之间划出了一道难以逾越的鸿沟。改革后的评语就是散文诗、是润滑剂，在老师和学生之间架起了一道互相沟通的桥梁。评语改革的成效很快在实践中展示出来。教师的鼓励变为学生的动力，教师对学生赞美变成学生对老师的尊重，这一切换来了家长对学校的信任，对教师的信赖。评语如春风化雨，滋润了学生的心田。评语改革还提高了班主任的师德修养及语言表达水平。改革后的评语，字里行间注满师情，融满师爱，这是爱心构筑的工程。没有教师对事业、对学校、对学生的爱，就不会产生这种动人心弦的评语。爱是综合评语的核心。对待后进生，班主任就更应该多一些的偏爱，这样才能发现他们的闪光点，才能给他们更大的鼓励，更多地展示自我，展示特长和提高能力的机会。评语改革对班主任提出了更高的要求。因为评语中不仅要反映学生德、智、体、美、劳的综合表现，还要反映他们的意志、品格、个性等等。班主任只有广泛接触学生、深入细致地观察学生，全面客观地了解学生，才能写出全面、客观的评语。

4．教师、学生、家长谈评语改革

(1) 改革后的操行评语。

①陈谦，你真懂事，是老师的好助手。平时能维持好班级纪律，上音乐课时，你能把同学们安静地带到音乐教室；你是同学们的好榜样。学习中认真、刻苦，劳动时，重活、脏活抢着干。如果读课文时，声音再大些那就更棒了。

②马勤，文静、心灵手巧的女孩。工作起来就像你的名字，勤勤恳恳，不言不语，却总是把工作完成得很好。那展示着你的灵气的一篇篇漂亮的钢笔字，一张张栩栩如生的图画，令老师和同学们佩服！如果上课发言声音再大些，就更好了。

③孔祥楠，你认识那么多的字，读过那么多的书，多让同学羡慕呀；班会上你能绘声绘色地讲故事，课堂上你声音洪亮的发言，多让老师高兴呀。你整洁大方的字迹，你优秀的学习成绩，都是你不懈努力的结果。今后对班级的工作再主动泼辣些，

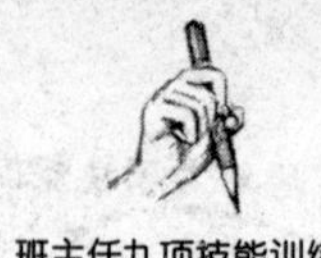

当好老师的小助手，好吗？

(2) 教师谈评语改革。

小时候每当看到老师对“该生”的评语，就感到那仅仅是一张家长通知单，对自己并不起什么作用，老师那居高临下提出的要求与希望总是难以实现。其实中小学生具有很强的向师性，他们渴望得到老师的认可、赞同和鼓励，而不是一句定论的评价。评语改革本着育人为目的，尊重学生的自尊心，从德智体美劳全面、准确地评价学生，既有深情的赞扬，又有亲切的鼓励，更有殷切的希望。“亲其师，信其道”。教师热爱学生可以形成学生对教师良好的态度定势。在这种情况下，学生便会萌生对教师的亲近感、共鸣感和信赖感，于是学生就不再把教师看成严厉的管束者，而愿意听从教师的教诲，接受教师的要求。教师热爱学生，方可产生对学生的期待，这是使学生向着教师期望方向发展的重要外因。(唐新玲)

(3) 学生家长谈评语改革。

①我作为学生家长，亲眼目睹了学校开展“教学成绩评价实验”以来教学改革的发展和变化。我认为这项改革实验好，是对以往以分数作为评价学生学业成绩的改革，学校把学业成绩按等级评定，提高了学生的学习自信心，自尊心也得到了保护，从而提高了学习的自觉性。我的孩子学习成绩不太好，上学期期末考试，语文、数学分别得了90分以上，从学分看并不很高，从等级上看，在优秀之列，学生很高兴。老师在期末评语中用第二人称和她进行亲切的谈话，指出优点，同时亲切地提出粗心的缺点，希望在今后的学习中逐步改掉。老师的亲切话语给予她鼓舞。孩子让我一遍一遍地读，自己也抢着读，老师鼓励她“如果改掉粗心的缺点，肯定能取得更好的成绩。”孩子看了老师的评语，增强了改正缺点的信心。(李丽)

②作为一名学生的家长，看着孩子一天天健康成长，知识一天天积累，我由衷地感谢学校领导的苦心培养和老师们辛勤指教，更令我感慨万千的是：学校每学期的操行评定，一改往日生硬的笼统的语言，整个评语像是与学生当面对话，亲切而又不失严厉，全面肯定成绩，提出今后的努力方向，话语不多，却句句充满爱意，柔中带刚。学生读了，激发向上，家长看了，能深深地体会到老师的用心良苦。是啊，哪一位老师不希望自己的学生品学兼优？又有哪一位家长不盼望自己的孩子全面发展？学校的每一项改革、每一新方案都凝结着老师的心血。(姜艳秋)

(4) 学生对评语的评价。

①那一刻我最幸福，那一刻我最激动，那一刻我最……记得刚看过评语时我像一

只快乐的金丝雀，又蹦又跳地回到家，没进门就高声叫道："妈，妈！您快看我的评语吧！"

真的，以前在看评语后，心中总有一道墙，这道墙使我和老师无法接近，总把评语看成是老师"告状"的工具，对它极为反感。今天，什么墙，什么告状，一切都荡然无存了。所有的都是鼓励、温情与信任。我不再恐惧，不再害怕，只有高兴与信心。(陈冲)

②读了老师的评语，我忽然发现老师离我那么近，我的一切，老师了解得都那样透彻，老师写道"我知道不论你的成绩多好，都不应该骄傲。因为知识是无止境的，永远都要往前看，什么事都要从零开始，不骄傲，不气馁"。看到这儿我才真正发现，平时态度严肃的老师原来有一颗慈母般的心。老师的话语似清泉，洗涤我的心，鼓舞我的心。以前下不了决心的我，突然心里充满了勇气和力量，我要带上这些话语，向前航行。(隋明璐)

五、技能训练

1．训练要点

(1) 了解操行评语改革的动向和特点。

(2) 掌握操行评定的原则、要求、步骤和方法。

(3) 能突破传统评语模式束缚，写出体现评语改革特点的、学生喜闻乐见的评语。参考范例，写出一份能体现评语改革特色的学生操行评语。

2．技能训练

请根据评语改革要求，为班级两名学生写出操行评语。

3．训练要求

(1) 在形式上，评语要体现改革的特点（如人称和语言）。

(2) 在内容上，评语要客观、公正，能激励学生。

第四节 班级偶发事件的处理

班主任对学生实施的教育过程是一个动态的活动过程，对象是具有主动性的学

生，他们个性不同，气质多异，身心都处于不断变化之中。一个班级四五十名学生，随时都可能引发出一桩又一桩的突发事件。所谓突发事件，是指在教育过程中突然遇到的事先难以预料的特殊的遭遇、特殊的事件。比如个别学生上课突然捣乱，学生之间突然打架，班级学生的东西突然丢失，学生由于某种原因突然离家出走等等。要正确处理这些突发事件，班主任必须充分运用教育机智和教育艺术，让学生感受到老师炽烈的爱心、闪光的智慧和高尚的品格，从而使突发事件得到妥善解决。

一、对偶发事件的认识

偶发事件是学生中偶然发生的事件。这样去界定偶发事件仍然不能忽视偶发事件的必然因素，把所有的偶发事件都看作“偶然”的、意料之外的，其实是不恰当的。因为确实有些偶发事件有其必然的因素，对此，班主任要有较全面深入的认识。偶发事件的发生往往对班级工作、对教学、对学校正常秩序产生较大的影响，所以班主任要防微杜渐，尽量不使偶发事件发生；同时还要处理好已经发生的偶发事件。偶发事件有的是发生在人际间的，有的是因为一些始料不及的因素，或是某种已有的矛盾的爆发，或是本已缓和的矛盾的突然激化。偶发事件的矛盾起因可能是由学生引起的，也可能学生在被动中引发的，甚至是某些恶作剧和学生性格异常所造成的。总之，偶发事件的特点是成因的不定性、出现的突然性、后果的严重性、教育处理的紧迫性。

一般在比较正常的班级集体中，偶发事件发生的频率较低，但却不可忽视。每个班主任都会遇到不同情况的偶发事件，因此把处理偶发事件作为班主任的日常工作来看待是有道理的。为此班主任必须较为深入地了解学生，这既有利于防微杜渐，也有利于偶发事件发生后的应急处理。班主任要善于与学生沟通，努力使师生之间形成较为融洽的关系，这样有利于偶发事件发生后，班主任与学生之间的配合，使偶发事件更容易处理。

二、处理偶发事件的原则

偶发事件虽然有其内容和形式的各种差别，但却有些共同的特点，班主任应该遵循一定的原则来处理。

1．了解情况把握分寸

偶发事件发生后，学生一般都处于不冷静的状态，从而会形成一种紧张的气氛。这种气氛常常会影响到班主任的心理，使班主任容易冲动和急于解决矛盾。从而班主任忽视对偶发事件成因和来龙去脉的认真了解，也就难以把握处理偶发事件的分寸，造成处理不当或处理失误。所以班主任面对偶发事件要即刻了解情况，认真分析，把握分寸，不要急于下结论，不要急于判定是非，要把矛盾暂时平息，再进一步了解，采取适当的教育方式和方法。

2．冷静沉着的原则

偶发事件发生后，往往出现极端情况，这时学生十分激动，同学们十分关注班主任的态度和情绪。面对偶发事件，班主任要遵循冷静沉着的原则，尽量做到态度积极，憎爱不形于色。班主任冷静沉着，能够稳定“军心”，临危不乱。遵循冷静沉着的原则，班主任要迅速果断处理偶发事件，化解矛盾，稳定当事人的情绪。

3．以诚恳亲切的态度对待学生

处理偶发事件，比较常见的麻烦是学生与班主任不协调，甚至存有戒心或敌意。因此，班主任处理偶发事件，要用诚恳亲切的态度对待学生，尊重学生的人格和保护学生的隐私，并以此作为处理偶发事件的一个原则。

4．教育大多数的原则

偶发事件多半是比较孤立的事件，也多半发生在少数学生身上，但处理偶发事件却要着眼于大多数，着眼于教育的效能。除了某种隐私不宜在学生中公开外，多数偶发事件都是可以作为教育的内容。就是说班主任处理偶发事件，不仅仅是要解决某个具体矛盾，不仅仅是为了平息某处矛盾，而是要通过对偶发事件的处理，使学生总结教训，学会如何处理生活上的、思想上的矛盾，使多数学生受到教育。

三、偶发事件的处理方法

1．做到心中有数，坚持有的放矢

心中有数是处理偶发事件的前提和基础，班主任要充分掌握情况，做到是非明晰，判断准确，责任清楚，并能够把握处理的分寸。这样才能做到解决矛盾和教育学生时有的放矢，才能使学生心服口服，达到教育大多数的目的。

2．做到感情沟通，坚持以理服人

班主任在处理偶发事件的过程中要与学生情感上沟通，以爱护和关心作为处理与学生关系的基础。处理偶发事件，是以教育为目的的，因此班主任要坚持以理服人，要用道理去教育学生，意在让学生明白道理，明辨是非，从而提高认识，而不是让学生服从“裁决”、服从班主任。坚持以理服人，把偶发事件变成教育的实例。

3．淡化负面影响，坚持冷处理

偶发事件不仅有突发性，还常常有爆发性，可以引出许多负面影响。这些影响不仅有心理的、认识上的，还可能对正常秩序形成干扰和破坏。偶发事件发生后，班主任首先应考虑到，这种事件会引起什么反应，会波及哪一些学生，然后在处理偶发事件时，要顾及对这些学生的教育。其次班主任要对可能产生某种较大负面影响的偶发事件，采取淡化的方式：在情绪上平稳，处理方式上从容，处理结论上深思。班主任的这种态度，本身就能起到稳定学生，淡化负面影响的作用。

四、技能训练

1．训练要点

(1) 掌握处理偶发事件的基本理论和方法。

(2) 掌握处理偶发事件的基本技能。

2．提供范例

范例：8-3《间操的风波》

接新班顺利极了。着手抓的几项工作，很快一一达标，师生情绪都很高涨。“一定要上好间操！”这是我决心抓好的第4项工作。不料，昨天间操，竟出了一场意外的风波。

那是昨天上午，间操集合铃声一响，我就来到操场。我那班的同学，发现我走在他们前头了，便风风火火地朝班级集合点跑去。今天竟一反常态，没有戏闹，转眼间就各就各位，站得笔直。我看到全校唯独我们班的同学站得又快又好又整齐时，不觉高兴起来，便想当场夸奖他们几句。谁知我的话还没出口，我班的康仁书竟高兴得大声唱起来，惹得大家也跟着笑闹起来，整齐的队伍霎时混乱了。偏偏在这个时候，值周老师拿着记事本走过来，将目睹的现状一一记下来，一场好事顷刻砸锅。

“唉！你们出什么洋相！康仁书啊康仁书，你怎么就不能正经点？真是不争气！”我的脸顿时严肃起来，心里气恼得不能自已，真想当众狠狠地训斥他们一顿。可是，忽地想起了我日记上写的两句话：“遇事冷静三分钟！”“教育学生切忌‘热处理’，特别是遇到偶发事件。”于是，我死死地闭住双唇，努力克制自己，使自己渐渐冷静下来。

这时，不知是同学们从我的表情上发现了什么，还是他们自己意识到了什么，你捅我，我捅你，互相传递着眼色，霎时间又都站得笔直。一列阵容整齐的队伍又出现在我的眼前。看到这些，我的心又顿时舒畅了。“多么好的孩子啊！”这时，我忽地后怕起来。“如果方才我不是冷静下来，及时地控制住自己，在众人面前生硬地将他们批评一通，将是什么结果呢？会怎样地伤害孩子们的心呢？”我望着孩子们带着愧色的脸，我觉得自己倒真有些愧意了。

这次间操，当然受到了值周老师的点名批评。但回到班级后，我没因为学校的批评而向同学发脾气，也没有追查同学们的责任。在总结间操上，却无比兴奋地夸奖了他们，指出今天间操上表现出来的两个优点：“一是他们都跑步入列，迅速站好队伍，按老师的要求办事，有想上好间操的动机和行为；二是在高兴得出了格以后，能很敏感地、自觉地、主动地发现错误和改正错误。有了这两条优点，明天上好间操，拿个全校第一，我相信同学们一定会办到的。好吧！明天间操见！”同学们听了表扬，除了对明天上好间操增强了信心之外，更加不好意思了。从康仁书等几个惹事的同学神态上看出，他们正将悔愧化成一种力量，我从中看到了上好间操的希望。

第二天间操，我们班的同学果然来得最早，队列最整齐，秩序最好。值周老师在讲台上面向全校同学表扬道：“六年级二班，进步幅度最大，间操检查满分，全校第一。”同学们望着我笑了。我也笑了……（孙敬芳）

3．微格训练

（1）分析范例。请谈谈从中受到哪些启示。

（2）指出范例中的班主任，在哪些方面体现了偶发事件处理的原则和方法。

（3）如果你是这位班主任，你还有其他的处理方法吗？请写出 1—2 个处理方案，并相互交流。

4．训练要求

（1）能运用处理偶发事件的理论分析案例。

（2）所设计的处理方案，既符合偶发事件的处理原则，又符合学生的心理特征，具有创造性。

第九章

组织指导班级活动技能训练

班级活动，是指在班级内有组织地开展的各种活动，是班主任工作的重要方面，是发展学生能力的基本途径，是素质教育的基本要求，也是建设班集体的最重要的组成部分和最重要的内容。每位班主任都必须掌握组织和指导班级活动的技能，并为创造性地开展班级活动倾注心血。

●第一节　组织指导班会

班会是以班级为单位定期或不定期召开的全班学生大会，包括班级例会和主题班会两种形式。前者是比较固定的班级活动，后者无论在内容上、形式上，还是在时间上都比较灵活。

一、班级例会

班级例会是比较固定的班级活动，主要有班务会和民主生活会两种形式。

班务会又叫常规班会。通常排在课表里，每周或双周一次，一般由班主任主持，以研究、讨论班级内一些较为重大的事务性工作为内容；民主生活会是班主任根据班级的具体情况，定期或不定期地组织学生开展批评与自我批评，进行自我教育的班级活动。

1．班级例会的内容

班级例会的主要内容有：贯彻落实学校的工作计划，研究确立班级的奋斗目标和工作安排；表扬好人好事，批评错误言行和不良倾向；处理偶发事件，并通过批评和自我批评方式对违纪学生进行帮助教育；组织学习、讨论国内外和学校发生的重大问题和有关文件；选举三好学生和优秀学生干部，选举、改选或调整班级干部；对班级工作做阶段性总结，对班级重大活动统一认识等等。

2．班级例会的形式

班级例会有多种形式，可依会议内容选定。由班主任正面讲解的方式，适合于传达上级有关文件、学校工作计划、学校的规章制度等；讨论式班会，适合于确定班级奋斗目标，班级工作计划以及班级重大事情决策。班级例会一般由班主任主持，但也有的班主任为给学生干部以锻炼的机会，设立值周长，每周的班会由值周长主持，并对一周工作进行小结。

3．班级例会的作用

班级例会是班级中最重要的活动方式之一。通过班级例会可以使学生了解党和国家对青少年的要求，了解学校的各种规章制度，了解班级的发展方向；通过班级例会可以处理班级日常工作，统一认识，分辨是非，增强凝聚力。班级例会的作用是多方面、多角度的，培养人、教育人离不开班级例会，建设班集体更离不开班级例会。班主任只要不把班级例会变成“例行公事”，班级例会就能发挥其应有的作用。

4．组织班级例会应注意的事项

第一，每次班会的时间不宜过长，宜就事论事，切忌空谈，以免学生厌烦。

第二，两次班会间隔时间不宜过长，也不要太短。相隔时间太长了，许多问题挤在一次会议上解决，不利于抓主要矛盾，也难以解决好问题；时间太短了，来不及充分准备，或没有实际内容，难以收到较好的效果。正常情况下，以隔周为宜。

第三，班级例会不宜占用学生正常的学习时间，尽量利用学校规定的班会时间或课外活动时间进行。

第四，每次班级例会的主题或解决的问题不宜过多，一至二个为宜。

二、主题班会

主题班会是选择一个教育主题，在班主任的指导下，由学生自己组织，自己主持，全班同学共同参加的班级会务活动。主题班会具有形式多样，内容健康，新颖别致，时代感强，学生喜闻乐见等特点，是对学生进行思想品德教育的最佳活动方式。

1．主题班会的意义

(1) 主题班会有利于学生认识能力的提高。

每次主题班会都有一个鲜明的主题，这个主题都是为了提高学生某些方面的认识而确立的。通过主题班会可以使全体同学明确对某一问题的认识，统一对某一问题的认识，增强对某一问题的认识，从而使学生的是非判断能力，善恶的鉴别能力，美丑的认识能力得到提高。

(2) 主题班会有利于学生某些方面才能的发展。

主题班会为学生施展自己的才华提供了一个舞台，使没有特长的学生培养了特长，具备某些方面特长的学生其特长得以发展。例如，通过辩论或主持会议可以提高学生语言组织和表达能力；通过演唱和朗诵诗歌等可以锻炼、培养或提高学生的演艺才能；通过布置会场使爱好书画的同学的才能得以表现，并促使他们的绘画水平不断提高。

(3) 主题班会能促进学生良好个性的形成。

个性，通俗说就是人的内心世界，个性的内容是多方面的，小而言之，每一个学生懂得欢乐、痛苦、羞耻、满足；大而言之，凡涉及道德的、政治的、文化的因素都含在个性内容这个概念之中。一个人的良好个性只有在班集体中才能形成。如果没有丰富多彩的班级活动，就谈不上建设班集体，也就谈不上发展学生良好的个性了。主题班会以其特有的形式和学生的广泛参与性，使每个学生的个性得到良好的发展。

(4) 主题班会有利于班集体形成。

一个良好班集体的形成离不开班级活动，而主题班会就是其中一项重要的内容。首先，班级奋斗目标，要通过一个又一个的活动才能实现。其次，优良的班风，要通过一个又一个的主题班会树立。第三，班级领导核心，是通过一次又一次的主题班会活动变得更具有战斗力。第四，班级的人际关系，通过主题班会越来越和谐。实践证明，主题班会对班集体的形成具有巨大的促进作用。

2．主题班会的类型

(1) 教育类主题班会。

班主任可以根据班级学生中普遍存在的某一倾向性问题，如不关心集体，人际关系淡漠，不愿意学习某一学科，不会抓紧时间学习等，召开主题班会。在重大节日、纪念日或重大事件发生时，对学生进行宣传教育，如“五一”进行以热爱劳动和劳动人民为主题的劳动教育；“七一”进行以热爱中国共产党为主题的革命传统教育；教师节到来时，进行以尊师重教为主题的思想教育；针对邪教组织毒害学生思想、残害生灵的事实，召开崇尚科学、反对封建迷信的主题班会等等。教育类主题班会针对性强，教育性强，对主题班会要求较高。一般说来安排不宜过多，一学期以一至二次为宜。

(2) 生活指导类主题班会。

针对学生中普遍存在的“过生日”风，青少年的“早恋”、追求名牌、追“星”等问题，召开主题班会。通过主题班会，帮助学生树立正确的观念，把学生的思想引入到健康的轨道。

（3）审美娱乐类主题班会。

为了培养学生正确的审美观念，也为了丰富学生的文化生活，班主任可以结合学校开设的美术课、劳动课和音乐课，召开以展示自己的作品（如小制作、绘画、歌曲、诗歌等）为内容的主题班会。教育学生热爱生活、创造生活，更好地感受生活。

（4）综合类主题班会。

综合类主题班会，是集知识、教育、审美、娱乐于一体的综合性的主题班会。这类主题班会内容丰富，题材广泛，形式多样，学生可以根据自己的特有才能、兴趣和爱好，以自己喜欢的方式参与活动。

3．主题班会的形式

（1）讲演。

在全体同学充分准备的基础上，经小组预赛，选出优秀者参加班级讲演比赛。如“我喜欢的格言”、“生命的意义”、“金色的年华”等。

（2）座谈、讨论、辩论。

班主任选择一些学生普遍关注或较为敏感的话题，让大家各抒己见，以统一认识。如：“新时代要不要雷锋精神”、“是早恋还是友情”等等。

（3）报告会。

请先进人物介绍模范事迹或请有关人士进行专题报告，对学生进行某种思想教育。

（4）竞赛。

包括智力竞赛、书法竞赛、绘画比赛、语文和英语朗读比赛等。竞赛大多属于知识或技能比赛，要求班主任做好物质和思想上的准备，以确保科学性和公正性。

（5）参观、访问、瞻仰。

如参观工厂、机关、学校、展览，访问先进人物，瞻仰烈士陵园等。通过此种形式的主题班会，对学生进行爱国主义和革命英雄主义教育。

4．主题班会的组织步骤

成功的主题班会，取决于班主任精心的策划和严密组织。一般来说，主题班会要经历设计——准备——实施三个主要阶段，大致包括：选题——制定计划——准备——实施——总结五个环节。

（1）选题。

一个成功的主题班会，首先要有一个好的主题，因为主题是班会的灵活，它应该反映学生心灵深处的需要和热点。主题的选择和确定可从以下几方面考虑。第一，所

选主题是班级学生中急需解决的热点问题。第二，所选主题是学校教育计划和活动安排的组成部分。在确立主题之后，主题词的选择要做到醒目、具体、具有强烈的时代感。如“我和诚实交朋友”，“迈开青春第一步”，“有了规矩才能成方圆”等。同时还要注意它的思想性、教育性和针对性。

（2）制定计划。

确定主题只是开好主题班会的第一步，要取得主题班会的成功，必须制定详尽的计划。

活动计划包括以下内容：活动的组织领导，活动的时间安排，活动的具体准备工作，活动的地点，活动的总结。活动计划应由班主任与班委会共同制定，由班委会负责该项活动的人写出书面材料。计划中要对活动组织领导进行分工，谁总体负责，谁负责宣传，谁负责对外联系，谁负责组织发言，谁负责布置会场，谁做主持人，都要一一落实到人头。

（3）准备。

在明确分工的基础上，进行活动准备。准备工作，关键是抓落实，主要负责人要检查每一项任务的落实情况。例如主持人的主持词（应写成书面语并进行演练），演唱会的节目检查，邀请领导和科任教师都要逐一落实到位。班主任要经常检查、督促，并帮助学生解决准备工作中遇到的困难和问题。

（4）布置会场。

为了营造一个良好的氛围，会场布置是不可缺少的一个环节。布置会场的基本原则是会场气氛要适合主题。桌椅摆放、灯光布景、黑板绘画、音乐播放（会前和会后）都要从活动主题出发进行设计和布置。忽略会场布置，肯定影响主题班会效果。

（5）活动实施。

如果说选题、计划和准备是活动序幕的话，那么，活动实施才是活动的高潮。一切精心的策划和准备，都是为了这一时刻的到来。为了确保活动成功，班主任需做好以下两个方面的工作：第一，做好活动前的思想动员工作，使全体同学都以饱满的热情投入到活动中来。第二，给主持人以信心、鼓励和支持。活动中班主任可通过表情的变化、适当的语言给以提示和点拨，使其充满信心，获得成功。

（6）总结。

在主题班会结束时，班主任要应主持人邀请对主题班会进行小结。班主任应对主题班会予以充分地肯定。讲话要言简意赅，中心突出，并富有鼓舞性和号召力。会后，班主任要通过与学生谈话，开座谈会等方式广泛征求意见，以寻找不足。同时，召开班委会对主题班会进行总结，做到有始有终。

5．主题班会的基本要求

(1) 内容上要有较强的针对性、教育性、创造性和科学性。

针对性是指活动内容要针对学生身心发展特点和思想发展水平，针对班级存在的实际问题，针对学校或社会上各种有影响的现象，不能脱离现实生活实际。

教育性是主题班会的灵魂，失去教育性的主题班会是没有任何价值的。主题班会以其形式的多样性深受学生喜欢，它既适合于对学生进行德育，又适合于智育、体育、美育和劳动教育，具有多功能教育作用。

创造性表现两个方面，一是活动内容，二是活动形式。在内容上要做到，既反映时代特点，又贴近学生实际；既有矛盾和问题的解决，也有先进言行的宣传和褒扬；既训练学生的“嘴上功夫”，也磨炼他们的思想，规范他们的行为。在形式上要新颖别致，符合学生年龄特征，学生喜闻乐见。

科学性要求主题班会，特别是知识竞赛类的主题班会，要讲究科学。在游艺中，在辩论中，在竞赛中，学生既陶冶了情操，又增长了知识。

(2) 在形式上要有趣味性、创新性、多样性。

根据当代学生的心理特点，他们不喜欢成人化、程式化的形式，他们喜欢求异、创新；他们不喜欢听别人一本正经地座谈发言，喜欢辩论；他们不喜欢别人说自己看，喜欢自己说，自己干；他们不喜欢一味地说教，喜欢轻松的寓教于乐。因此，班主任在确定主题班会形式时，必须考虑学生的身心特点，采取灵活多样、新颖活泼的形式，让学生在轻松、愉快、饶有兴趣的教育环境中，提高觉悟、陶冶情操、扩张知识、增长才干、培养品德。

(3) 在组织上要严密、有序。

主题班会成功与否，很大程度上取决于有效的组织工作。在组织过程中，除了前面提到的设计、动员、准备、实施、总结要环环相连外，还要特别注意一点，即全员的参与性。

主题班会是以学生为主体的教育活动，班主任应最大限度地调动全体学生的积极性，要彻底消灭“死角”，不让一个“看客”和“局外人”出现。

(4) 在时间上不宜安排过密，一学期以 1 ～ 2 次为宜。

三、技能训练

1. 训练要点

(1) 掌握班级例会的内容、形式、作用以及组织班级例会应注意事项。

(2) 掌握主题班会的类型、形式、设计方法。

(3) 能联系实际设计班级例会和主题班会。

2. 提供范例

范例：9—1《老师，祝您节日快乐》

构思：

培养学生尊师是中学德育的重要内容。教师节是教师的节日，学生为老师们庆贺节日，是教育学生尊师的有效途径。以主题班会的形式为老师贺节可以充分发挥主题鲜明、内容丰富、广泛参与、形式多样等特点，有利于师生感情的交流和学生尊师品质的培养。为此，我在教师节即将来临时组织了“老师，祝您节日快乐”主题班会。

准备：

1. 邀请和馈赠物品。

(1) 请帖。班会前两天分送学校有关领导和任课教师。

(2) 鲜花。供赠送老师用。

(3) 自制“敬师卡”。班会前一周发动同学们归纳有关老师的优秀品质，然后分组自制“敬师卡”。要求卡上书有“老师，您好！”的字样和针对每位老师的特点而书写的赞美之词。

班会前一天由班委会组织评选出设计优秀的敬师卡，供赠送老师用。

2. 教室布置。

(1) 教室内悬挂彩带，主席台上摆放鲜花。

(2) 黑板上书写“老师，祝您节日快乐！”彩字，并做装饰。

(3) 板报主题：“感谢您，辛勤的园丁！”其中设“恩师的期望”栏目，供老师题词用。

3. 备用节目。

(1) 散文诗：《献给老师的赞歌》。

(2) 小话剧：《发生在教室里的故事》。

(3) 张庆同学的发言：难忘恩师情。

纪实：

(丁校长、王老师等14位教师代表到台上就座。同学们热烈鼓掌。)

主持人王海：同学们，明天就是我们敬爱的老师们的节日——第八个教师节。值此时机，我们举行“老师，祝您节日快乐”的主题班会，把它作为献给辛勤的园丁们的节日礼物！

(大家热烈鼓掌)

主持人李艳：让我们向亲爱的老师们致以崇高的敬意和节日的祝贺！

(全体师生起立，热烈鼓掌)

王海、李艳（合)：“老师，祝您节日快乐”主题班会现在开始！

王海：亲爱的老师，“辛勤的园丁”、“人类灵魂的工程师”的称号，您受之无愧；您用自己的汗水和心血培育了多少幼苗啊！我们多想为您唱赞歌啊！请听散文诗朗诵——献给老师的赞歌。

张玉河：献给教师的赞歌——

历史的长河，流着您的骄傲；时代在沸腾，涌动着您的热血。在每一个人的心里，都有一首不朽的赞歌，那是为您——人类灵魂的工程师！

李克娟：字典显得薄了，盛不下您的言辞；教室显得窄了，容不下您的话音。把无知融化，把愚昧转灵，您用一双坚实的手，推动着时代的车轮……

李艳：面对无比敬爱的老师，千言万语难以表达。我们只想说：你们是最可爱的人！如果鲜花能够代表我们的心，那么请您接受我们敬献的鲜花吧！

(班长丁勇等14位同学们为每位到会老师献花。长时间鼓掌。)

王海：哪一位同学不是在老师们的谆谆教诲和辛勤培育下逐步成长起来的？！请允许张庆同学以自己的亲身经历来叙叙《恩师情》吧！

张庆：首先，让我向王老师和其他老师鞠个躬！我要讲的是发生在王老师和我之间的一个真实故事。(略)

李艳：像王老师这样的好老师，比比皆是。让我们对老师表示衷心的感谢！并献上我们小小的心意吧！

(丁大雨等14名同学依次朗读“敬师卡”，并赠送老师。)

丁校长：谢谢同学们的盛情！我相信老师们会更加努力工作，为祖国培

养更多更好的人才！我也相信，同学们一定不会辜负老师们的殷切期望！

（鼓掌）

王海：一年365日，老师们总是在不停地为我们工作，难得片刻休息。在节日到来之际，请老师们观看我们的节日演出——小话剧《发生在教室里的故事》。

（大意体现了老师对学生的理解、关心和教诲。）

王老师：谢谢同学们！我也给同学们表演一个节目：口琴演奏《少年壮志不言愁》。

（鼓掌）

李艳：在欢庆节日的时刻，面对老师，我们都在想尊师的最好礼物是什么。团支书李存同学说得好，最好的礼物是行动！请李存同学代表全体同学向老师们表示我们行动的决心。

（李存发言。略）

王海：时间真快，不知不觉班会结束的时间快到了。遗憾的是我们不能尽情地向老师们表达心意，不能在这次班会上更多地聆听老师们的教诲。为此，请老师们留下您的珍言妙语吧！

丁校长等14位老师在板报“恩师的期望”专栏中依次题词留言。

（鼓掌）

李艳：难忘的时刻，我们永远难忘！恩师的教诲，我们时刻铭记！让我们共同歌唱我们的老师！

全班合唱《我爱米兰》。

王海：“老师，祝您节日快乐”主题班会到此结束。感谢老师们的光临！

王海、李艳：祝老师们节日快乐！

（全体起立，鼓掌欢送。班会在掌声中结束。）（陈立林）

范例：9-2“自我介绍”主题班会

新的集体刚刚组成，一切都是陌生的——包括班主任面前的学生和学生面前的班主任。

如何尽快相互了解，打开班级工作的局面，这是班主任应首先考虑的问题。“良好的开端是成功的一半”。我认为，第一次班会担负着重要的使命，它往往是学生了解老师的窗口，同学间互相了解的纽带，也往往为今后的班级活动定下基调。能不能使它的功能扩大一点，从而成为学生“自理”的起点呢？我想到了“自我介绍”这种形式。

刚入高一的学生，自我意识较强，希望培养自己多方面的能力，这既是他们本身的要求，也是时代的召唤。经过三年的初中学习，他们中的大部分人已初步具备了一定的表达能力、思维能力、组织能力、交际能力等，其中有些人能力较强，这就使这一活动相对建筑在比较可靠的基础上。

报到注册完毕，排座位打扫教室之后，我召集全体学生开了一个简短的会，大体介绍了有关的情况，并提出了几点要求。其中一点就是每人都要准备1～2分钟的有特色的“自我介绍”。

正式上课的第一天，下午便是班会时间。教室黑板上赫然写着“自我介绍”几个大字，造成一种热烈庄重的氛围。三位临时班干部带头发言，接着，便按座位顺序，每个同学都上台“亮相”。介绍的内容无非是自己叫什么名字、从何处来，生活经历、性格特点、特长爱好、希望打算等等。站在讲台上，他们有的侃侃而谈，有的则三言二语；有的能从容不迫，有的抓头挠耳；有的显得活泼大方，有的则腼腆羞涩；有的显得幽默机智，有的则憨厚淳朴。

至于这次活动的有关情况和作用等，许多学生在后来的“班级活动漫评”的周记中都曾提到。肖薇同学说：“新学期刚开始，大家从本市各学校考进来，彼此缺乏了解，对于每个人都要上台自我介绍一番这种形式，更感到新鲜。随着同学们一个个自我介绍，气氛顿时活跃起来，有时听到某个同学讲得风趣或看到某个同学讲话姿态与众不同，不由哈哈大笑。同龄人的心是相通的，短暂的一堂课，大家已相互了解了许多。刚到一个新集体的那种拘谨感、陌生感，不知不觉就消失了。我开始爱上了这个新集体。”顾臻圣同学说：“这次活动，使我们对每个同学及其爱好、特长有了初步的了解，同时锻炼了自己的口才，一举两得，同学们都感到满意。”

其实，除了上述几点以外，对班主任来说，还有其他的作用。一是“对号”，即把“学生档案”上的情况、照片和对眼前活生生的学生的“目测”结合起来，便于取得直接印象；二是“印证”，即考察一下班级干部人选的能力问题，妥当与否，以便因才而用并物色新人选；三是“发现”，即从学

生的普遍情绪、爱好中发现班级的特点及存在的倾向性问题，以便因势利导，形成好的班风，培养学生的多方面能力。

一个好的主题班会应该是高效率的，即花较少的时间能办成较多的事情；一个好的主题班会还应该具有指示性，即能成为整个思想教育链条中的一个环节，并对今后的教育工作产生影响。“自我介绍”主题班会在这些方面，成为班级工作的一个良好开端。尽管班会上我这个班主任并没说多少话，学生却感觉到班主任是“民主的”、“放权的”，相信今后的班级活动会坚持这个基调：即班主任所说的“让学生成为主角”。(胡寅初)

3．技能训练

(1) 情境描述：中学生主题班会《当我迈进新校园的时候》

目的：

通过这次主题班会，给学生以深刻的影响，激励学生迈好青春第一步。在活动中，进一步增进师生、同学间的友谊，做一名合格的中学生。

准备：

①邀请学校领导、职员、工人代表、科任教师参加，并从教师角度准备一封祝贺信，以勉励学生立志奋进。

②邀请高年级学生（2～3名）参加，并让他们准备谈一些个人成长进步的体会。

③指定同学们准备紧扣主题的发言稿和文艺节目。

④同学自制一些准备送给来宾的纪念品。

⑤学生自己布置会场。要求美观大方，富有节日气氛，黑板上应画出校景，写上“当我迈进新校园时（彩色、美术字）”的字样。

过程：

①介绍来宾（主持人）。

②“欢乐声响彻云霄，翻腾着狂欢的热潮，当时钟走完暑期的最后一秒，我们又迈进了新的学校。”宣布主题班会开始。

③集体诗朗诵《当我们迈进新校园的时候》。

④领导、教师代表致欢迎词。

⑤座谈发言。内容围绕“让我们很快地熟悉起来”，“热爱新学校、热爱新班级”，“争做合格的中学生”这三个专题。

⑥赠送礼物。

⑦文艺演出。

⑧班主任的期望。

⑨全班争做合格学生的决心书。

注意事项：

①主持人要精心设计台词，巧妙地把整个活动串联起来。

②发言、期望、致词均应言简意赅。

③突出自主性，由学生主持，切忌包办代替。

（2）训练内容：

①结合范例，分析所述主题班会的优缺点及成功之处。

②根据主题班会的要求，设计一个庆祝“七一”党的生日主题班会。

4. 训练要求

（1）能运用班级活动理论准确、全面、细致地分析案例。

（2）所设计的主题班会紧扣主题，有鲜明的思想教育性。

（3）主题班会形式新颖，富有创造性、趣味性。

第二节 指导团、队活动

学校共青团和少先队是在学校党组织领导下的青少年学生的群众性组织，他们是学校党组织和行政组织对学生进行教育的有力助手。由于班级团、队组织的干部都是本班学生，他们年纪尚小，社会阅历浅，身心方面都不够成熟，需要成年人的指导和帮助，因此，班主任就和共青团支部、少年队组织有着直接的联系，指导和帮助共青团和少年队开展工作，自然也就成了班主任的一项重要工作内容。

班级共青团、少先队是学校教育工作不可缺少的组成部分。共青团、少先队的性质、任务决定了它们是班集体的核心力量，是班级中各项活动的积极支持者和参与者。要建立一个坚强的班集体，树立良好的班风，组织同学搞好学习，就必须充分发挥好班级团、队组织的作用。因此，班主任在工作中，要充分依靠班级团、队组织，并根据团、队组织的特点，积极支持和引导团队组织开展丰富多彩的活动，当好团、队组织的参谋。

一、指导团、队活动的主要内容

1．指导团、队组织制定工作计划

班级团支部和少先队是在学校团、队组织的直接领导下进行工作的。在制定本班团、队工作计划时，班主任首先要了解学校团、队组织的计划安排，再结合班级实际，和团队干部一道制定本班团、队工作计划。同时，班主任要考虑团、队计划应与班级工作计划协调一致，使班委会、团支部、少先队互相配合，齐心协力，做好工作。

2．指导团、队加强组织建设

(1) 指导团、队组织做好积极分子的培养教育和组织发展工作，使团、队组织不断吸收新鲜血液，壮大队伍。

(2) 指导团、队组织做好团、队成员的思想教育工作，发挥团、队成员班集体中的先锋模范作用。

(3) 指导团、队建立建全团支部和队委会，选好团干部，使之形成坚强的领导核心。

(4) 指导团、队干部加强自身建设，帮助他们提高思想认识，培养他们的工作能力，使他们以良好的工作作风，满腔热情地为同学服务。

(5) 指导团、队过好组织生活。团、队组织生活是团、队活动的重要内容，也是团、队组织对其成员进行教育的有效途径。班主任要指导团、队干部组织团员、少先队员和学生学好团、队章程，提高他们对团、队组织的认识，激发他们热爱团、队组织的情感。

3．指导团、队组织加强思想建设

要想切实提高广大团员、少先队员的觉悟，发挥他们在班级中的先锋模范作用，班主任必须指导团、队组织加强团、队成员的思想教育工作。开展丰富多彩的各种活动，寓教于乐，是进行思想教育的行之有效的方法。班主任要对团、队活动予以指导和帮助，帮助他们出谋划策，帮助他们排忧解难，帮助他们实施计划，帮助他们总结提高，使活动收到预期效果。

4．指导团、队组织处理好与班委会的关系

团支部、少先队与班委会是各自独立的组织，但它们都存在于班集体之中，离开班集体，它们都成了无源之水，无本之木。因此，班主任要把它们统一在班集体建设这个目标上来，通过定期召开联席会议，相互沟通，相互支持，相互配合，协同一致开展工作。

二、指导团、队活动的原则

1．创造性原则

现代教育要求培养学生的创造性思维、创新能力和创新素质。在团、队活动中班主任要鼓励和支持学生大胆创新，勇于开拓，充分发挥他们富于想象、敢说敢干的特长，使团、队活动丰富多彩。

2．活动性原则

班主任要帮助团、队组织开展多种活动，如学习活动、文体活动、主题活动、公益活动、社会实践活动等，借助活动增强团、队组织的凝聚力。活动是团、队工作的基本内容，也是班主任的重要指导原则。

3．自我教育原则

班主任通过团、队活动，指导团、队成员阅读进步书籍，访问模范人物，进行专题讨论、参观、座谈，提高学生自我教育的能力。

4．协调性原则

班主任对班级团、队工作，应起到协调和指导作用，既不能包办代替，又不能撒手不管。既要协调团、队组织内部关系，又要协调好团、队组织和其他群众组织的关系，使各个组织通力协作，促进学生健康发展。

5．寓教于乐原则

班主任在指导团、队活动时，要针对学生爱玩、好奇、追求时尚等特点，寓教于乐，让他们在生动活泼、新颖别致的活动中受到教育。

三、指导团、队活动应注意的问题

1．摆正位置

班主任与团、队组织的关系不是领导与被领导的关系，而是以“指导者”的身份去指导团、队工作。因此，切忌越俎代庖。

2．关注团、队干部的意见

在组织活动和发展团、队员时，班主任不要把自己的意见强加给团、队干部，凌驾于团、队组织之上。要尽量尊重团、队成员的意见，使他们心情舒畅地开展工作。

3．做团、队干部的坚强后盾

由于团、队干部年龄小，经验不足，工作中难免出现这样或那样的问题。班主任在指导他们工作的同时，对于出现的各种问题，要主动承担责任，做他们的坚强后

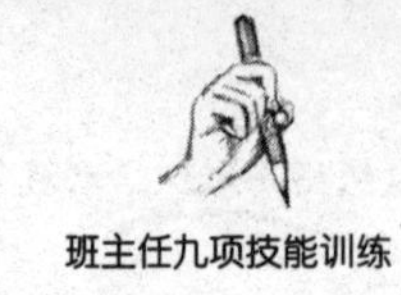

盾，以便他们放手大胆地开展工作。

四、技能训练

1．训练目标

(1) 了解班主任与团、队的关系。

(2) 掌握指导团、队活动的原则和内容。

(3) 能正确地指导团、队活动。

2．提供范例

范例：9-2《与“雏鹰行动”接轨》

活动意图：

在少先队中进行文明教育，培养少先队员的文明行为，是全国少工委提出的《跨世纪中国少年雏鹰行动——生存与发展行动计划》的重要组成部分。“雏鹰行动”总体目标要求和与之相配套的活动以及所要培养的素质、意识，无不与我们少先队的文明教育相关。在建设中国特色社会主义中，我们在建设物质文明的同时，还要建设社会主义精神文明，最根本的是要使广大人民有理想、有道德、有文化、有纪律。

少先队员是跨世纪社会主义事业的接班人，为使他们在未来得以更好地生存和发展，我们少先队务必抓好本队的文明建设才能与“雏鹰行动”接轨。因此，我们设计了“与‘雏鹰行动’接轨”活动。

活动程序：

1．活动准备。

(1) 制订计划。根据中队实际，制订可行性计划，提出明确的口号、目标、活动设想、行动步骤等。

(2) 拟订《中队队员“十做到”》(附表一) 和《家庭文明行为表》(附表二)，并印制好书面材料，发给中小队和每个队员。

(3) 布置环境。教室黑板上方张贴“队员齐努力，争创文明中队”醒目口号；后边墙上用彩色吹塑纸布置“十字礼貌用语”；两侧墙上张贴4～6条用窗花、剪纸图案配制的有关文明的标语；右墙角的“中队角”里换上开展文明月活动的内容，如《中队队员“十做到”》的放大表等，并随着活动月的进展，随时充实新内容。这些布置，可以形成浓浓的氛围，给队员们创造一个良好的环境。

2. 活动开展。

辅导员讲话后，中队宣布活动计划，拉开活动的帷幕，接下来分四步开展这项活动。

第一步："十做到"和"五方面"。在文明月活动中，中队自始至终要求队员做到学校文明"十做到"和家庭文明行为"五方面"(内容见附表一、二)。"十做到"每周由小队评定一次，全月评4次，月末将平均得分填入中队"十做到"放大表中；家庭文明行为"五方面"由队员、家长评估填入，月末家长签名盖章后交小队作评估依据。中队成立家访组，请辅导员参加，经常深入队员家庭，了解队员在家表现，督促家长支持文明月活动，及时填写表格。

第二步："催开中队文明花"。在文明月前期，围绕"文明"主题，以小队为单位或要求个人编写故事，以小品等文艺形式排练演出。故事的选材最好是中队或本小队过去涌现出的文明队员的事迹，目的是通过文艺性队会催开中队文明之花。

演出可以按抽签号进行，并邀请校长、辅导员和文艺老师当评委，评出金、银、铜奖及纪念奖若干名。

主题队会后，中队做3件事：①以队会为动力，要求队员不论在校内、校外或家庭，不讲不利于文明的话，不做不利于文明的事；②家访组出访；③收集好人好事，树立典型，通过中队板报、中队角、校广播进行宣传。

第三步："文明互助献爱心"。中队用一个星期时间，安排队员走出学校开展"文明互助献爱心"活动。要求以小队为单位，在各自选定的文明服务点，为社会、集体做好事，发扬文明新风，为社会献上一颗爱心。如与敬老院挂钩送温暖，献爱心；到建筑工地开展义务劳动；去影剧院、录像厅或农贸市场、居委会等开展文明服务，做一些力所能及的事情。

与此同时，开展队员之间的互助互爱活动。如"与远方贫困小伙伴'手拉手'"，帮助同学补课、理发，从物质和精神上关心有病同学，为他人排忧解难，携手共进。在此基础上，把活动引向家庭，如帮妈妈当家，体会当家的辛苦；给长辈送一件小礼物，表达对长辈的一片真情。

第四步："点滴文明风"。目前，学校里许多不文明行为，都表现在点滴

小事上。如说脏话、写脏话、给人起绰号、欺侮小同学、随地吐痰、乱扔果皮纸屑、糟蹋厕所、浪费自来水、损坏公物、随意丢弃食品、不爱惜学习用品、乱花钱、爱吃零食等等。为此，在中队文明月活动中，要把着眼点放在“区区小事”上，引导队员从小事做起，从我做起，于细微之处见精神。

“点滴文明风”活动，要求每个队员备个“红本”，以日记形式，既记自己，又记别人的文明行为；既记校内，又记发生在家庭的事。有事即记，有感就发。中队还可开展“寻找身边的文明人和事”或“闪光的文明小星星”活动。中队发给各小队一本“文明闪光点”记录本，专记队员中的好人好事。

第五步：评比表彰“中队文明少年”。文明月活动结束，中队要抓住时机，及时进行评比表彰。评比表彰只是手段，目的在于把文明教育引向深入，推向前进。

评比方法有硬有软。硬的是看“两表”评估结果；软的是看小队“文明光点”记录本和个人“红本”，并在小队评议会上让队员谈自己在文明月活动中的感受、收获和进步。通过小队队员互相评议，提出推荐名单，中队广泛征求老师、队员的意见，评出“中队文明少年”和单项优胜者名单，并在“中队角”公布。最后召开表彰会，由辅导员进行表彰奖励并提出希望和要求。

活动提示：

这是一个对队员进行文明教育的系列活动，适合在所有年龄段开展。开展这一活动，最好由大队部统一布置，以中队为单位开展。关键是要有实际效果，要落实到队员的行动上。开展大范围的活动容易走过场，这一点一定要引起辅导员老师的注意。

附表一：

中队队员“十做到”

得分 姓名 “十做到”内容	×××	×××	×××	×××	……	合计得分
团结互助						
尊敬师长						
遵守纪律						

礼貌用语						
讲普通话						
勤学早到						
讲究卫生						
课外活动						
争做好事						
注意节约						

说明：①每项满分为10分，优秀10～9分，良好8.9～8分，一般7.9～7分，较差6.9以下。

②“十做到”内容可视中队实际情况而定。

③每周由小队评定一次，全月评4次，将平均得分记入中队“十做到”表中。

附表二：

家庭文明行为表

项目	自理行为	家务劳动	尊敬长辈	文明礼貌	星期日表现
评定等级					
家长评估意见					

队员姓名 ________　　家长签名盖章 ________

说明：①评定等级分优秀、良好、一般、较差四个档次。每档得分同“十做到”。

②每档得分由小队评定，交中队审定。

（细水）

3．技能训练

用所学班主任指导团、队活动的理论，分析上述案例：

（1）班主任指导团、队活动遵循了哪些原则？

（2）案例设计有哪些成功与不足之处，请说明理由。

(3) 根据班级实际，设计一个团（或队）活动计划，题目自定。

4．训练要求

(1) 能正确运用指导团、队活动理论分析案例。

(2) 所设计的团、队活动符合班级实际，符合活动原则。

(3) 活动目的明确、主题鲜明。

(4) 活动设计合理、有序。

(5) 活动计划详细，便于实施。

第三节　组织和指导课外活动

课外活动，是指学校课堂教育、教学活动以外的各种活动。它包括有组织的校内课外活动和校外活动。课外活动是课堂教育、教学活动的延伸和重要补充，是发展学生个性与特长，全面提高学生自身素质的重要途径。班主任要高度重视课外活动在学生身心发展方面的作用，组织并指导学生搞好课外活动。

一、课外活动的意义

开展课外活动是全面贯彻党的教育方针，培养德、智、体、美、劳诸方面全面发展人才的需要，是学生身心发展的客观要求。《中学德育大纲》指出：课外活动是促进学生全面发展和身心健康的一条重要途径。学校和班级应有计划地在课余时间组织学生开展丰富多彩的科技、文娱、体育等活动（包括课外兴趣小组和各种竞赛活动），通过课外活动，丰富学生的课余生活，扩展学生的知识视野，发展学生的个性特长，培养良好的思想品质、意志性格和生活情趣，提高他们的审美能力。

1．丰富学生的课余生活，培养和发展学生健康的兴趣和爱好

班级授课从夸美纽斯时代至今有三百多年历史。班级授课制极大地提高了效率，促进了教育的发展。但是，课堂教学由于时间、内容、方式等方面的同一性，以致于难以从每个学生的实际出发，培养每个学生的个性和特长，而只能一刀切，齐步走。课外活动为具有不同爱好和特长的学生提供了发展的广阔空间。在课余时间，学生可以根据自己的兴趣爱好选择活动内容，并在活动中发展自己的特长，从而为发现、选拔、培养各类专门人才奠定了基础。例如相声演员姜昆、乒乓球名将邓亚萍等都是青少年时期，在课外活动中培养和训练的。

2．扩大学生的视野，帮助他们了解和认识社会

课外活动使学生广泛接触自然和社会，获取了大量的即时信息和最新知识，拓宽了知识领域，并通过实践巩固了知识，培养了技巧，锻炼了能力，为他们走向社会进行了必要的铺垫。

3．培养学生审美能力，陶冶情操

在课外活动中，学生通过参加文艺活动，参观游览，感受和鉴赏自然美、社会美和艺术美，从自然、社会和艺术作品中汲取美的营养，培养了积极健康的审美情趣和审美观点，以及表现美和创造美的能力。通过活动激发美的情感，使追求不断得到升华。

4．锻炼健康体魄，增强青春活力

课外活动不仅极大地丰富了学生的课余生活，减轻了学生的课业负担，保证了学生休息和娱乐，而且通过体育活动，锻炼了身体，使他们体力和精力更加充沛，更加充满朝气。

二、课外活动的类型及形式

1．课外活动的类型

（1）科技活动。

课外科技活动是课外活动的重要内容。科技活动一般是在课堂学习的基础上，通过组织科技小组开展活动，如成立数学小组、物理小组、化学小组、气象小组、计算机小组、航模小组、农田实验小组等等。开展科技活动，可以培养学生爱科学、学科学、用科学，立志为科学事业献身的理想，还可以扩大学生的知识领域，培养学生的想象力、创造力和动手实践能力。

（2）文体活动。

这是以丰富学生精神生活，增强学生体质，活跃班级气氛，增进集体凝聚力，促进学生全面发展为目的的课外活动。

文学艺术类活动主要包括文学欣赏、文学评伦、歌咏、舞蹈、曲艺、绘画、书法、雕刻、工艺美术等等。学生在这些活动中，可以获得一些文学方面的知识和技能，陶冶情操。

体育类活动包括小组活动形式的体操、武术、棋类、球类、游泳、滑冰、射击、田径等，班级集体活动形式的如小型体育比赛，像拔河、跳绳、踢毽、排球、篮球、羽毛球、乒乓球等。

(3) 社会公益活动。

这是直接服务于社会的公益活动，如帮助军烈属、孤寡老人、残疾人清扫卫生，料理家务。到公共场所义务劳动，参加工农业生产劳动等。通过这些活动培养学生劳动观点、劳动能力以及热爱劳动的思想感情。

2. 课外活动的形式

课外活动的组织形式是多种多样的，大致可分为全班性的集体活动，几个人的小组活动和个人活动三种。

(1) 集体活动。

全班性的集体活动是目前课外活动中较为常见的一种组织形式。包括各种集会、各种比赛、各种游艺活动、各种公益活动等。集体活动一般由班主任组织，全体同学参加，并从中受到教育。

(2) 小组活动。

这是课外活动的基本形式。课外活动的最主要特点是它的自主性和灵活性。学生是否喜欢参加，参加什么活动，完全出自学生的自愿。小组活动根据学生的兴趣、爱好，自愿组合，机动灵活，小型多样，有利于发挥学生的特长。

(3) 个人活动。

这是学生在教师或其他辅导人员的指导下，根据自己的兴趣、爱好、才能进行独立作业的活动方式。个人活动的内容同样是多方面的，可以说，每个学生都有从事个人活动的可能性。个人活动对于培养学生独立思考、独立工作、深入钻研有着十分积极的意义。

三、课外活动的原则

1. 学生的主体性原则

课外活动的主体是学生，班主任在课外活动中起指导和出谋划策的作用。主体性原则要求班主任鼓励学生以主人翁的姿态参加活动，让学生在活动中学习科学，培养能力，增长才干，真正使课外活动成为学生发展的智力生活基地，成为学生成才的第二条路径（第一条是课堂教学）。

2．学生自愿参加的原则

与课堂教学不同，课外活动特点之一是自主性，即学生是否参加，完全出自学生的自主选择。这不仅体现了课外活动的主体是学生，而且学生参加活动是出于自愿，因而在活动中，往往表现出很高的热忱，很浓的兴趣。班主任要在尊重学生意愿的基础上，帮助他们发现自己的优势，激活他们的活动动机，帮助他们做出切合个人实际的选择。切不可搞强制命令，否则，课外活动会流于形式，起不到应有的作用。

3．针对学生实际的原则

课外活动要有针对性，针对性越强，收效愈大。班主任要根据学生的身心发展特点、年龄特点以及教学实际，开展课外活动。在活动内容的安排上，以有利于学生拓展知识，有利于学生发明创造，有利于学生学会生存，有利于学生学会做人为目的，精心设计，科学安排。在活动方式方法上，要不断变化，使学生喜闻乐见。

4．因地制宜的原则

开展课外活动没有统一的定式，班主任要根据本地区、本校的实际，因地制宜地组织课外活动。由于我国区域之间经济发展水平差别较大，各学校办学水平和办学条件亦不相同，所以，在开展课外活动时，要最大限度地发挥和利用本地区、本校的优势，搞出自己的特色，且不可盲目攀比，贪大求洋，脱离实际。

四、技能训练

1．训练要点

（1）了解课外活动对学生健康成长的意义。

（2）掌握课外活动的类型和形式。

（3）把握课外活动的原则。

2．技能训练

（1）训练[A]

请根据本班同学的兴趣爱好，制定本学期班级课外文体活动计划。要求内容详细，时间安排恰当、合理，目的明确（最好以表格形式展示）。

（2）训练[B]

请根据本地、本校、本班实际，组织学生课外活动小组，并说明成立各活动小组的条件、目的、意义和组织管理办法。

3．训练要求

（1）活动方案科学、合理、可操作性强。

（2）符合学校、班级学生实际。

（3）形式新颖，学生喜闻乐见。

（4）有利于学生个性特长发展。

第十章

形成教育合力技能训练

第一节 教育合力

一、教育合力的涵义

教育合力是指家庭教育、社会教育、学校教育在方向上保持一致，在时空上密切衔接，在作用上形成互补，协调一致，形成合力，发挥教育功能的整体效应。

在现代社会中，一个人的全面健康成长，离不开家庭、社会和学校三个方面的教育和影响。如果三方面互相配合、互相促进、步调一致，形成教育合力，教育成效就显著；如果三方面教育不一致，甚至产生分歧，就会产生分力，降低教育效果。因此，协调家庭、社会和学校的教育力量，使之相互支持、相互配合，把立足点统一在我国的教育方针和培养目标上，统一到教育科学理论和教育规律上，是青少年健康成长的基础和前提。由于学校是专门从事教育工作的场所，具有专门性、相对独立性和稳定性的特点，学校教育便在整个教育中占据主导地位。不仅如此，在教育合力的形成过程中，学校教育也起着组织、协调家庭和社会教育力量的作用，成为家庭、社会和学校三个方面互相联系、互相配合最积极的倡导者和组织者。而落实到学校内部，协调家庭、社会和学校教育的责任，就历史地落到了班主任的肩上。因此，班主任必须充分发挥沟通学校、家庭和社会教育力量的纽带和桥梁作用，使之形成教育合力，更好地对学生施教。

二、形成教育合力的意义

1．有利于实现整个教育在时间上的紧密衔接

一般来说，一个人，特别是青少年的生活环境，大体上包括家庭、社会和学校这三个基本方面，或者说，这三个方面以不同的空间和时间形式占据了青少年的整个生活。据了解，城市中小学生目前平均每天在校活动时间不低于6小时，在社会上每天

活动3～4小时，其余在家庭。家庭、社会、学校三个方面中的任何一方面失控，都会导致整个教育在空间和时间上出现断裂。家庭教育、社会教育和学校教育无论哪一方面出现空白，都将使青少年的各种教育无法有机地衔接起来，使青少年在一定的空间、时间范围内放任自流，失去控制，从而为一些不健康的东西乘机渗入提供机会。因此，搞好上述三种教育的衔接和协调，是整体化教育的一个十分重要的方面，是班主任工作的一个重要内容。

2．有利于保证家庭、社会和学校在教育方向上的高度一致

家庭教育、社会教育和学校之间，除了在时空上不能出现断裂和空白外，在教育方向上还要保持高度一致。在实际教育工作中，我们常常可以看到这样一种情况，学生在学校中所受到的思想教育，在校外常常会被家长的几句“人生真谛”，或朋友的几句“肺腑之言”冲刷得一干二净。家庭教育、社会教育和学校教育如果在基本方向上不能保持高度一致，那么，他们各自的作用不仅会互相抵消，还会给学生的思想造成很大的混乱。来自全国各地的专门性研究都指出，一些荒诞、淫秽的电影、电视、录像、书刊、画片、歌曲等，对青少年的危害极大。在当前的青少年犯罪中，大约有三分之二的人读过不健康的书刊，或受到不健康录像的影响。因此，作为班主任，必须时刻对家庭、社会和学校教育的方向问题给予极大的关注。

应当指出，当前的家庭教育、社会教育和学校教育在方向上不能保持一致的问题仍相当突出。一方面，随着我国对外开放政策的实施，国外不良思潮以及形形色色的腐朽没落的东西，有了更多的渗入机会。另一方面，我们的社会教育、家庭教育在方向上还存在着不少问题，例如：一些有条件从事社会教育的部门，不仅不积极地担负起对青少年一代的教育任务，反而以营利为目的，出版、发行、播放一些有害于青少年健康的东西。另外，随着独生子女的增加，家长对子女溺爱、娇生惯养的倾向也日益突出起来。这些都给学校教育增加了难度，需要班主任增强社会责任感，统一组织好社会和家庭教育工作，提高家长的素养，协调好家庭教育、社会教育和学校教育的方向，使之协调一致，形成合力。

3．有利于实现家庭教育、社会教育和学校教育间的互补，提高教育的整体效应

家庭教育、社会教育和学校教育不仅在时空上有所不同，而且教育内容、教育方法、教育效果也各有特点。例如：在家庭教育中，由于教育者与受教育者之间有一种亲密的血缘关系，因此，在教育中常常伴有丰富的感情色彩和信任气氛。尤其在教育幼小儿童方面，家庭教育有着得天独厚的优势。学校教育有严肃性、统一性、计划性、系统性和在集体中进行教育的特点，这些特点有利于青少年系统而又坚实地打好智力发展和思想品德形成的基础。另外，师生之间的特定关系，以及学校的集体生活，十分有助于学生了解社会关系的基本准则。许多人都有这样的体验：在家十分自私和任性的孩子，在学校集体中，在老师面前常常会收敛许多。社会教育在内容上具有多样性、实用性、及时性和补偿性等特点，所采用的教育方式也更加灵活多样，这既有利于青少年发展个性品质以及兴趣爱好，也有利于青少年在更大、更广阔的范围内了解自然和社会。常常可以看到这种情况：许多孩子在学校没有出色的表现但在少年宫、少年科技馆、少年之家或业余文体学校所组织的各种社会教育活动中，却显示了他们在书法、美术、音乐、体育以及发明创造等方面较高的才干和巨大的发展潜力。由于家庭、社会和学校教育有着各自的特点和优势，因此，对于一个特定的教育目标来说，有时通过家庭教育或社会教育方式不能顺利实现，通过学校教育的方式却能顺利的实现，反之亦然。有时通过一种途径不能实现，通过几种途径的共同作用却能实现。这是因为每个人的遗传素质不同，每个人的生活环境和成长道路也不同，因此，他们对家长、老师、同学和朋友的信任程度也会有所不同，对不同的教育活动会产生不同程度的认同或排斥情绪。一般说来，受教育者对教育者信任的程度愈高，对教育活动本身愈感兴趣，教育效果愈好。否则就相反。

总之，家庭、社会和学校这三种教育是各有特色的，它们之间很难相互代替，只有把这三种教育协调起来，取长补短，充分发挥它们各自的特长和多渠道一致影响的叠加效应，就能取得最佳的整体教育效益。

●第二节 协调校内教育力量

一、协调科任教师

科任教师又称任课教师。本班任课教师与班主任一起，共同组成班级教师集体，负责对学生进行培养教育工作。与班主任不同，科任教师不是班级的主要负责人，他们主要是通过自己所教学科的教学活动来体现和实现教育培养责任。那么，科任教师的敬业精神、教学思想和方法、教学水平，都直接影响着学生的发展。因此，班主任

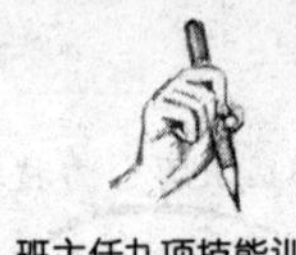

要保证把全班学生培养教育好，就必须协调和统一科任教师的力量，以获取高质高效的教育效果。

1．召开班会介绍科任教师情况

每一位教师都有自己独特的教学风格，这是教师教学思想、教学艺术的综合体现。为了使学生更深入地了解科任教师，更快地适应科任教师的教学方式和方法，班主任应在任课教师上课之前召开班会，向学生介绍每位任课教师的情况，包括教师的教学年限、教学特长、教学习惯、教学态度以及以往取得的教学科研成果等。让学生在了解教师的基础上，接受教育，促使师生双方尽快地相互适应。对于那些刚刚走上教学岗位、教学经验不足、教学水平可能不是很高的年轻教师，班主任要教育学生尊重他们的劳动。

班主任切忌：绝不能为了树立个人威信，在学生面前议论科任教师的缺点和短处，甚至有意贬低科任教师，这些对教育学生都是有害的。班主任要有意识地在学生中树立科任教师的威信，教育学生尊敬科任教师，树立尊敬师长的良好班风。

2．主动向科任教师介绍本班学生情况

在教学过程中，每位教师要想做到有的放矢、因材施教，其前提，必须是对所教学生有一个全面的了解。对学生了解的一个重要途径，是通过班主任介绍。因此，班主任应主动把学生的思想情况、学习情况、生活情况、身体情况、家庭环境、社会关系以及兴趣爱好等主动介绍给科任教师，使科任教师心中有数，为更好地教育学生奠定基础。

3．召开师生座谈会交流教与学的情况

教学过程是师生双向的信息交流过程。教学效果好坏直接取决于师生双方的努力和配合情况。如果教师对学生的要求和意见知之甚少，学生对教师的建议和要求不能及时反馈，势必影响教学效果。为此，班主任可以定期或不定期地召开师生座谈会，让学生与科任教师面对面地交流，畅谈教与学的感受，共商教学对策。同时，师生座谈会也为师生相互了解，增进感情，消除障碍提供了机会，为改善师生关系创造了条件。

4．邀请科任教师参与班级教育工作

作为班级教师集体重要组成部分的科任教师，是班级教育工作中不可缺少的教育力量。在教学过程中，科任教师与学生频频交往，学生的学习态度、学习方法，对待成功与否表现出来的精神境界，对周围所接触的人和事的认识等，科任教师都会有所了解。班主任在制定班级工作计划，确定班级奋斗目标，研究学生思想动态时，一定邀请科任教师参加，倾听他们的意见和建议。班主任只有与科任教师相互协调，统一认识，才能形成合力，齐抓共教，取得良好的效果。有经验的班主任不仅善于联合科任教师共同搞好班级建设，而且还十分注重与科任教师搞好关系，建立友谊，例如：邀请科任教师参加班级迎新联欢会、各种体育比赛，主题班会等，以扩大师生之间的交往，建立良好的感情基础。

5．协调各科教学妥善安排各种活动和课业负担

适当的作业量和测验，可以督促学生学习，检查教师的教学效果，起到促进和改进教学的作用。科任教师大多是从本学科的教学出发，布置作业、进行辅导和考试，难免会出现学科之间作业量轻重不均，考试集中或频繁等问题，致使学生的课业负担加重。班主任要统筹兼顾，在调整各科作业量及考试次数等方面起到调度作用，合理安排学生的自习和辅导，避免出现几位教师占用同一时间等问题。

二、联系学校的团队组织

1．配合团队组织开展教育工作

团队组织是学生自己的组织，是学校德育工作中一支最有生气的力量。团队组织总是根据自己的任务和工作特点，通过开展健康有益、生动活泼的活动，吸引广大青少年，引导他们树立远大理想和良好的道德风尚，学会自我教育、自我管理，共同完成学校的教育要求。学校的任何一项教育活动，都与学生有着密切的关系，都要和班级发生某种联系。作为班级的负责教师，班主任必须积极配合团队组织开展教育工作。

班主任要教育学生积极参加团队活动，并热情支持他们参加团队活动。活动前，要了解团队活动内容、活动目的、活动计划和活动方式，做好动员准备工作；活动中，尽可能地参加并给予协助，同时观察本班学生在活动中的表现；活动结束，要帮助他们做好活动总结。班主任要经常与学校的团队组织保持联系，使班级与团队在教育方向上保持一致。

2．协助团队组织做好发展新团队员工作

班主任最了解班级学生情况，有向团队组织推荐积极分子的责任。能否做好新团、队员的组织发展工作，不仅关系到团队的组织建设，也直接关系到班级建设。班主任要做好团队积极分子的培养教育工作，把班级中最优秀的学生推荐给团队组织，使他们成为团队组织的有生力量，更好地成长和进步。

三、协调学校其他部门

班级是学校教学的基本单位，是学校的细胞。如同一个人生长需要各种养份一样，班集体建设，学生健康成长，需要来自学校方方面面的关心和帮助。学校的教导处、总务处、办公室、图书馆、政教处、保卫科、医务室等，在管理和服务学生的过程中，不仅和学生发生千丝万缕的联系，也肩负着培养人、教育人的任务。要充分发挥学校各部门教书育人、服务育人、管理育人的作用，需要班主任与其紧密配合，经常与各部门沟通学生情况，及时掌握学生思想和活动脉搏，齐抓共管，共同完成对学生培养教育工作。在协调与各部门关系时，班主任需要做好以下工作。

1．教育本班学生尊敬学校各部门的领导和教职工，尊重他们的人格，尊重他们的劳动，支持和协助他们开展工作。

2．认真完成学校各部门布置的任务，组织好学生参加各部门安排的活动。

四、协调班级之间关系

在班主任工作中，总会遇到与其他班级关系问题，需要班主任协调和处理。一个班级或一个班级的学生与其他班级或其他班级的学生，在校内学习、生活和活动中，不可避免地要发生联系，产生矛盾，影响正常的学习和生活。要处理和解决好各种矛盾与关系，班主任必须具备过硬的基本功。第一，要克服本位主义思想，教育学生团结友爱，互敬互让，与其他班级同学搞好团结。第二，当本班学生与其他班级学生出现矛盾时，班主任要及时教育本班学生并会同有关部门处理和解决好矛盾。第三，为了与兄弟班级建立良好的关系，班主任可以建议班级之间开展活动，如：各种体育比赛、文艺联欢、学习竞赛等，以便在活动中增进友谊，取长补短，互相学习，共同进步。

五、技能训练

1．训练要点

（1）掌握协调各种教育力量的基本理论与内容。

（2）正确运用协调校内教育力量的技能处理好各种关系。

2．提供范例

范例：10—1《协调师生关系一例》

上课铃响了，赵老师亲切地说：“我们先进行口语训练。今天，轮到哪位同学‘值日’了？”原来，赵老师在每一节英语课之始，让一位学生用英语向大家说几句问候或祝福的话，把这叫做“值日”，每天按顺序往下轮。

赵老师问话后，“值日”生却不站起来回答。于是赵老师走到“值日”的学生跟前，和气地说：“你今天准备给大家说些什么？”他却趴在桌子上，不理睬。

赵老师有些愠怒地说：“请你站起来！”过了一会，他才站起来，把头摇来晃去。当赵老师红着脸忍着气返回讲台准备讲授新课时，这个学生又突然离开了座位，摔门而出。赵老师的脸由红变白了。

课后，我向这个学生问明原委。原来是因为赵老师曾在课堂上批评过他不交作业；有一次上课时还没收过他看的课外书，所以他就故意在课堂上跟赵老师作对。

我心平气和地说：“当一位老师为学生成长而付出全部的心血，却又不被学生理解和尊重时，心里是什么感受呢？赵老师今年刚分配到咱们学校，年龄虽然只比你们大三四岁，但毕竟是你们的老师。她母亲病故，处理完丧事就连忙返校上课。今天，你在课堂上的表现使赵老师多伤心啊！赵老师没收你的书，伤了你的心，但你也应该想一想，上课看课外书对不对？”这位学生听后说道：“是我不对。当时心里只是想气气老师，没有想到这是错误的，请老师原谅我吧！”

学生走后，我与赵老师共同商量了处理课堂上出现的偶发性事件的方法。赵老师笑着说：“真是‘吃一堑，长一智’啊！”

这件事发生后，我召开了以“人人需要尊重”为主题的班会。班会上，同学们深有感触地说：“为教育我们成才，老师付出了多少心血啊！”“不尊重老师的劳动，真是太不应该了！”（段增合）

范例：10—2《沟通》

当班主任，经常遇到这样的事：在有些课堂上，任课教师发现学生违纪，管教时学生不服，老师就把学生带到办公室，或挟班主任之威当面训斥，或是“告状”之后交班主任处理。结果师生之间思想隔阂、关系紧张，不利于班集体建设。如何沟通师生感情？班主任如何充当好沟通任课教师与学生联系的桥梁和纽带？我在实践中体会出：

一是动之以情。一天上午，我正在备课，外语老师把学生小刚推进办公室，大声嚷道：“你找你的班主任把事情说清楚！否则，我的课你就别想

上！”随后忿忿离去。小刚也回敬了句“不稀罕！”面对这种局面，我待小刚情绪稳定后，问其原因。小刚理直气壮地说：“老师做错了事，还发脾气，真不讲理！”原来老师在黑板上板书时把“现在完成时”写成了“现在过去时”，小刚嘀咕说“现在怎么就过去了？”引得周围的学生哄笑起来。老师不知其因，批评了小刚，小刚不服，便与老师顶起牛来，于是老师就把小刚推进了办公室，出现了那一幕。我经过调查，事实也是这样。于是我先找外语老师交换了意见。得到老师的理解后，我找到小刚说：“‘人非圣贤，孰能无过’。老师在教学中，思维高度紧张，写错字是难免的。如果我们直接举手指正，老师不但不会批评，还会衷心地感谢。而你在下面嘀咕，引得同学们发笑，不仅是对老师不礼貌，而且影响了正常的教学秩序。这是不应该的。我找老师谈过，他承认自己当时态度不好，正准备找你道歉哩。”听了我的话，小刚闭紧嘴唇点了点头。课外，小刚找到外语老师承认了错误，老师也同小刚交换了意见，两人的紧张关系消融了。

二是晓之以理。去年开学的第二天，数学教师把学生张丰带到我面前，说：“郑老师，这个学生作业不完成，还拿别人的作业来抵账，真是不要脸！嘴还挺硬，干脆赶到别班去。”

看到又噘嘴又瞪眼的张丰，我真想火上加油痛斥一番。当我得知张丰的作业是被出差的爸爸锁着，他怕老师批评，便拿别人的作业来交差的。我找到数学老师，讲清了情况，诚恳地说：“学生出现了问题，应该批评教育，但一定要认真弄清情况。我们都是学生出身，如果是我们自己，将会怎样呢？同时在批评学生时，态度要严肃，语言不能太粗野。否则，即使学生真有错误，他也是不会心服的。如果批评错了，将严重影响师生关系，后果不堪设想。”听了我的话，数学教师主动找张丰交换了意见。后来，数学老师经常辅导张丰，张丰也经常到办公室找老师求教，期末考试中，张丰的数学成绩名列全班第二。

看到我们班融洽的师生关系，学生各个方面的不断进步，我深信：作为班主任，只要动之以情，晓之以理，团结任课教师和同学，沟通师生感情，班集体建设工作就能顺利进行。

3. 技能训练

(1) 训练 [A]

情境描述:

某校高三 (1) 班物理老师小王去年刚毕业。一天晚上，高三 (1) 班的十几名同学来到班主任张老师家。班长说，这十几名同学是代表班级52名同学反映情况的，他们强烈要求学校给他们更换物理老师，否则他们集体不上物理课。事情发生得很突然，如处理不好，不仅会影响学生的学习，还会影响王老师与学生之间的关系，更会给新参加工作的小王老师带来负面影响。班主任张老师感到了问题的严重性，必须认真处理好。

如果你是班主任，你将如何处理此事。请设计一个解决方案。

(2) 训练 [B]

情境描述:

数学课上，李老师正讲得津津有味，突然，“砰”的一声，学生方勇把一只空墨水瓶丢在地上，破碎声引得教室里一阵骚动。李老师当场一顿训斥，又毫不客气地将他赶出教室。

这是上午第三节课发生的事情。事有巧合，第四节英语课，林老师讲到一种句式，点名让方勇回答这个句式有何特点，方勇微微低头，好几次欲言又止，等了好半天，终究金口未开，惹得林老师又是一阵不满。

两件事发生在一个学生身上，而且这个方勇又是一个平时品学兼优的学生，两位老师无疑要找到我这位班主任，让我给他敲敲警钟。上午放学后，一道金牌，方勇站在我的办公桌前。为了尽快结束这场“战斗”，我干脆利索地批评了他的过失，并要求他在下午的班会上接受班主任的公开批评，他含着眼泪答应了。

事隔几天，林、李二位老师又来找我告状了，原因是方勇接连好几天在他们的课堂上看课外书，批评他，他依然我行我素，一言不发，这不是有意对抗吗？这个方勇，怎么一下子变得这般固执，我不得不对他采取措施了。写检查，大小会批评，还是未见成效，我很奇怪。这天晚上，方勇的同桌拿了方勇的日记让我看，我全明白了。原来，那天李老师讲自由落体在引力作用下所发生的曲线变动时，出于好奇，方勇在书桌的下面垫了一本书，让空墨水瓶往下垂落，谁知不小心摔碎了瓶子。而且，据他日记所叙，物理老师只知道讲定律、原理，却从来不给学生做实验，同学们很有意见。英语老师有一次让一位女同学回答问题，因为回答不正确，就极尽讽刺挖苦，训斥了一节课。从那以后，他在课堂上提问，学生无论是会还是不会，都不敢开口。

“老师，学生有能力把每一个问题都百分之百回答正确吗？”我愕然了。

如果你是方勇的班主任，请根据问题产生的原因，设计一个解决方案。

4．训练要求

(1) 能正确运用相关理论设计方案。

(2) 方案设计符合师生共同的心理需要。

(3) 对案例中问题处理有独到之处。

●第三节　联系学生家长

一、家庭教育的意义

家庭教育是指父母或其他长者在家庭中对子女进行的教育。它作为一种独立的教育形式先于学校教育。一般地说，人都出生和生活在一个家庭中，都是首先通过家庭这个最小的社会基层组织，再进入更广泛的社会生活领域的。因此，对每一个人的成长来说，家庭是第一所学校，父母是第一任教师。家庭对儿童身体的发育、知识的获得、能力的培养、品德的陶冶，个性的形成，都是至关重要的。尤其是对学龄前的儿童来说，家庭教育就显得格外重要。当孩子入学之后，学校承担着主要的教育任务。但是，通过学生这个纽带，家长与学校之间发生着密切地联系，学校主动关心学生在家中的表现，家长积极支持学校对学生的教育，这种密切合作是学生成长最重要的保证。

1．家庭教育是学校教育的基础和补充

就现行的学制或终身教育总体系来说，家庭教育毫不含糊地被视为是培养人的系列工程的起点和基础。孩子出生后，就落在家庭这一小块“土壤”里，他本人是无法选择的。这一小块“土壤”中含有各种各样的“成份”，如：家长的心理状态、文化水平、人格素养、家庭人际关系等等。孩子无抗拒能力地接受以上因素的渗透与影响，逐渐地形成自已所特有的精神世界。对于学龄前儿童来说，家庭教育对其实现社会化占有重要地位。因为一个人的发展取决于和他直接或间接进行交往的其他人的发展。学龄前儿童绝大部分时间是在家庭中由父母抚养，所以父母对人、对已、对事、对物的态度和评价，都对孩子有潜移默化的影响。儿童对世态炎凉、人情冷暖的感受首先来自家庭，即从家庭人际关系中最初形成的观念，推而广之去认识世界。有资料统计表明，目前，我国家庭有缺陷（包括家庭自然结构受到破坏，如父母双亡或单亡、父母离婚、家庭成员行为不端等）、家庭教育不当的青少年，犯罪率较高。可以看出，家庭成员之间关系的好坏、家庭教育得当与否，对儿童是非善恶、荣辱观念的建立有着深刻的影响，这些观念一旦形成，对他们一生都会产生作用。

学校教育与家庭教育好比紧密相连、相互套着的两个环子。家庭教育在孩子身上留下的痕迹，几乎完全保持着原有的样子，赤裸裸地带到学校里来。两个环子能否在接触、碰撞、摩擦中很好地衔接，在一定程度上取决于家庭教育的配合。实践证明，家庭教育是学校教育的基础，又是学校教育的补充。没有良好的家庭教育，学校教育也不能达到预期的效果。

2．家庭教育对于学校教育有良好的调整、促进作用

人的成长过程，是一个长期持续演进的过程，是在家庭、学校、社会三方面教育合力影响作用下日益成熟完善起来。家庭教育具有早期优势，是奠基教育。从严格意义上说，家庭教育是一切教育的基础，学校教育只是在家庭教育起点上进一步延续和深化，而广泛多样的社会教育也是在此基础上的扩大和补充。当儿童走进学校甚至迈入社会后，仍需要家庭教育的有力配合。这是因为作为有目的、有计划的学校教育，一般具有统一的模式，具有严密的组织，按照一定的培养目标而进行的群体教育。所以在学校教育的全部活动中，无论是教育内容的确定，教学进程的快慢，还是教育手段和方法的选择，其立足点总是要面向大多数学生。这种集体化的教育，虽然能保证大多数学生获得相同程度的知识和技能，但不能很好地兼顾每一个学生身心发展上的差异和智力发展水平。家庭教育可以从中起到调整和促进作用，例如：启发和督促子女认真接受学校教育，帮助子女弥补学校教育的不足。古人云“知子莫若父”，家长最了解孩子的性格、气质、志趣、爱好等，可以根据他们个性有的放矢地进行教育，配合学校使其在德、智、体、美、劳诸方面都得到健康发展。

3．家庭教育是净化社会教育的枢纽

改革开放，使我国社会主义现代化事业进入了一个新的发展阶段，国家政局稳定，经济发展，社会进步，人民的生活水平有了极大的提高，为广大青少年展现了广阔的舞台和美好的前景。同时，社会环境更复杂，贪污腐败、卖淫嫖娼、赌博迷信、吸毒贩毒、坑蒙拐骗等丑恶现象屡禁不止，这使得我们的青少年感到了困惑。由于孩子年龄和社会阅历的局限，他们常常会不加选择地接受来自各方面的信息，从而受到消极影响，偏离轨道。作为家长可以及时发现孩子的细微变化，及时帮助他们“过

滤”社会信息，使之吸取精华，摈弃糟粕，分辨是非，提高拒腐蚀的能力。

总之，家庭教育是整个教育的“起点”和“基础”，是学校教育、社会教育的重要补充，是学生全面健康成长不可缺少的重要环节。班主任要做好联系学生家长的工作，争取家长的支持与配合，使之与学校教育形成一致影响，保持一致方向，与学校共同完成教育培养学生的任务。

二、联系学生家长的方式

1. 家访

(1) 家访及其内容。

①家访。

家访是协调学校与家庭教育关系、统一学校与家庭教育影响、促进学生健康发展的重要方式。家访具有直接与家长面对面就孩子教育问题进行深入探讨，真实了解学生在家的表现，侧面了解家长教育观念、教育方法等特点。通过家访，班主任可以与家长增进了解、互通情况，达成教育共识，还可以帮助家长转变教育观念和方法，形成学校与家庭教育的合力。家访是许多优秀班主任教育学生的一种必不可少的手段。

②家访的内容。

对学生家庭进行访问的内容大致有以下几方面：第一，向家长汇报学校、班级环境和学习条件，任课教师情况，学校对孩子提出的各种基本要求，孩子在校的主要表现和进步情况。第二，了解学生在家的各种表现，包括行为习惯、兴趣爱好、主要优缺点以及他们的成长历史，家庭的经济情况，学生的生活、学习环境，家庭主要成员的职业、文化水平、教育理念，对学校教育的意见与要求等。第三，共同探讨和制定今后教育孩子的策略与方法，做到互相协调、互相配合，防止不一致现象的发生。第四，与学生家长进行感情交流，增进相互了解和理解，以便取得更佳的教育效果。

(2) 家访应注意的问题。

①要坚持经常。家访是班主任的日常工作，也是协调家庭教育随时可采用的方法。班主任要把家访当作一项经常性的工作，列入自己工作计划之中。通常情况下，在开学初、一学期（或学年）结束或班主任接新班时，家访是班主任必需做的一项工作。当然，家访更多地表现在平时的工作中，例如，当学生学习或思想上有了明显进步，或取得了突出成绩时，班主任及时家访，可以激励学生再接再厉，取得更大的进步；当学生思想、行为上出现异常征兆或已经出现了一些不良反应时，及时家访，可

以提醒家长注意，并且与家长共商教育对策；当学生本人或家长发生意外情况（如患重病、受伤、学生亲人病故、家庭发生灾难），对学生造成重大影响时，及时家访可以使学生及家长得到安慰，感受到人间真情，也可以帮助学生摆脱困境、振作精神。班主任绝不可以等到学生出了问题或问题成了堆，在自己无法解决的情况下，再去寻求家长的帮助，从而使家访变成了“告状”。

②要实事求是。在家访时，班主任要本着实事求是的态度反映学生在校的表现。“金无足赤，人无完人”，再好的学生也有不足之处；再差的学生也有闪光点。对于一个学生的评价要一分为二，不要以偏概全，将自己喜爱的学生说成是一朵花，没有任何瑕疵，会使家长过分宠爱孩子，放松必要的管教；把某些方面较差的学生说得浑身都是毛病，毫无可爱之处，会使家长对孩子丧失信心，放任自流或导致棍棒相加，增加孩子的逆反心理和敌视情绪。两种做法都是不可取的。

③要尊重家长。班主任与学生家长，地位是平等的，都是学生的教育者和管理者，有着共同的教育目标。因此，在家访中，班主任应该以诚恳的态度、礼貌的语言、满腔的热情与家长沟通，切不可盛气凌人，主观武断，更不能用教训的口吻训斥家长，伤害家长的自尊和人格。孙维刚老师说：“孩子接受教育的主要渠道是两条：老师（特别是班主任）和家长，可以说是左膀右臂。任何一方（指家长和老师）在孩子面前表露出对另一方的轻蔑，甚至恶语相加，都是最愚蠢的，等于是只剩下一条膀臂，如果双方都这么做，那么，教育孩子所依赖的左右两臂就都伤了。”因此，班主任要保护好另外一只臂膀，千万不要让它受到任何伤害，用两只臂膀共同举起未来的希望。

④要争取学生在场。家访是班主任与家长就如何更好地教育学生进行的信息交流，这种交流肯定会引起学生心理上的变化。如果有条件或内容允许的话，最好邀请学生共同参与谈话。这样做既可以消除他们的疑虑，使他们体会到老师不是为了“告状”，而是为了帮助自己进行的家访，从而更加亲近老师，愿意接受老师的教诲。又可以在谈话中就存在的问题进行讨论，有针对性地提出批评意见和希望，使学生心悦诚服地接受教育。

⑤要做好充分的准备。为了使家访工作取得预期效果，班主任必须在家访前做好充分必要的准备工作。首先要明确家访目的，考虑好要谈哪些问题，先谈什么，后谈什么，用什么方式切入。那种目的不明确的谈话无主题的家访，不仅会使学生家长感觉到你是在无事闲聊，还会怀疑你这个班主任的工作能力，降低自己在学生家长心中的威望。其次，要确定好谈话策略。一个班级有几十个学生，有上百位家长，每个家

长由于文化水平和自身修养不同，他们对子女的教育方法和态度也有很大差异。班主任应针对不同类型的家长，采取不同的谈话策略。

对于教育有方的家长，班主任可以直接与他们就教育问题进行广泛深入的探讨，从谈话中吸取营养和成功经验。

对于过于溺爱子女的家长，他们往往只看到孩子的优点和长处，不喜欢别人谈自己孩子的缺点和不足，听到老师反映孩子的问题会不高兴，进而对老师有成见。与这样的家长交流，班主任要不卑不亢，要用诚恳的语言让家长体会到，老师是真心实意关心自己孩子的进步，同时以较为婉转的语言，宣传如何才能教育好孩子的道理。

对于过于严厉的家长，他们信奉“棍棒之下出孝子”、“不打不成才”的古训。他们对子女的要求相当严格。在与这类家长交流时，班主任要注意把握分寸，尽量在肯定学生成绩和进步（哪怕是一点点）的基础上，指出不足，并引导家长转变观念，用正确的方法引导和教育子女。

对于什么也不管的家长，他们认为“当年父母也没管我，我今天不是挺好的吗？孩子不用管，由他自己去吧，将来自然会好的”。这实在是荒谬的歪理邪说。苏联教育学家马卡连柯曾告诫家长说：“你们应该常常记住：你们生养和教育子女，不仅仅是为了父亲的愉快。在你们的家庭里，在你们的领导下，成长着公民、未来的事业家、未来的战士。如果你们处理无方，教育不出好的人才来，那么，由此所得的苦痛，不仅仅是你们的，而且是许多人的，是整个国家的。不要忽视这个问题，不要认为这是使人厌烦的议论。要知道，在你们工厂里，在你们生产机关里，如果没有生产很好的产品，而生产了粗劣的产品，你们会感到羞愧的，给社会造出不好的或有害分子，尤其是你们更大的耻辱。”班主任应当向家长宣传这样的道理，使他们明白家长的权力和义务，肩负着教育子女的使命。

⑥要选好家访时机。在确定了家访目的、家访内容、家访对策之后，便是选择家访时间。班主任在选择家访时间时，应考虑以下几个因素：第一，家长的作息时间。以不影响家长休息为原则，除非极特殊情况，否则不应在中午家访。第二，有利于班主任开展工作。例如，开学初、学期末或接新班时，与家长互通情况，以求支持与配合；在学生或家长发生意外情况时表示慰问；在学生有明显进步或取得突出成绩时，向家长汇报，这都有利于班主任做好工作。

2．家长会

如果我们把家访当作班主任与个别学生家长联系的一种方式，那么，家长会则是班主任联系家长集体的一种有效途径。

（1）家长会的内容。

①向家长报告学校、班级学生的基本情况（包括成绩、不足）和今后的工作计划，以便家长配合学校和班级，做好教育工作。

②向家长提出教育要求。不同发展阶段的学生，身心发展有不同的特点，班主任要针对班级教育中共性的问题，向家长提出具体要求，争取家长的支持和配合。

③征求家长意见。对于大多数家长来说，都比较关心孩子所在学校和班级的建设，他们从不同角度审视，从不同侧面思考，因而有着不同的见解。通过家长会，广泛听取家长意见，共同探讨改进措施，有利于学校发展和班级建设。

④交流家庭教育经验。为了探索新时期家庭教育的新策略，为了给缺乏家庭教育的家长提供某些成功经验，召开家庭教育经验交流会，请成功教育的家长介绍经验，以便相互学习和促进，共同提高。

（2）家长会的形式。

家长会的形式主要有：全校性家长会、年级家长会和班级家长会三种。最常采用的是班级家长会。

全校家长会，通常是在新生刚入学时举行。新生刚入学召开家长会，由学校领导介绍学校办学情况，学校的教育改革情况，学校的发展规划；向家长宣讲党和国家的教育方针、政策；向家长提出配合学校教育的具体要求，以便家长对孩子就读学校全面了解，协助学校做好教育工作。

年级家长会大多是在学生将要参加毕业或升学考试前召开。目的是向家长介绍学生的学习情况；分析临考对策；向家长提出具体要求（如做好学生考前心理辅导和饮食服务等），使家长心中有数，做好孩子考前考后的各项工作。

班级家长会，相对学校或年级家长会要频繁，内容也更具体更丰富。班级家长会分为两种形式：一种形式是由班主任、科任教师和全体学生家长参加的。班主任除了向家长介绍科任教师外，还可邀请科任教师就学科教学情况与家长展开讨论，倾听家长意见和要求；另一种形式是由班主任和全体家长参加的，目的是与学生家长互通情况，共商教育对策。召开班级家长会是班主任的重要技能之一。

（3）召开家长会的时间。

何时召开家长会应视需要而定。没有特殊情况，家长会一般要在学期初、期中、期末召开。

①学期初家长会。

学期初的家长会，主要是向家长介绍学校和班级的教育工作计划，向家长提出具体要求，统一家庭和学校教育的目的，明确各自的任务，步调一致做好教育工作。

②期中家长会。

期中家长会一般安排在考试之后。主要是向学生家长汇报前一段教育工作计划的落实情况，学生各方面的成绩和表现，班级目前存在的问题，下阶段工作的主攻方向和具体措施，以便家长调整教育策略，更好地配合班主任教育学生。

③期末家长会。

在期末考试之后、学生放假之前召开家长会，主要是向家长报告本学期教育工作计划完成情况；学生的学习、思想进步情况；班级工作的重要成果；存在的问题；假期活动安排及对学生的要求，以求得家长的支持和配合。

家长会的时间不是铁板一块，不是一成不变的。班主任可以根据班级实际情况确定时间和次数，一般情况下，在期末召开家长会的比较多。

(4) 家长会的要求。

①要有明确的目的和主题。

每次家长会都应该有明确的目的和鲜明的主题。一次会议主题不要过多，以1～2个为宜，否则中心不突出，既影响家长会的效果，又达不到召开家长会的目的。

②要做好充分的准备。

俗话说："不打无准备之仗。"为了使家长会收到预期效果，班主任要充分做好各种准备工作。第一，撰写讲话提纲。第二，根据家长会内容将有关资料进行打印（如成绩单等）。第三，印发家长会《邀请书》并明示会议主题。这样做一方面表示对家长的尊重，另一方面可以使家长对会议内容心中有数。第四，布置好会场。第五，安排学生负责接待工作。

③要选择适宜的时间。

家长会何时召开，直接影响家长会的成功与否。班主任在确定时间时，应以有利于更多的家长参加为原则，千万避开紧张繁忙的工作时间，否则会事倍功半。

(5) 召开家长会应注意的事项。

①要尊重家长。

家长会是家长与班主任交往的重要形式之一。班主任对家长的态度如何，不仅是班主任个人道德素质的真实体现，而且直接影响家长会的效果。因此，班主任对所有参加家长会的家长都做到一视同仁，无论是优秀学生家长，还是后进学生家长；无论是有权有钱的家长，还是普通的贫民百姓，班主任都要以同样的热忱去对待，绝不能趾高气扬，盛气凌人，更不能随意指责。

②要让所有家长看到孩子的希望。

在家长会上，班主任总要介绍学生的成绩和表现。班主任切记，第一，尽可能不公布学生考试成绩的排名以及其他方面的名次排列。第二，不能指责某些学生或某个学生，不论点名或不点名。第三，要多肯定成绩，多介绍孩子的闪光点和微小进步。我们知道，天下的父母都希望自己的孩子成才，即使是那些各方面都很差的学生，他们的父母也希望能从老师那儿听到关于孩子进步的只言片语，从而坚定信心，更好地教育孩子。班主任应懂得家长心理，千万不能做出使家长尴尬或自尊心受到伤害的事情，要让每一位家长都能看到自己孩子成才的希望。

范例：10—3《要学点儿辩证法》

辩证法运用到生活中时，有这样一层意思，那就是什么事都不要走极端，不要绝对化。

1962年10月的一天，是我当老师后第1次举行家长会，头天晚上带领同学们打扫教室，布置会场，同学们很兴奋，八、九点了，还不肯离去。我当然也没赶上学校食堂的晚饭。

那时不同于今天，我骑车好远，才在东四五条口找到一个卖面包的小铺，买了个面包坐在店里的凳子上吃。

这时走来一位中年人，是22中的，但我叫不上他的名字，因为我刚来学校1个月，他大概也不知道我姓什么，因为我们不在同一年级，光我们年级就有14个班，但他知道我是新来的老师和班主任，全体会上新教师都站起来鞠过躬。

“老师，您好！”我向他鞠躬。

“别、别，别这样。”他同样向我鞠躬，他为人极有修养，至今，我以他为自己的良师益友，他是语文老师陈谟，已经谢世18年了。

“您怎么到这么远的这儿来了，而且这么晚了。”

“准备明天的家长会了。”我回答。

“来，坐下来，我听听明天的家长会怎么开？”陈老师从来乐善好施。

我很欣赏我的计划，家长会一共只有2个小时，全班50人，每人能分

到2分钟，我只能拣每个人主要的缺点和不足做说明，以期通过这次家长会，每个同学哪怕克服一两个缺点，下一次再克服一两个缺点，不出两年，不就都成为没有缺点的学生了吗？

“孙老师，我看您还不懂怎么当班主任，不会开家长会。”

这就是陈谟老师的为人，真挚，诚恳，决不假情假义。

“你应该讲每个同学的优点，特别对于差的同学、甚至是毛病很严重的同学，更要在大会上讲他的好。您想想，那些家长会想，我都没有发现他具有的优点，你老师都看到了，这样的老师还有什么信不过的地方呢，这样，他就会完全听您的，还会要求孩子也听您的。”

往下的话，我猜他想说的是：

“更何况您一名年轻班主任（那年我23岁），本来家长就不欢迎，不信任。”

但陈老师没有说，这是他的又一特点，从不使任何人难为情。

我倒一下子想了许多，特别是刚才，为什么一些平常很闹、甚至作风品德上不太理想的学生，很晚了还不走，干这干那的，对我欲言又止，是不是担心我告他们的状？他们闹的时候什么都忘记了，今天突然害怕了，因为明天爸爸或妈妈要来了。

回到宿舍，用了4个小时，我回忆、回忆、回忆，给每个同学写出了“好人好事”。

第二天开会当时，我就感到气氛的融和、热烈。一位空军司令部的首长，连声称呼我为“孙主任”，……

星期一到校，班上面貌焕然一新，许多人不是值日生，也来扫地擦桌子……

以后开家长会，我就有了经验了。

可是班上的纪律一直不太好，很长时间，不见起色，个别同学，积弊难返，甚至愈演愈烈了。

我只得请家长一起来研究怎么帮助教育。

家长听我一讲惊诧莫名。因为，他从未听说他的孩子很闹，今天才知道，他的孩子的纪律，从开学就没好过，既然如此，你班主任在家长会上怎么还净表扬他？

我表扬的，是他积极扫地（实际上是要开家长会前，突然积极起来了），我没说他纪律好。

但我的确没把他纪律不好告诉家长，倒不是使我陷于被动的问题，而是耽搁了让家长了解情况后配合老师进行教育的时间。

产生这种情况的原因是什么？是我一刀切地只讲学生优点不谈缺点错误的做法，是离开了辩证法。

我讲这个真实的故事的目的，是想说明遵循辩证法的重要性。

如果遵循辩证法，应该怎么做？应该实事求是，优点要讲，缺点也不要隐瞒，可以有所侧重，这要从具体孩子的具体情况出发。

一般地，以鼓励为主，使他用自己的优美追求和信心，克服自己的缺点，特别对于一个丧失信心的孩子；对于一个自满的孩子，则宜以恰当的方式，使之猛醒。

有两种家长的做法，都是不宜的。

之一，认为小树长大，不修剪不行（这是对的），一见到孩子的缺点就立即劈头盖脑地批评。

为什么不宜呢？除非您孩子的修养已非常之高，否则，以他的水平，理解不了您的良苦用心，这样就产生了隔阂。

当然，解决这个问题，最能也最应该起作用的，是班主任，班主任可以教育孩子理解父母的批评帮助。初中阶段，我的工作中的一项内容即是如此，形成了学生和家长一条心，没有隔阂，那么，学生、家长、教师更同心同德了。

之二，处处将就孩子，迎合孩子，不正视他们的缺点，总是好话哄孩子。这样，会使孩子听不得批评，成为在学校老师碰不得的学生，这样的学生多出于这种家长的呵护下。

家长对待孩子，一系列的事情上，如果走了极端，都不会有好的效果。

（孙维刚）

③要虚心听取家长的意见。

家长会为家长参与班级管理和建设提供了机会，班主任要抓住这一有利时机，请家长们畅所欲言，献计献策。班主任切不可摆出教育者的姿态，搞一言堂，视家长的感觉于不顾，将家长会开成训话会。

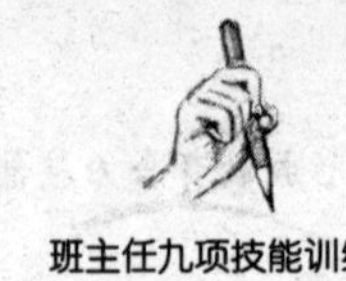

三、通讯联系

通讯联系的主要方式有：书信和打电话。通常适用于班主任无法及时家访或家长无法参加家长会，班主任又必须与家长联系等几种特殊情况。

通过书信或电话，班主任可以把学生平时学习情况和表现及时告诉家长；家长也可以把学生在家的表现，家长的想法和要求，及时反映给班主任，以便相互配合，相互支持。

班主任与家长通讯联系，应注意以下几个问题：第一，反映情况要真实、全面。第二，使用语言要中肯。第三，要简洁、明了，主题突出。第四，尽力避免不必要的冲突和误解。

除了上面讲到的三种形式外，许多学校还成立了家长委员会，举办家长学校。班主任可以借助于家长委员会和家长学校，就班级学生教育等问题，请他们献计献策，以便最大限度地发挥家长的作用，更好地与家长配合，完成培养人、教育人的共同使命。

四、技能训练

1. 训练要点

(1) 掌握家访的内容以及家访应注意的事项。

(2) 了解家长会的主要形式、内容、时间及注意问题。

(3) 掌握组织家长会的一般程序。

(4) 学会与家长通讯联系的正确方法。

2. 提供范例

范例：10—4《家长会的八种形式》

根据班级学生的具体情况以及各阶段的教育任务，有计划、有系统地设计组织内容不同、形式各异的家长会是班主任的一项重要工作。家长会可以帮助家长提高家庭教育水平；掌握孩子发展近况；了解学校教育任务；能够及时沟通家长、学生和教师的思想感情，排除教育中的消极现象。对建立社会、家庭和学校“三结合”教育网络，对学生健康发展，有积极作用。下面介绍八种形式的家长会。

1. 报告式家长会

由班主任用报告的形式向家长介绍班级的现状、教育任务，或者汇报一个学期来的班级教育工作情况。这种家长会可在班主任报告结束后组织大家讨论，加以领会、消化，避免“满堂灌”的单调乏味的现象。

2. 交流式家长会

组织家长进行家庭教育经验交流，从中让家长相互理解、取长补短，端正教育思想，改进教育方法，提高家庭教育质量。这种家长会班主任应在事先有针对性地选择好发言内容，商定好发言提纲，避免泛泛而谈、零打碎敲现象。

3. 展览式家长会

班主任将学生的习题簿、美术和手工作品、优秀作文、竞赛答卷以及集体的小报、奖状、荣誉证书等，精心布置一个小型展览会，让家长观看、翻阅，了解班级及孩子的学习成果。

这种家长会班主任应在家长观看时给予介绍，会后让家长反馈评价意见。

4. 表演式家长会

让家长来班级观看学生编排的文艺节目，或课外活动，或主题中队活动等。这种家长会气氛热烈、活跃，班主任应在事先做好充分准备，让家长在“听”中受到教育，在“看”中得到启发，为他们拓宽家庭教育途径打开眼界。

5. 会诊式家长会

根据不同情况，将不同类型家长召集在一起分析学生问题及形成原因，商讨教育失误及改进措施等。这种家长会要求班主任选择好“病例”，提供家长分析思考，寻求最佳教育方案。

6. 恳谈式家长会

班主任以诚挚的态度请家长来，征求家长对教师的意见及要求，并耐心而真诚地向家长提出家庭教育的目标及措施，从而增强家长与教师教育一致性。这种家长会应注重教师与家长之间思想、情感的交流，融洽彼此关系，提高教育合力。

7. 辅导式家长会

就学生的心理、生理发展规律及科学教育的方法，系统地向家长作基础理论和实践方法的辅导，提高家长家庭教育水平。这些家长会要求辅导报告深入浅出，通俗易懂，案例丰富。

8. 咨询式家长会

班主任事先通知家长准备好要向教师询问的问题，到校后采取问答的形式了解孩子的发展水平、行为特点等。这种家长会要求班主任知识广博，多学习，勤思考，要有问能答，解答无误。

范例：10—5《用“请家长”惩罚学生的做法不可取》

当学生不好好学习、不守纪律，特别是与教师发生“顶牛”不接受教育时，有个别班主任便恼怒起来，于是写条子、打电话、出动班干部去“请家长”，有的甚至把学生轰回家，声色俱厉地说道：“家长不到，你就别上课！”以此对学生进行惩罚。采取这种做法，果真能解决问题并收到好的教育效果吗？

我们认为，在教育学生的问题上，教师与家长联系，相互沟通情况，真诚地交换意见，取得家长的积极配合，统一步调，共同教育好孩子，是完全必要的。但是，如果用“请家长”来威吓学生，向家长告状，借助家长来压服学生，或者为了“泄气”、“解恨”，对学生进行惩罚，对家长施加压力，那就完全错了。这样做不但收不到好的效果，反而会产生许多消极影响。在“请家长”的压力下，学生表面上可能会暂时“承认错误”、“俯首帖耳”，但在他的内心深处却不一定服气，往往还会形成对教师轻视、反感、怨恨和对立的心理定势，其后果只能是激化师生的矛盾。再者，随意“请家长”也极容易伤害学生家长的感情。有的班主任一开口便是：“你的孩子真够戗。是害群之马，简直没治了”，“再不好好管教管教，哪个老师也不愿意教他了”等等。诸如此类的言语，不负责任的评价和随意指责，会使家长对子女丧失信心，甚至使家长迁怒于学生，以粗暴的态度和简单的方式代替耐心的说服教育，无形中便给学校教育与家庭教育之间制造了鸿沟，也给教师今后对学生实施教育设下了更大的障碍，最终会招致教育工作的挫折和失败。

赞可夫说：“教师这门职业要求于一个人的东西很多，其中一条就要求自制。”善于控制、支配自己的情感，抑制无益的情绪，是教师最基本的职业修养。教师的工作对象是具有复杂心理活动的学生，如果缺乏对学生的热爱，缺少应有的教育机智，就不能正确地解决问题和有效地影响学生。那种怒气冲冲，动辄就用“请家长”来惩罚学生的不良情绪和不当做法，会给学生心灵笼罩上阴影，使他们感到既无教师的谅解，又无家长的同情，从而产生一种精神压抑感。心理学的研究表明，当学生受到压抑时自尊心被挫折，情绪会出现惶恐、忧郁、怨恨行为则表现出机械、呆板和混乱，以至茫然不知所措。在这种精神状态下，岂能激励他们发愤学习，促使他们改正过失？恰恰相反，只会摧毁他们的学习情绪，影响到他们的心理健康。正如罗素所说的那样，“凡是教师缺乏爱的地方，无论品格还是智慧都不能充分地或自由地发展”。因此，有经验的班主任总是善于控制自己的情感和行为，能够抑制无益的激情和冲动，即使当学生“顶牛”、严重冒犯自己的尊严时，也决不采取伤害学生心灵、有损教育效果的态度和行为，而是把教育的意图隐蔽在友好的无拘束的气氛之中，把教育的要求巧妙地转化为学生自身的需要。他们热爱学生，善于因势利导，对症下药，长善救失，调动学生心理的积极因素，消除消极因素。他们尊重家长，亲密合作，善于帮助家长提高教育素养，使对子女失望的家长树立起信心，迷信棍棒的家长懂得说服教育的重要，过分溺爱子女的家长知道严格要求孩子，缺乏教育方法的家长学会教育子女的艺术，使教师和家长教育学生的两股力量紧密地结合起来。

教师的心理品质不仅表现为一种教育才能，直接影响着教育工作的成败，而且作为一种巨大的教育力量潜移默化地影响着学生的人格。因此，作为班主任一定要加强教育修养，端正教育思想，讲究教育方法，克服用“请家长”惩罚学生之类的不当做法。

（马开叔 吴昌顺）

3．技能训练

（1）训练[A]

情境描述：

班主任李老师在检查学生日记时，看到了这样一篇日记：“今天是八月十五，是家人团聚的日子。去年今天，我们一家人坐在阳台上，吃着月饼，欣赏着明月，有说有笑，那是多么幸福的日子。然而今天，爸爸妈妈各自绷着脸，谁也不理谁，我也不开口。最近爸爸常外出跳舞，父母常常半夜吵架。我整天提心吊胆，怕他们离婚，怕自己失去爸爸或妈妈，我真不敢往下想了，我该怎么办？”读了这位同学的日记，李老师又同情又着急，再这样下去，势必影响学生的学习，怎么办呢？

李老师首先想到了家访，可怎么开口呢？一来是人家的私事，你管不着，二来她的父母也不一定会承认，说不定还会责怪女儿。叫她父母来校，或电话联系则更不合

适。李老师陷入沉思……

请你为李老师设计一个帮助学生走出家庭困境的方案。

(2) 训练 [B]

情境描述：

初一新生入学半个月了。班主任叶老师为了统一教育目标，明确教育任务，得到家长的支持与配合，同时全面地向家长介绍班级情况，提出教育要求，决定召开第一次家长会。

请为家长会设计一个方案，并写出发言提纲。

4. 技能训练要求

(1) 方案设计合理，思路正确。

(2) 主题鲜明，形式新颖。